天津市人民政府参事著述系列

泉学探微

——李蕴祺钱币与金融文存

李蕴祺 著

天津出版传媒集团
天津古籍出版社

图书在版编目（CIP）数据

泉学探微 ： 李蕴祺钱币与金融文存 / 李蕴祺著. -- 天津 ： 天津古籍出版社，2015.1
（天津市人民政府参事著述系列）
ISBN 978-7-5528-0305-1

Ⅰ. ①泉… Ⅱ. ①李… Ⅲ. ①古钱（考古）－收藏－中国－文集②金融－经济史－中国－文集 Ⅳ. ①G894-53②F832.9-53

中国版本图书馆CIP数据核字(2015)第002382号

泉学探微：李蕴祺钱币与金融文存

李蕴祺/著

出版人/张玮

天津古籍出版社出版

（天津市西康路35号　邮编300051）

http://www.tjabc.net

三河市中晟雅豪印务有限公司印刷

全国新华书店发行

开本 787×1092 毫米 1/16 印张 24.5 字数 296 千字

2015 年 1 月 第 1 版 2015 年 1 月 第 1 次印刷

ISBN 978-7-5528-0305-1

定价：72.00元

天津市人民政府参事著述系列编委会名单

自 序

乘天津市人民政府参事室工作开拓进取的劲风，逢参事室征集参事文存的创举，《泉学探微》问世了！这是参事室给我这个钱币集藏爱好者创造的机会。

说起我钱币集藏的爱好，还颇有一些戏剧性。记得那是1987年，我任中国人民银行秦皇岛分行副行长，12月去石家庄市，出席河北省分行在河北宾馆召开的一个专业会。20日会议结束时，与会人员被告知：21日还要出席河北省钱币学会成立暨河北省钱币学会第一次代表大会。也就是在这次会议上，我自然而然地成为了河北省钱币学会第一批会员之一，在不自觉中迈入了钱币集藏的门槛，走进了货币史学的殿堂。

回到秦皇岛后，当地的一些钱币集藏爱好者闻讯纷纷找上门来，探听省里成立钱币学会的情况，鼓动成立秦皇岛钱币学会，为了引起我的兴趣，还赠送了几枚“光绪通宝”。现在看来，那些方孔圆钱都是“大路货”，但却是我第一次接触到的古钱币，翻看摩挲之下，还真有些许似曾相识之感。不久，秦皇岛市钱币学会按照省里的要求成立了，我也从此成为了一名“铁杆”钱币集藏爱好者。此后，我不论是调到邢台、石家庄、北京工作，还是回到天津，集藏钱币的热情不减，随着集藏品的增多和研究的深入，还不时撰写和发表一些小文，是为兴趣爱好的成果。

现在想起来，我集藏钱币的爱好源于三点：

一是恋旧情结。我自幼喜欢攒旧物，也许是时下所说的“恋旧情结”吧。幼时收集的糖纸和小人书、上小学时使用的铅笔盒和文具、中学的校徽和学生证、“文革”初期去上海“串联”时抄“大字报”的笔记本、上山下乡的挎包和慰问袋……我都保存至今，不时翻出来看一看，回忆那些已逝去的岁月，别有一番思绪在心头。集藏钱币算是攒旧物爱好的延伸与升华吧。

二是助力工作。我自1971年在中国人民银行承德地区中心支行参加工作后，一直没有离开过银行系统，算来已有40多年的从业经历了。长期以来，我一边从事银行与银行监管业务工作，一边集藏钱币并进一步研究货币史学和银行史学，养成了温故而知新的思想方法，看问题、干事情自然多了些深度和广度。另外，在说一些枯燥无味的专业话题时，穿插一些历史故事，也是一种很不错的调剂。专业工作和业余爱好相得益彰，助了我事业发展的一臂之力。

三是丰富生活。人生应该是丰富多彩的，既要有职场的艰辛拼搏，也要有闲暇的专属乐趣，还要为以后退出职场选定和储备能“哄着自己玩”的事情。钱币集藏可多可少，货币研究可深可浅，当是很不错的选项。我现在还经常到天津沈阳道、第一工人文化宫、古玩城等市场转一转，蹲在小摊前，听摊主讲“故事”，看买家砍价，自是乐在其中。当自己小有收获，就会马上查找资料，了解详情；来了灵感，就立即写一篇稿子投出去；当接到刊物的刊用通知时，成就感油然而生。

我的那些集藏钱币的朋友们都很低调，众口一词地说自己是在“玩钱”，但他们的“玩”法却各有不同。有的朋友强调“以钱养钱”，在买卖交换中使自己的藏品吐故纳新、升级换代，但少有搭钱，我十分羡慕他们的成果，但就是做不来；有的朋友藏品不多但见得多，练就了火眼金睛，铜友多有求教，当然是“几家欢喜几家愁”，我十分钦佩他们的眼力，但肯定是练不成了；有的朋友多有收藏但不深究，管他新老与真赝，反正自己喜欢就行，我十分欣赏这种心态，但总觉得还是收藏真货好，毕竟集币有风险，掏钱更须谨慎；有的朋友收藏一些就研究一些，哪怕是大路货，也要既知其然更要知其所以然，并不时撰文发布，以就教于同好，我觉得这样更好一些，投入产出比率最理想，因此一直在努力实践着。

我实践的收获就是这本《泉学探微》了。书名《泉学探微》，取“泉学深邃”，而小书的内容只是“探其微末”之意。这绝不是谦虚，因为这本书所写的，实在是泉海中微不足道的几滴。不过，我倒是在搜集资料和探微索隐上下了一些工夫，写了一些细微的东西，史料性还是比较强的，这是我这本书敝帚自珍之所在。

《泉学探微》共六辑。

第一辑的主题是天津曾经有过的造币企业及其产品，写的是与本辑主题相关的历史背景及沿革梗概，内容比较肤浅，但脉络还算清楚，能起到引导读者由此及彼、由细入微的作用。各篇中随文插入了不少资料图片，想以图文并茂的方式增强读者对各篇故事的感性了解。第二辑集中写了中国近代纸币在天津的印制、发行和流通情况。我之所以选择造币印钞企业这个角度来写这两辑，是想走出泉界以钱论钱的窠臼，试图在钱币所涉及的冶炼、铸造、造纸、印刷、衡制以及币制演进等文化经济范畴有所探索；我之所以以天津的造币印钞企业为主线来写这两辑，因为它们是天津作为中国北方金融中心的历史见证，是天津独特的文化遗产，是天津重要的历史文物，让更多的人们认识它、熟悉它、保护它、利用它，这对于留住城市记忆、提振改革信心是十分有益的。

第三辑叙述了人民币的一些相关史实。我们天天都在使用人民币，但大多数人对人民币的历史，人民币的印制、发行与流通的一些情况不甚了解，对人民币本身一些细微的变化也很少注意到。我曾和几位朋友讲到人民币硬币不再镌国号和国徽，而是改镌行名和花卉了，朋友诧异地看了我一眼，并立即掏口袋，翻出硬币看。这种情形启发了我，应该把有关人民币的一些细节情况，哪怕是些轶事趣闻讲给大家，让大家在使用人民币时了解人民币、爱护人民币，这是我写这一辑的初衷。

第四辑主要讲了银行单证透露出的历史信息。这一辑从我收藏的各时期、各种银行单证说开去，可能是本书的亮点之一。我自十几年前就开始搜集这些银行单证，那时它们还很少有人问津，价钱也很便宜。我之所以很早就注意到它们，是因为这些单证除了印刷的部分外，许多内容是手写的，其中包含了极具个性的历史信息。比如，不同时期的三张聚兴诚银行支票，就反映了时代的巨大变迁。悉心研读这些银行单证，从它们的身上挖掘历史信息，可以形象地感受到历史的脉动和社会的进步。对于这一点，想必大家能从该辑各篇中体会到。

第五辑各篇所说的往事，是以我近年来收集的一些旧档案（复印件）为线索，通过查阅相关文件资料，在基本搞清来龙去脉的基础上写成的，都与钱币有关。这些旧档案的原件纸张泛黄、油墨晕散，再加上字号小又是繁体字，字迹形似黑疙瘩，本来就不清晰了，复印以后又差了一层。但我还是仔细阅读，搞清内容，从中选择一些话题，为了将这些话题尽可能地说透，我查阅了大量的文献资料和文件汇编，才写成各篇文章。我坚持要把这些旧档案复印件作为图片放在书里，不是想让大家看清上面印了什么，而是想让大家看到那些曾经有过的东西，知道那些已经消失了的形式。如能达到这个目的，也算是这些旧档案之幸。

在归集前五辑资料时，翻出了我讲过、写过、发表过的近200篇小文底稿（不包括我在工作岗位上的会议讲话，以及其他一些回忆、记述、感事、悟道的杂文），这是对我40多年来所从事的金融工作的另类记录。看着这些故纸，总觉得应该找个地方“立此存照”。为此，我选了10篇，以“金融工作中的些许管见”为名，编了第六辑。现在重读这些小文，有的已经明显过时，有的很觉肤浅，有的虽然感觉还看得过去，也不过是自己的管见，几乎没有什么参考价值了。但是，这些小文是在当时的环境背景下、针对当时的一些事情，基于当时的认知水平、用当时的语言写出来的，从中透露出来的时代信息还是很真实、强烈的。

最后再说两句：这本书不是什么学术专著，所写的东西可能还有不少错误，在此，恳请方家批评赐教。

李蕴祺

2014年3月25日

目　录

第一辑

天津曾经的
造币企业及其产品

天津铸造的钱币——中华泉海的后起之秀

中国是世界上最早使用货币的国家之一。纵观中国古代货币产生、演变和发展的轨迹，可以说是萌芽于禹夏，起源于殷商，发展于东周，统一于强秦，定制于盛唐，辉煌于北宋，结束于晚清，有近4000年的历史。

自约公元前2070年至公元前1600年的夏代起，中华民族的先民们就开始选用为大家普遍接受的天然物品作为商品交换的一般等价物，从而出现了货币的萌芽。

进入约公元前1600年至公元前1300年的商代前期，中原地区的先民们将商品交换的一般等价物固定在了天然的齿贝壳上，称为“真贝”。齿贝壳从此就承载了货币的职能，后世将其称之为“贝币”。随着商品经济的不断扩大，天然的贝币日益供不应求，于是，先民们使用兽骨仿制贝币，是为“骨贝”，代替真贝

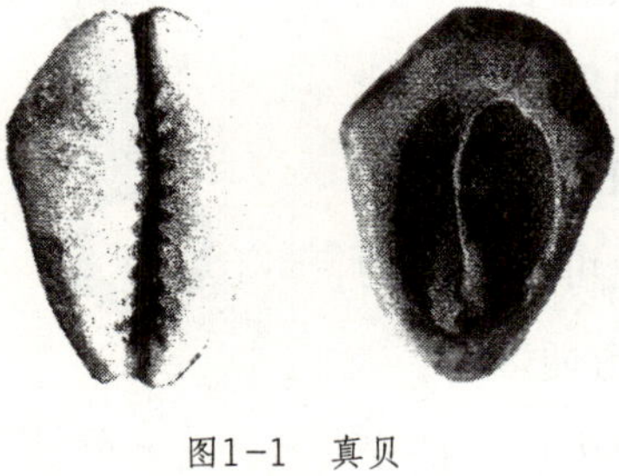

图1-1　真贝

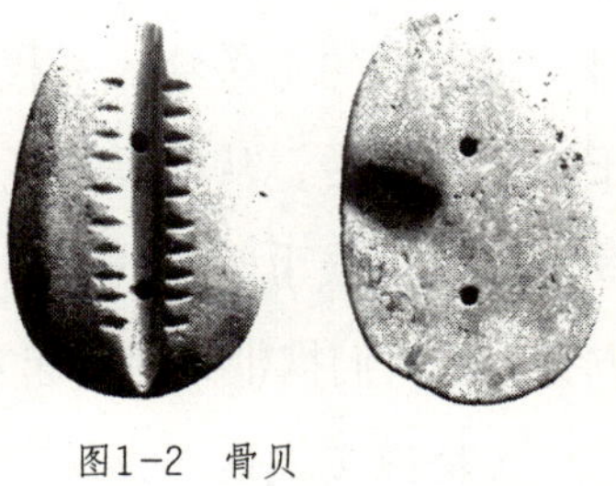

图1-2　骨贝

流通。

到了约公元前1300年至公元前1046年的商代后期，手工刻制的骨贝已经不能满足商品交换的需要，开始出现了用青铜①铸造的铜贝②。铜贝的出现标志着中国古代货币进入了以青铜等贱金属③为材料铸造钱币的新阶段，也标志着真正的货币在中华大地产生了。此后，贱金属铸造的钱币在中国行用了3200余年，在中国古代货币体系中处于主体地位。正因贝币的里程碑意义，所以中国汉字中与财富、财产、财务乃至经济有关的字，都以“贝”作为偏旁。

图1-3 铜贝

中国古代钱币在漫长的发展历程中，发生过三次对后世产生重大影响的演变。

一是钱币形状：当铜贝还在流通时，东周（前770—前256）列国开始出现了刀状的刀币、铲状的布币、纺轮状的圜钱等钱币形状。其中，秦国首先将圜钱的圆孔——穿改为方形，作为自己货币“半两”的形状。公元前221年秦始皇统一六国后，以秦国外圆内方的钱币形状统一了六国货币。从此以后，“孔方兄”即行用于华夏大地逾2100年之久。外圆内方的钱币形状所以经久不衰，一是它表达了“天圆地方”的意思，反映了中国古代对宇宙的认识，外化了中国古代阴阳学说的哲理。二是钱币铸成后，需要打磨圆形外缘的毛刺，此时，用方形的木条穿入一枚枚钱币的方孔，便于固定和旋转，从而提高了打磨加工的质量和效率。三是钱币圆形的外缘，加上可以穿绳的方孔，使人们携带和使用起来更加方便。

图1-4 齐国“安阳之法化”刀币

二是钱文表达：秦统一六国货币后，按秦

① 青铜：铜与锡、铅的合金。

② 以后又出现了铜贝的高级形态——蚁鼻钱（亦称鬼脸钱），椭圆形，背平面凸起，铸有文字，笔画似蚂蚁，又似鼻孔，有的似鬼脸。

③ 贱金属：金、银等贵金属的对称。

国制，钱面文字镌的是“半两”，表示的是钱币的物理状态——重量。后来的两汉（包括新莽）、三国、两晋、南北朝至隋朝的钱文，先是沿袭“半两”，后改为“五铢”，这些都是表示重量的计重钱。到唐高祖武德四年（621）开铸新钱时，钱面文字不再镌“半两”而是镌“通宝”，表示了钱币的社会属性——流通之宝，并在“通宝”之前加上了铸造朝代，开创了年号钱的先河。有唐一代铸行过“开元通宝”“乾封通宝”和“乾元通宝”，其年号钱的特征还不突出，到北宋时年号钱才盛行起来，以后代代传承，直至古代钱币寿终正寝。

图1-5 周王朝斜肩弧足空首布币

三是背文记载：唐武宗会昌五年（845），淮南（今扬州）节度使李绅在“开元通宝”钱背后加镌铸造地名，钱币史学称之为“会昌开元”。“会昌开元”记载了该钱币的铸造地，首创了记地钱形式。

图1-6 魏国“共”字圜钱

图1-8 唐朝“会昌开元”

图1-7 秦国“半两”钱

此后，南宋在各朝年号钱背后加镌纪年，明代在各朝年号钱背后加镌铸造局名（有的也加镌计重），清时更加规范。

中国古代钱币源远流长，但在很长一个时期，与天津地区无干。在清代以前，天津地区只有货币的流通，并无货币的生产，在中国货币史中并无地位。到了清代末年，在洋务运动的大潮中，天津的造币业陡然兴起，并一跃成为当年造币业的核心城市，辉煌虽然来得晚了些，却在中国货币史上写下了光辉的一页。

蓟镇铸局——天津境内造币业的开端

据《清史稿》记载，清世祖爱新觉罗・福临定都北京后，即于顺治元年（1644）雕铸样钱，并于工部设宝源局、户部设宝泉局，在北京开铸“顺治通宝”年号钱[①]。清代承袭明代习惯，称官炉铸造的钱币为“制钱”，取其形制、成分、重量和铸造工艺规制统一之意，货币单位为“文”，一枚制钱为一文。清代以一文制钱（亦称“小平钱”）为基准货币，以银作对价，一文制钱折银一厘，一千文制钱（一串）折银一两。

顺治二年（1645），大局初定，朝廷便大开铸局，在京外十八个省、府、镇的治所开炉鼓铸新钱。其中，在直隶省的宣化府（今河北省张家口市宣化区）设立了宣府铸局、密云镇（今北京市密云县）设立了密镇铸局、蓟州（今天津市蓟县）设立了蓟镇铸局。蓟镇铸局是见诸于文字记载的天津境内造币业的开端。

一、局名和年代

现今，人们说起天津蓟县的钱局，常称其为“宝蓟局”，其实不然。

《大清会典则例・钱法》记载：“顺治元年，铸成顺治通宝样钱，颁发……蓟州……等镇，开炉鼓铸。”《清史稿》也记载：“世祖定鼎燕京，大开铸局，先后开山西、陕西、密云、

① 《清史稿》：上海古籍出版社、上海书店编，上海古籍出版社、上海书店出版，1986年12月第1版。

蓟、宣……铸局。”从上述记载和表述看，朝廷称这些在京外开设的铸币官炉为“铸局”，由此可知，顺治二年在蓟州治所设立的官炉应称“蓟镇铸局”。但是，有清以来，蓟州的行政级别一直是州（系不辖县的散州），何以出现“蓟镇”的称谓（当年的镇与州、府同级，都辖县）？有著作介绍，明朝末年，朝廷在边界设置了九个边关重镇，它类似于军事防区，有军事建制，其辖地可以包括几个行政州、县[①]。九个边关重镇之中有蓟镇，它是防御东北后金入侵、扼守京师门户的主要屏障，其防御的区域包括蓟州在内。满清入关后，蓟镇虽失去了军事意义，但其称谓仍然存在。由此推测，将设在蓟州治所的铸局冠以“蓟镇”亦未可知。其实，是“镇”还是“州”并不重要，重要的是从史料和实物看，在清代顺治和康熙两朝，蓟县的铸局并没有“宝蓟局”的称谓。

据《清史稿》记载，康熙朝中后期，铸钱的铜料缺乏，自康熙四十四年（1705）开始，官方开始采购云南的铜料铸钱。雍正元年（1723），巡抚杨名时奏请“岁运滇铜入京。廷议：即山铸钱为便”。为此，朝廷在云南大理等地又新开了四个铸局，准备就近铸钱，输钱入京。此前，京外各铸局在所铸制钱背面只镌汉文或满汉文铸局地名，以为识别，云南新铸制钱亦循例在钱背镌“云泉”二字。当样钱呈雍正帝御览时，“上以钱为国宝，更名‘宝云’，并令直省局钱，幕首‘宝’字，次省名，纯满文”。此后，直隶和各省铸局所铸的制钱才在钱背镌满文“宝”和铸局地名。由此，铸局也被称为“宝×局”。至于“宝蓟局”称谓的出现，则是咸丰朝以后的事情了。

二、沿革和产品

（一）顺治朝铸有五式“顺治通宝”制钱，蓟镇铸局铸造了其中的四式。从《清史稿》记载看，顺治朝的十八年间（1644—

①《清代蓟州皇家胜迹》：蔡习军著，天津人民出版社出版，2008年9月第1版。

图1-9 背穿上汉文“蓟”顺治通宝，原大直径25～26mm，重3.8～4.5克

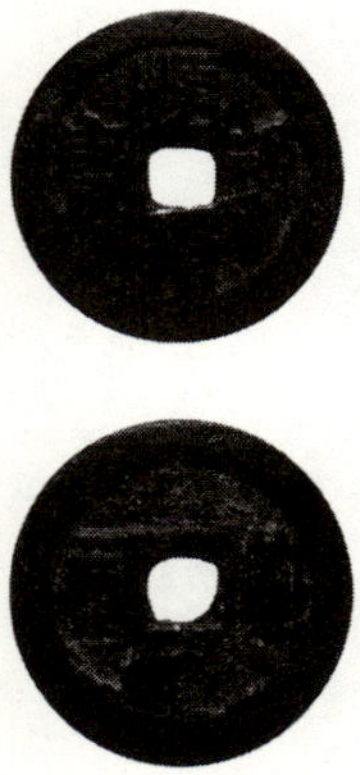

图1-10 背汉文“一厘，蓟”顺治通宝，原大直径26mm，重4.4克

1661），在“钱法”上有过几次变革，在铸局设置上亦有过几次调整，其结果是“顺治通宝”制钱有了五种版式。其中蓟镇铸局铸造的四种版式，只有三种可以区分出为蓟镇铸局所铸。

这五种版式制钱的钱面基本相同，均镌“顺治通宝”四字，直（对）读；其区别在钱背。

一是顺治二年初开铸的仿明式“顺治通宝”制钱，其特征是钱背无字（俗称“光背”）。初定该式“顺治通宝”的成分为“红铜七成，白铜三成，搭配鼓铸”①，每枚重量为一钱。二年末又将每枚重量增加二分，为一钱二分，每七枚制钱折合银两一分。后来，民间反映制钱比银两贵，更定十枚制钱折合银两一分，遂令“各省镇遵式开铸”。蓟镇铸局肯定铸造过该式制钱，但因钱背无字，所以于实物无法分辨。该式制钱在顺治四年（1647）停铸。

二是顺治二年晚些时候开铸的仿唐朝“会昌开元”式“顺治通宝”制钱，其特征是在钱背穿上（或右）镌汉文铸局地名一字。工部宝源局镌“工”字，户部宝泉局镌“户”字，蓟镇铸局镌“蓟”字，有穿上“蓟”和穿右“蓟”两种。在这几年中，京外铸局有过三次调整，但未涉及蓟镇铸局。后因各省私铸不绝，小钱伪钱猖獗，朝廷于顺治八年（1651）“停各府镇铸”，蓟镇铸局也在其列，该式制钱亦同时停铸。

三是顺治十年（1653）开铸的“一厘”制钱，其特征是钱背穿左镌汉文“一厘”，穿右镌汉文铸局地名一字。是年，朝廷复开京外部分铸局，蓟镇铸局在列。据《清史稿》记载，此次开铸的“顺治通宝”制钱，以顺治八年规定的每枚重一钱二分五厘为准，一千枚制钱折合银两一两，钱背穿左镌汉文“一厘”，系指折合银两一厘。穿右镌汉文铸局地名，宝源局镌“工”，宝泉局镌“户”，蓟镇铸局仍镌“蓟”。该式制钱铸行了八年。

---

① 红铜为纯铜，白铜为铅，其合金为黄铜。

四是顺治十七年（1660）起开铸的“顺治通宝”制钱，其特征是在钱背镌满文“宝源”和“宝泉”。顺治朝后期，京外铸局铸“钱不精，私铸乘之，卒壅不行”，虽经多次治理无效，于是朝廷专任工部宝源局和户部宝泉局两个中央铸局精铸制钱，并将每枚制钱重量增重到一钱四分，目的是“俾私铸艰于作伪”。该式制钱仅有宝源局和宝泉局铸造，京外各铸局未铸，是清朝乃至前朝钱币中质量最好的。该式制钱铸行一年后，因新帝登基改元而停铸。

五是顺治十七年宝源局、宝泉局及京外各铸局开铸的“顺治通宝”，其特征是钱背左镌满文铸局地名，右镌汉文铸局地名。蓟镇铸局镌满汉文“蓟”字。该式制钱铸行一年，亦因改元而停铸。

图1-11　背满汉文“蓟”顺治通宝，原大直径28mm，重4～5克

（二）蓟镇铸局在康熙朝铸有一式“康熙通宝”制钱。康熙元年（1662），开铸“康熙通宝”年号制钱，初时因钱价过贱，朝廷令京外各局停铸，只有工部宝源局和户部宝泉局鼓铸钱背镌满文“宝源”“宝泉”的制钱。康熙六年（1667），朝廷复准二十二个地方设铸局鼓铸，其版式只有钱背穿左镌满文铸局地名、穿右镌汉文铸局地名一式。蓟镇铸局亦如式鼓铸。有专著说，朝廷复开京外铸局后，直隶的密镇铸局迁至蓟州，其所铸制钱可能用了蓟镇铸局“蓟”的地名[①]。康熙十年（1671），朝廷又一次关停了京外各铸局。

图1-12　背满汉文“蓟”康熙通宝，原大直径25～27mm，重3.8～5.5克

康熙朝初时承顺治朝旧制，每枚制钱重一钱四分，但引起“奸民辄私销”；后于康熙二十三年（1684）“复一钱旧制”，不意又造成私铸泛起；无奈于康熙四十一年（1702）又恢复了一钱四分的重量。这就使“康熙通宝”出现了重量和直径不同的大、小钱，蓟镇铸局所铸制钱也是如此。

蓟镇铸局于康熙十年停铸后，是彻底裁撤了还是停工待产？说法不一。《河北钱币图志》说，雍正朝初年，因钱价日贱，

① 《河北钱币图志》：张弛著，河北人民出版社出版，1997年11月第1版。

银、钱比价已超过一千文制钱折合银一两的官方定价，“故直隶省铸钱局皆停铸”，意即蓟镇铸局一直到康末雍初才停炉，但这种说法与《蓟州志》记载相左，有待进一步考证。不过，雍、乾、嘉、道四朝未再铸背镌“蓟”的制钱。

（三）咸丰朝始有“宝蓟局”称谓并铸铁钱。到了咸丰朝，因财政拮据，朝廷决定增开铸局，鼓铸“咸丰重（元）宝”（一枚）当五、当十、当五十和当百文的铜质“大钱”，后因铜缺，朝廷又令铸铁质“大钱”。咸丰三年（1853），朝廷在直隶蓟州重开铸局。按雍正朝定制，其所铸制钱钱背镌满文“宝蓟”，由此，才有了“宝蓟局”的称谓。但据《河北钱币图志》，此时的宝蓟局地址已不在蓟州治所，而是在遵化的马兰镇，这可能是《蓟州志》自康熙朝后再未见铸局记载的原因。在马兰镇的宝蓟局于咸丰四年（1854）开铸了当十（重五钱）、当五十（重一两）、当百（重一两五钱）文的“咸丰重（元）宝”铜钱，后又添炉试铸一文和当五文的铁钱，但年末即停铸，并从此关闭。

图1-13　背满文“宝蓟”光绪通宝，原大直径23.2mm，重4.2克

现今市场上有见背镌满文“宝蓟”的“光绪通宝”一文铜制钱，一说是光绪朝直隶宝沽局代铸的，一说是民间或地方局私铸的。

三、旧址和现状

康熙朝编纂的《蓟州志》记载：“在州治东北隅”有蓟州考院，这个考院很大，“大堂五间、考棚七十七间……考棚前为仪门，又前为大门……大门西监司厅，又西有司厅，后改为铸钱局。自钱局裁除，遂为空基。”这是关于蓟镇铸局所在的原始记载。

从实地踏勘看，蓟镇铸局旧址在现今蓟县县城渔阳宾馆西侧的钱局胡同周边。该局原建筑已无存，但遗存一口旧井，当地人称“钱局井”，旧址还留下了“钱局胡同”的地名。据当地居民称，前些年在旧址曾挖出过冶铜的坩埚。

图1-14　白色轿车位置为“钱局胡同”胡同口

图1-15　井盖下为“钱局井”，在钱局胡同口的民居前

宝津局——中国近代造币业在天津的雄起

19世纪60年代至90年代，在中国古老的大地上，发生了一场洋务运动，以曾国藩、李鸿章、左宗棠等封疆大吏为代表的洋务派，举起“自强求富”的旗帜，采用西方的新技术，设立新式学堂，兴建新式工业，创办新式军队，使日渐没落的清王朝出现了短暂的“同光中兴”。天津是洋务运动的主要基地之一，直隶总督兼北洋通商事务大臣李鸿章不仅在天津发展壮大了当年中国最大的军火工业——天津机器局，而且还在其中开创了当时中国最先进的造币企业——宝津局，中国近代造币业由此在天津雄起。

一、缘起和沿革

宝津局的正式名称，在光绪二十一年（1895）前应为“天津机器局铸钱局”，此后应为“北洋机器局铸币厂”。但按照清雍正朝的定制，官炉铸造发行的制钱在钱背上要镌满文“宝”和铸局地名，天津机器局铸造的“光绪通宝”一文制钱在钱背镌了满文“宝”和“津”，因此，也就有了“宝津局”的名称。

（一）宝津局的母体。据天津《河东区志》记载，清同治五年（1866）八月，朝廷主办洋务的恭亲王奕䜣奏请在天津兴建军火工厂，以改善中国军队的装备。朝廷准其所奏，并派驻跸天津的三口通商大臣署直隶总督崇厚筹办。次年初，崇厚在天津城东十八里贾家沽道选定厂址，并开工建设。当时定名为“军火机器总局”。经过三年建设，该厂于同治九年（1870）全部建成投产。同年，朝廷派崇厚出使法国处理天津教案善后工作，命李鸿章接管该厂事务。李鸿章接手后，将军火机器总局易名为“天津机器制造总局”（简称“天津机器局”），这是洋务派在天津最早创办的新型实业，也是宝津局的母体。

（二）宝津局的诞生。天津机器局原本只生产军火，十几年后才增加了造币任务。原来，自光绪初年开始，由于国家财政困难加之铸钱亏损的缘故，各地铸钱局所铸一文制钱持续减重。到光绪九年（1883），十枚“光绪通宝”制钱仅重二钱六分，只相当于顺治朝二枚制钱的重量；不仅如此，各地铸钱局还逐渐减少产量，后来竟然停铸了一文制钱，在京的宝源、宝泉两局也只铸行（一枚）当十文的“光绪重宝”。一时间，京城市面上一文制钱严重短缺，民怨沸腾。据《清史稿》记载，慈禧皇太后为解京城“钱荒”之困，要求宝源、宝泉两局开铸一文制钱。户部则以北京缺水为由，力陈“京局开炉之不便”，慈禧“懿旨罪其委卸”但也无奈，“卒令直隶总督李鸿章于天津行之”。李鸿章奉懿旨后，于光绪十三年（1887）正月在天津机器局内设立铸钱车间，并订购英国铸币机器，准备用先进的技术装备铸钱。由于英国机器运输到津尚需时日，于是天津机器局在当年年底前，先行用旧法开铸了“光绪通宝”一文制钱约八千余串，并即刻输京，缓解了京城的急需，宝津局也由此诞生了。朝廷要求新铸的一文制钱每枚重量为一钱，这势必使成本增加，致使宝津局亏损严重，于一年后被迫停止了旧法铸币。

（三）宝津局的成功。光绪十四年（1888），李鸿章订购的英国铸币机器到货并安装调试后，天津机器局的铸币车间即扩充为机器铸钱局，并立即上马了机器铸币，生产出了机制“光绪通

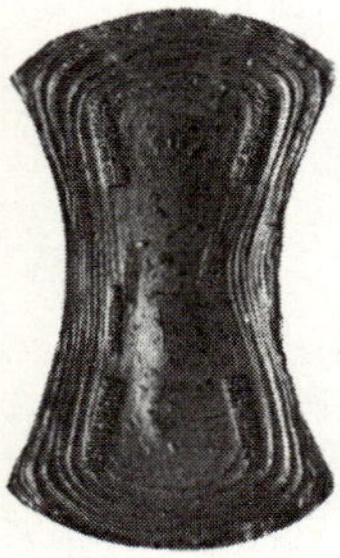

图1-16 宋代银铤

1-17 元代银元宝

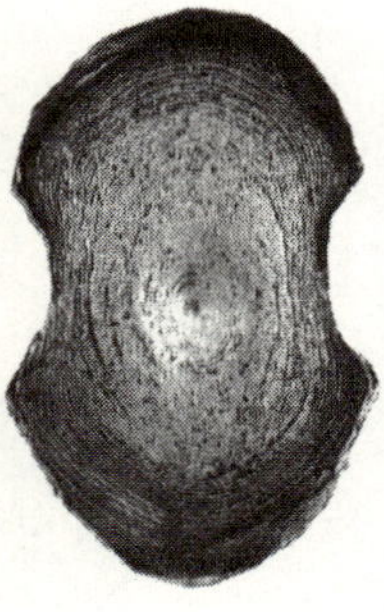

1-18 明代银元宝

宝”一文制钱。此举成效显著，大获成功，受到朝野嘉许。事实上，机制制钱最早出现于广东，但由于各种原因未受重视。而宝津局再行机器铸币是受命于京城“钱荒”之时，备受朝廷青睐，才使机器铸币得到了巩固和发展。此后，宝津局几经增添机器装备、扩大生产规模，到光绪十六年（1890），已经成为当时中国最具规模的近代化造币厂。

（四）宝津局的壮大。光绪二十一年，李鸿章因签订《马关条约》受到朝野谴责而被罢免，朝廷调云贵总督王文韶接任直隶总督兼北洋大臣。王文韶有意在洋务上取得政绩，即于当年末将天津机器局更名为“北洋机器局”，天津机器局机器铸钱局亦改称“北洋机器局铸币厂”（简称“北洋铸币厂”），并大量进口铸币机器和原料，在继续生产机制制钱的同时，于光绪二十二年（1896）试铸银币。

中国古代一直实行着类似于复本位的货币制度，即在贱金属钱币作为主体货币流通的同时，黄金和白银等贵金属也作为货币与钱币并行流通。当然，黄金和白银在流通中的功能有所不同：黄金以财富贮藏为主，流通为辅；而白银以流通为主，财富贮藏为辅。在中国古代，为了方便白银的流通，人们将其铸成饼、锭、条等形状使用（还有用散碎银块作小额支付的）。宋代以后，将白银铸成纺锤形，称为“银铤”，元代称银铤为“元宝”，明代以来将白银铸成马蹄状，仍称“元宝”或称“马蹄银”。

明代末年，随着海外贸易的迅速发展，西方国家的银币开始流入中国，并出现了外国列强用银币套换白银的现象，致使中国的白银流失。

到了清代，这种现象由东南沿海向内地蔓延，并愈演愈烈。林则徐督粤时，开始自铸银币以图抵制，但因不适用而失败。张之洞督粤后，于光绪十四年用机器试铸“光绪元宝”银币，该币背面镌“大清龙”纹①，市称“龙洋”，又因其重量为库平七钱三分，且英文置于币面，亦称“七三番版”。该银币的样币呈报朝廷后，因上述将英文置于币面而龙纹置于币背及重量问题而未获批准。该币经过两次修改，将重量降至库平七钱二分，并将英文置于币背后，始于光绪十六年面世。从此，中国的白银开始以币的形态出现。中国银币的出现，不仅是货币形状的改变，还加快了中国铸币技术由热铸向冷压的转化，更推动了中国近代货币制度变革，使中国实行了几千年的复本位货币制度开始向单一本位货币制度演进②。广东银币虽获成功，但由于其初始产量少，所以当年未形成“气候”。直到六年后宝津局开始大量生产银币，这种情况才改观。

图1-19　左为英国银币（站人），右为墨西哥银币（鹰洋）

（五）宝津局的毁灭。光绪二十六年六月十八日（1900年7月14日），八国联军攻陷天津城，侵略者在随后的几天里疯狂屠杀、野蛮洗劫，并重点毁灭了当时中国主要的军事工业企业——北洋机器局，连同一起毁灭的还有附属于北洋机器局的宝津局。

二、产品和功绩

宝津局存世十三年，先铸“光绪通宝”一文制钱，解围京城“钱荒”，续造机制“光绪通宝”一文制钱，巩固和成就了铸币新技术；后以“北洋机器局”的名称铸造了“大清银币”，加快了中国铸币技术和货币制度改革的步伐。宝津局后来虽毁于八国联军炮火，但它为不久新建的北洋银元局留下了丰厚的遗产，在

① “大清龙”纹：为清政府使用的标准龙纹，各地自行铸造造的银币上，还使用其他的龙纹，如飞龙、立龙、蟠龙、水龙、坐龙等龙纹。

② 宣统二年，清廷颁布了《大清国币制则例》，规定以银元为本位币，从此废止了中国近3200年的复本位货币制度，实现了单一的银本位制。

天津努力成为当时中国造币业核心城市的功劳簿中留下了光辉的一页，历史功绩不可磨灭！

图1-20 背满文“宝津”加星文光绪通宝一文制钱

（一）“光绪通宝”一文制钱。光绪十三年开铸，沿用旧法翻模铸造，成分为“铜六锌铅四”[①]，重量为一钱。钱面镌“光绪通宝”，直（对）读，钱背镌满文“宝津”，并在穿上、穿下加日、月、星文（形状为圆圈、半弧、圆点，应为生产批次标记）。该钱的面世，及时缓解了京城一文制钱短缺的情况，但因亏损严重，一年后停铸。

（二）“光绪通宝”一文机制制钱。光绪十四年开铸。该钱的形制与旧法铸造的一文制钱相同，但由于使用了机器冷压工艺，钱币表面光鲜、内在质量稳定，且适于工业化生产，使中国造币技术实现了根本性的改革。但进口的铸币设备适合制造国外平板无孔的钱币，用之制造中国制钱时，需要增添打孔工序。因此，不但需要增添设备，还破坏了原工艺流程，增加了设备损坏几率，使得机制制钱的生产成本仍然居高不下，造成生产时停时续。不过，机制制钱的生产，还是为以后机制铜元和银币的大规模生产做了技术、设备和工匠上的储备。

（三）北洋机器局造“大清银币”。光绪二十二年开铸，有一元、五角、二角、一角和半角五个面值。银币是新式货币，因此不再沿用制钱的式样，也不再镌“宝津”字样，而是镌制造厂名——“北洋机器局造”（英文“PEI YANG ARSENAL”，译为“北洋兵工厂”）。这套银币的面世虽然晚于广东的“龙洋”，却占了四个第一次：一是第一次由中央政府下令生产；二是第一次在货币上镌满汉文国名——“大清”（满文在正面中圈内）；三是第一次以“圆（元）”作为货币单位；四是第一次以主辅币系列的形式出现。这套银币的问世，反映了清政府中币制改革派的意愿，推动了中国货币制度的改革，具有里程碑意义。但该套

① 铜六锌铅四：即铜六成、锌铅四成，其合金仍称为黄铜。

银币属试铸性质，当年铸量仅为7600枚，流通极少。

该局在以后两年又各铸造了一套银币，除在正背面更换了中英文纪年、并在背面加镌了英文国名“TA TSING”（大清）外，其他与光绪二十二年版银币同。该币在光绪二十三年（1897）的铸量已达1176550枚，成为当时主要的流通银币。

图1-21 背满文“宝津”机制光绪通宝一文制钱，原大直径约26mm

（四）北洋造“光绪元宝”银币。光绪二十五年（1899）四月，朝廷下令收回各地的铸币权，但准许天津的北洋机器局继续铸造银币，不过准许铸造的是传统式样的“光绪元宝”。这套银币有库平七钱二分、三钱六分、一钱四分四厘、七分二厘、三分六厘五个面额，制造厂名由“北洋机器局造”改为“北洋造”（PEI YANG）。该套银币从货币名称、货币单位到式样与广东“龙洋”无大区别，完全是一副老面孔，这是清政府内革新派向保守派妥协的结果，反映了中国近代币制改革的艰巨性和反复性。但它仍保留了主辅币系列的形式，不失为改革留下的成果。这套银币主币当年产量为1645798枚，且流通范围遍及大江南北，在当时的经济生活中发挥了重要作用，这也是北洋机器局的历史功绩之一。

图1-22 光绪二十二年，北洋机器局造一元大清银币，原大直径约40mm

光绪二十六年，北洋机器局铸造了二十六年版库平七钱二分、一钱四分四厘和三分六厘三个面额的银币后，即毁于八国联军的炮火。此后，市面上还流通过光绪二十九年版库平七钱二分、三十一年版库平一钱四分四厘、三十三年和三十四年版库平七钱二分的“北洋造”银币，但这些银币已是由袁世凯创办的北洋银元局用北洋机器局的旧模制造的，而非北洋机器局的产品了。

（五）关于宝津局背《千字文》“光绪通宝”。清光绪十九年（1893）十一月十八日，御史安维峻上折，痛陈钱局私收、私铸、私运制钱造成钱荒之弊，并“请旨饬下户部堂官，撤底清查

图1-23　光绪二十五年，北洋造库平七钱二分光绪元宝银币

以重圆法，除积弊”[①]。但由于朝廷拿不出除弊良策，就拖了下来。光绪二十三年十二月十六日，户部尚书麟书针对四年前安维峻的奏请，上折提出了革除积弊之法，即仿照本朝旧制，“于钱之背面空处，将钱模加一楷字，按照《千字文》字样一季一换，该局卯钱即按季尽数批解，庶验收时不难立辨”。这就是“光绪通宝”背《千字文》的由来。

从存世的“光绪通宝”有背《千字文》制钱这一事实看，当年朝廷是批准了户部尚书麟书奏请的。但是，当年有哪些钱局鼓铸了背《千字文》的“光绪通宝”，鼓铸的背《千字文》“光绪通宝”到底有多少，则未见文献记载。从一些探讨文章看，比较一致的看法：一是设在北京的户部宝泉、工部宝源两局各铸有背“宇”“宙”“日”“列”“来”“往”字的六种“光绪通宝”；二是宝津局铸有背“宇”“宙”字的两种“光绪通宝”；三是云南的宝云局、广东的宝东局铸有背“金”字的“光绪通宝”；四是宝东局铸有背“村”字的“光绪通宝”，但“村”字不是《千字文》中的字，可能是记地性质的添加字；五是四川的宝川局铸有背“川”字的“光绪通宝”，“川”字虽是《千字文》

图1-24　宝源局所铸背“宇”“宙”“日”“列”“来”“往”字六种光绪通宝背面

①《谈光绪制钱背“千字文”的问题》：寇英武撰，《中国钱币》2006年第4期。

中的字，但据说已被证明是记地性质的添加字。

几年来，市场上不断有一些背《千字文》的“光绪通宝”出现，除宝源局所铸六种背字的“光绪通宝”无新字出现外，宝泉、宝津、宝云、宝东、宝川局所铸“光绪通宝”都有新字出现。

宝泉局所铸背《千字文》“光绪通宝”，现可见15种，除“宇”“宙”“日”“列”“来”“往”六字外，还有“天”“地”“川”“玉”“金”“水”“利”“生”“贞”九字，其中“宇”字“光绪通宝”穿下有月痕。上述这九个字在《千字文》中都有，如“天”“地”出“天地玄黄”；“川”出“川流不息”；“玉”出“玉出昆冈”；“金”“水”“生”出“金生丽水”；“利”出“释纷利俗”；“贞”出“女慕贞洁”等。

宝津局所铸背《千字文》“光绪通宝”可见十字，除“宇”“宙”二字外，还有“玄”“星”“享”“阳”“月”“辰”“来”“往”八字。上述这八个字，除“享”字不是《千字文》中文字外，其余七字在《千字文》中都有，如：“玄”出“天地玄黄”；“星”出“弁转疑星”；“阳”出“律吕调阳”；

图1-25　宝泉局所铸背《千字文》15种光绪通宝背面

图1-26 宝津局所铸背“玄”“星”“亨”“阳”“月”“辰”“来”“往”字光绪通宝正、背面

“月”出“日月盈昃”；“辰”出“辰宿列张”；“来”“往”出“寒来暑往”等。宝津局铸背《千字文》的“光绪通宝”直径约为20mm，边缘大多带有毛刺，字口较深，文字清晰。

泉界对这些新背字“光绪通宝”说法不一，少数人认为是新发现，大多数认为是铸工戏作，或是近现代臆造。

三、旧址和现状

《天津通志·旧志点校卷（下）》载《天津政俗沿革记》称：同治六年（1867）崇厚创办的军火机器总局，“初在城东十八里曰贾家沽道者得田二十二顷有奇，厘为局基，环西南北皆民畴，东界小河（即现今月牙河）而止”，“名为东局”；“其后增设城南海光寺，名为西局”；“及庚子之役，东南两局毁于兵火，遂鞠为茂草，扫地无存”了。

北洋机器局的东局在现今天津市河东区东局子军事交通学院内，现已无存，天津《河东区志》刊有其旧时的照片，院方在图书馆前严复园仿建了北洋机器制造总局门楼；西局在现今南开区南门外大街南端海光寺一带，现已无存。

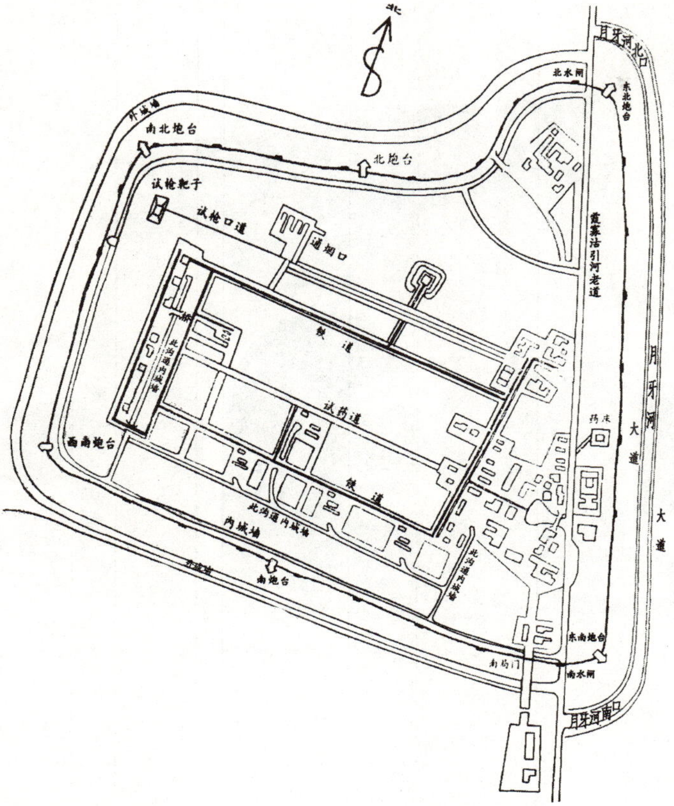

图1-27　北洋机器局示意图

图1-28　北洋机器局大门

图1-29　仿建的北洋机器制造总局门楼

图1-30　严复园地面之银元图案井盖

北洋银元局——北洋新政在天津的硕果

光绪二十六年（1900）八国联军攻占京津，清政府逃亡西安。为挽救时局，朝廷于次年颁布《罪己诏》，承诺实行改革、推行新政。

时任直隶总督兼北洋大臣的袁世凯敏锐地把握时局，以天津为基地，适时实行了北洋新政。袁世凯从当时天津战后余生、社会动乱、物价飞涨、劣币横行的实际出发，将铸行新币和整顿金融作为推行新政的突破口，其硕果之一就是成功建造了北洋银元局。

一、兴建与涅槃

（一）应运而生。清朝末年，政治腐败，经济停滞，货币制度混乱，制造技术落后，导致钱币品质低劣，市场流通困难。随着洋务运动的兴起和西方先进技术、设备和材料的输入，一种形态新颖、品质稳定、使用方便的圆形无孔机制钱币——铜元，于光绪二十六年首先在广东出现，由于受到市场的普遍欢迎，铜元很快就取代了制钱的地位，成为市场行用钱币的基本形态。但铜元仍以一文制钱作价，有（一枚）当一文、二文、五文、十文、二十文、五十文等面值。

光绪二十八年（1902）初，袁世凯委派其主办实业的得力幕僚周学熙为总办，在天津筹建北洋铸造银元总局，也就是通常所称的北洋银元局（其他的俗称还有“北洋银元总局”“银元局”等）。此时，机制铜元已在广东问世。北洋银元局以生产机制铜元为起点，肩负起落实袁世凯北洋新政的使命。

（二）迅速建成。周学熙开始筹建北洋银元局时，可谓时间紧、任务重，但他也不是白手起家。此前的天津北洋机器局（宝津局）虽毁于八国联军的炮火，但其残存的机器设备、失散的技术骨干和工业化生产经验为他提供了很大的支持。周学熙一方面组织人力，挖掘北洋机器局废墟中残存的铸币设备修复使用，另一方面招募原北洋机器局散失的技师和工匠作为骨干予以重用，只用半年多的时间就基本建起了新厂，并于当年（光绪二十八年）十一月开工，生产出机制铜元投放市场。周学熙确实是一个干才，其出色的业绩，受到了袁世凯和朝廷的赞许。此后不久，周学熙又兼任了直隶官银号督办，民国北洋政府时期曾两次出任财政总长。

北洋银元局根据户部“多铸铜元，尽铸尽放”的要求，继续增添机器，增加工匠，使铜元产量倍增，迅速占领了市场。后来，北洋银元局使用北洋机器局的旧模接续生产了光绪二十五年版北洋造“光绪元宝”银币，才使之成为了名副其实的“银元局”。

（三）奉命改制。光绪二十八年，朝廷准备建造国家级造币厂。鉴于天津自然条件的优越，也鉴于北洋银元局的成功，朝廷决定将工厂设在天津，这就是光绪三十一年（1905）春建成的户部造币总厂。该厂建成后，北洋银元局奉命改为造币总厂的分厂之一，名称为“直隶户部造币北分厂”，后又称“度支部造币津厂”，继续生产铜元和银币。北洋银元局改为造币总厂的分厂后，还有“度支部造币北洋总厂”“直隶造币分厂”“直隶分厂”“津厂”“老厂”等称谓，其中“老厂”的称谓，更像是业内人士、市井百姓对它的昵称，一个“老”字，表明了它的地位。

北洋银元局上承北洋机器局衣钵，下启户部造币总厂兴盛，为天津成为中国近代造币业的核心城市奠定了基础。北洋银元局存世虽仅有三年多的时间，但其产品投放市场后，迅速替代了旧制钱和银两而成为主要流通货币，也为各省所效仿，其在中国近代金融史和货币史上占有不可替代的重要地位。

二、产品及地位

北洋银元局先后生产了两个版式的铜元和两个版式的银币。其生产的铜元和银币仍然镌有“北洋”字样，但此“北洋”已不是先前的北洋机器局，而是北洋银元局了。

图1-31　小片光绪通宝零用一文铜元，原大直径15mm

（一）“光绪通宝零用一文”铜元。该版铜元有“大片”“小片”和“小片宽边”三种规格，均为黄铜质。该铜元虽小，却有三个特别的地方：首先是正面珠圈外镌双龙戏珠图，而不是部颁的龙纹；其次是正背面均无满文，为当时官方铸币之未见；三是钱面镌“零用一文”，超出了国家货币体系之外。这些特点反映出该铜元属地方当局自铸货币的性质，其作用是市场找零，它的铸行体现了袁世凯想恢复和便利天津市场交易的初衷。

（二）“北洋光绪元宝”铜元。该版铜元有（一枚）当制钱十文和二十文两种面值，红铜质居多，依文字和图案的微小区别可分为近20个版别。该版铜元正面镌满汉文“光绪元宝”“北洋”和作价，背面镌“坐龙”纹、英文“北洋”和作价。该铜元为当时中国北方市场上的主要通货，其式样也为南方各省所效仿。

（三）接续铸“北洋造光绪元宝”银币。北洋机器局于光绪二十六年停产后，北洋银元局用其旧模铸造了光绪二十九年版库平七钱二分、三十一年版库平一钱四分四厘、三十三年和三十四年版库平七钱二分的银币，各版银币除年号外，其式样与北洋机器局光绪二十五年版“光绪元宝”相同。因此，年号是区分北洋机器局产品与北洋银元局产品的唯一标志。该银币是当时的主要流通货币。

图1-32 北洋光绪通宝当制钱二十文铜元，原大直径31mm

（四）试铸“北洋光绪元宝一两”银币。光绪三十一年户部造币总厂投产后，用光绪二十九年预制的模具试铸了一套银币，有库平一两、五钱、二钱、一钱和五分五个面值，在币面、背镌中英文“户部”（HU POO）以为标识。该银币采用库平一两计重，改变了库平七钱二分的传统，因与市场习惯不合而未发行。

此时，北洋银元局已改为户部造币总厂的分厂，其在光绪三十三年亦试铸了库平一两的“光绪元宝”银币。该银币式样与造币总厂库平一两“光绪元宝”相同，只是在币面、背镌中英文北洋以示区别，因此，还可归为北洋银元局的产品。该币亦未发行，其与造币总厂库平一两“光绪元宝”一起，成为了中国货币收藏界极受追捧的珍币。

图1-33 北洋机器局造，光绪二十五年版光绪元宝库平七钱二分银币，原大直径40mm

图1-34 北洋银元局造，光绪三十三年版光绪元宝一两银币，原大直径40mm

三、旧址及遗存

袁世凯督直后，将其衙署由保定迁至天津，设在李公祠旁（现河北区中山路金钢公园一带），并将海河上游北岸一带辟为新区，大力开发建设。

袁世凯筹办北洋银元局时，即将厂址放在了河北新区。其官衙设在宇纬路与大经路（现中山路）的拐角处，即现河北区扶轮

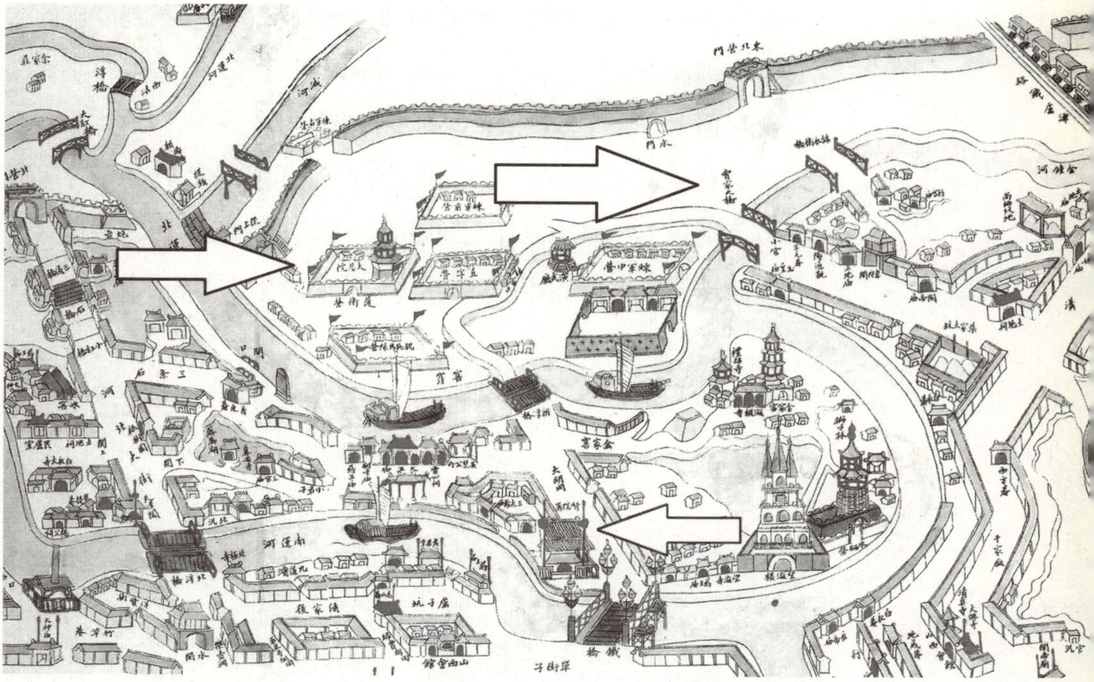

图1-35　左箭头为天津河北西窑洼原淮军护卫营营区，大悲院在其中；正中下方白色箭头所指处为直隶总督衙署

图1-36　河北区扶轮小学现大门后的原大门

小学所在地。民国后，改作财政部天津造币总厂厂长刘梦庚的宅邸，现遗存有大门、围墙、古槐、一对石狮等。这些遗存是北洋银元局旧物，抑或是造币总厂新添，尚待考证。

北洋银元局的制造工厂则设在西窑洼原淮军护卫营营区内（现河北区天纬路大悲禅院一带），与大悲禅院为邻，现仅存老照片中镇海塔（系瞭望塔）的塔刹，在重修的大悲禅院陈列。

图1-37　原大门两侧的一对石狮

图1-38　原大门里的古树

图1-39　天津河北西窑洼北洋银元局工厂大门

户部造币总厂
——天津成为中国近代造币业核心城市的标志

光绪二十八年（1902），清政府准备兴建国家级造币厂。由于天津有优越的自然条件，又有北洋银元局的成功范例，因此造币厂最终落户天津。这不但使中国有了国家级的造币厂，也使天津成为了中国近代造币业的核心城市。

一、兴亡始末

（一）选址。清政府拟建的国家级造币厂，原议设在北京，但是北京水源不足，且距离燃料产地和运输河道较远，不是理想的所在。而此时，直隶总督兼北洋大臣袁世凯正在天津海河以北开发新区，兼之天津有北洋银元局的基础，于是朝廷于光绪二十九年（1903）三月派军机大臣徐世昌等人前往天津寻访厂址。他们在袁世凯的配合下，选得民地一块。该地在河北新修的大经路（今天津市河北区中山路）东南一侧，地势高敞，濒临海河，距火车站（现天津北站）和北运河也很近，极适合造币厂使用。于是徐世昌等人绘制图形上报户部，并很快获得批准。

（二）建设。光绪二十九年九月，厂方与该地业主办清购地手续后动工建设，户部亦同时向天津瑞记洋行订购了美国的全套铸币机器设备。该厂建筑工程于光绪三十一年（1905）春竣工，订购的设备亦于四月底运抵工厂并安装完毕。袁世凯为支持该厂的兴建，已先期责成北洋银元局为其招收工匠并进行了培训，在工程后期将他们派往了该厂。至此，这个国家级造币厂已万事俱备，于当年五月初八日开机生产。

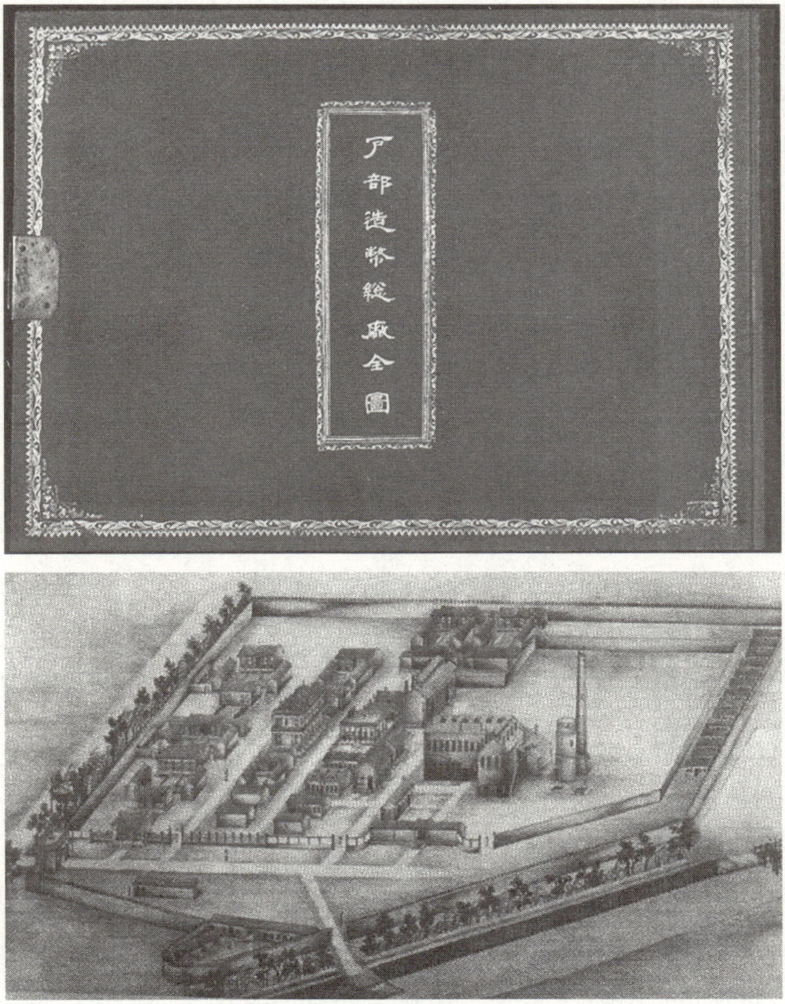

图1-40　1905年厂方印制的《户部造币总厂全图》封面及其中的全景图

（三）定名。朝廷拟建该厂时，初定名为“铸造银钱总局”，直属户部管辖。后经该厂高级官员“公同商酌，拟命名‘户部造币总厂’”，此议获得朝廷批准，遂正式命名为“户部造币总厂”。该厂在章程中写道，“本厂系奉特旨设立，与各直省所设不同”[①]，阐明了该厂为国家级造币厂的地位。光绪三十二年户部易名“度支部”，户部造币总厂亦随之易名为“度支部造币总厂”。

（四）规模。户部造币总厂投产后，北洋银元局奉旨改为其分厂，成为该厂的中坚力量。此后，户部造币总厂聘请外国技师、制订管理细则、添置新设备，产品产量和质量迅速提高，很快就成为当时国内规模最大、设备最好、技术最先进、产品最丰富的造币工厂。宣统二年（1910），朝廷下令将造币权收归中央政府后，将直隶、湖北、江南、福建、广东、奉天、河南、四川、云南九省的造币厂划归该厂管辖，并向这些分厂提供造币的祖模，户部造币总厂成为了名副其实的国家造币厂，从此取代了工部宝源局、户部宝泉局的地位。

（五）毁灭。1912年1月1日民国临时政府在南京成立。临时大总统孙中山下令将清朝留下的江南造币厂升级为造币总厂，意在掌握造币大权，以削弱袁世凯在北方的经济基础，逼其就范。袁世凯则采取了激烈的反制措施，他授意北洋军队于当年3月2日发动了“壬子兵变”，户部造币总厂在兵乱中被焚毁，中国最后一个封建王朝在天津的第一个国家造币厂消亡了。

有资料称，在兵变之前，户部造币总厂正在厂区东南侧搞扩建，乱兵焚毁的是原厂区，扩建工程并未遭到破坏，这就为袁世凯当上民国大总统后，在天津成立第二个国家级造币厂——民国财政部天津造币总厂保留了基础[②]。这是后话了。

① 直省：指直隶省和各省。

②《造币总厂——清末民初中国机制币铸造中心》：张俊英主编，天津教育出版社出版，2010年12月第1版。

二、产品及地位

户部造币总厂（包括分厂）在光绪三十年至宣统三年（1904—1911）的七年间，生产了品种繁多的铜元和银币，是当时市场流通货币的主要供应者，也是新产品的试制者。其产品的投产和更替，从一个侧面反映了当时中国货币制度改革复杂和反复的艰辛过程。

（一）铸造了八种铜元。

一是户部“光绪元宝”铜元。有（一枚）当制钱五文（直径31mm）、十文（直径28mm）、二十文（直径32mm）三个面额，或黄铜质或红铜质，可细分为25个版别。这种铜元仿北洋银元局造“光绪元宝”铜元的样式，只是将制造者的中英文名称改镌为“户部”（HU POO）。其背面镌的英文面值“20 CAEN”中用了阿拉伯数字“20”，是其特色。

图1-41　户部造，光绪元宝当制钱二十文铜元

二是户部乙巳、丙午、丁未年“大清铜币”。光绪三十一年，朝廷下令停铸“光绪元宝”，改铸“大清铜币”，户部造币总厂据此铸造了三个纪年的铜元，有（一枚）当制钱二文（直径17mm）、五文、十文、二十文四个面额，红铜质居多，有多种版别。这种铜元有几个特点，一是正面镌当年之干支纪年，背面镌纪年所在朝代（如“光绪年造”），使制造年代记录更加准确。二是丁未纪年的铜元取消了“户部”二字，显示了该铜元为国家货币的性质。三是铜元背面镌英文“TAI-CHING-TI-KUO COPPER COIN”（大清帝国铜币），这是在中国货币上首次见到的清朝英文国名和货币名。

图1-42　丁未年当制钱十文大清铜币

三是中心“直”字“大清铜币”。这种铜元与上述铜元是同时期产品，由户部造币总厂的分厂（即原北洋银元局）铸造。其在正面边沿阳镌“户部”，在中心阴镌“直”，表明该币是户部准许而由直隶省制造的[①]。这种铜元有（一枚）丙午当制钱二

---

① 这个时期各省制造的铜元均在中心阴镌各自省的简称。

图1-43　丙午年中心“直”字当制钱十文大清铜币

图1-44　戊申年中心“总”字“光绪一文”铜元

文、五文、十文、二十文和戊申（光绪三十四年，1908）当制钱一文五个面额。丙午年的为红铜质，戊申年的为黄铜质。

四是戊申年中心“总”字“光绪一文”。光绪三十四年，朝廷令户部造币总厂铸行“光绪一文”机制制钱，作为市场找零用。这种铜元黄铜质[①]，没有满文和英文，只镌汉文“光绪一文”和纪年，其式样与北洋银元局造“光绪通宝零用一文”相似，只是在正面中心镌“总”字，表明该币是国家（户部造币总厂）制造的。

图1-45　己酉年当制钱二十文大清铜币

五是度支部己酉年“大清铜币”。这种铜元有（一枚）当制钱二文、五文、十文、二十文四个面额，均为红铜质[②]，版别繁多。此时，户部造币总厂已易名为“度支部造币总厂”，所造铜元亦称“度支部大清铜币”。这种铜元除纪年外，式样与以前的“大清铜币”类同。

六是度支部一文铜币。光绪三十四年，朝廷为存制钱旧制，令户部造币总厂颁布式样，各地造币厂加铸形似铜元的一文制钱。所颁式样有三：一是中心有方孔，正面镌“光绪通宝”，背面镌“铜币一文”，既无满文、英文亦无龙纹；二是中心有方孔，正面镌“铜币一文”，背面镌大清龙纹，无年号、无满文和英文；三是正面镌“宣统”年号、“己酉”年，其余与戊申年一文铜币相同。前两种只试铸了样币，未行用。

七是度支部无纪年“大清铜币”。有（一枚）当一文和二

① 黄铜为铜铅合金或铜锌铅合金。

② 红铜为含锌比例高的铜锌铅合金。

文两个面额，多为红铜质，中心有圆孔，既无满文、英文亦无龙纹，正面镌“大清铜币”，背面镌面额，二文的背面加镌双枝花纹。这两种铜币发行量很小。

八是度支部宣统年造“大清铜币”。有两种形式：一是以厘、分作货币单位，以银币作价的铜元，计有一厘（百枚换银币一角）、五厘（二十枚换银币一角）、一分（十枚换银币一角）、二分（五枚换银币一角）四个面值；二是仍以文作货币单位，但以银币作价的铜元，计有五文（二百枚换银币一元）、十文（百枚换银币一元）、二十文（五十枚换银币一元）三个面额。这两种铜元均为红铜质，版别不多，无满文和英文，正面外圈镌“大清铜币”，内圈镌龙纹；背面外圈镌年号、作价，内圈镌面值和花枝图案。这种铜元以银币作价，可能是货币由复本位制向银本位制过渡的尝试，但发行量很少。

图1-46　宣统三年十文大清铜币

（二）铸造了六套银币。

户部造币总厂铸造的六套银币中，有三套未发行，两套有个别面额发行，只有一套全部发行流通了。这一方面反映出该厂是国家厂，理应试铸新产品；另一方面也折射出中国近代货币制度改革的轨迹。

一是试铸一两计重“光绪元宝”银币。户部造币总厂开工后，用光绪二十九年预制的模具试铸了一套银币，有库平一两、五钱、二钱、一钱和五分五个计重。该银币式样与先前的“北洋造”银币基本相同，但采用库平一两计重（过去的传统是库平七钱二分），则是一种新的尝试。由于一两计重与市场习惯不合，因此未准发行。不过，其连同“北洋造”一两银币一起，成为了中国货币收藏界极受追捧的珍币。

图1-47　户部造，光绪二十九年光绪元宝库平一两银币

二是户部丙午年“大清银币”。这套银币有一两、五钱、二钱、一钱四个计重。这套银币有几个特点：一是背面镌英文

“TAI-CHING-TI-KUO SILVER COIN”（大清帝国银币），表明了该币为国家货币的性质；二是币面纪年由年号纪年改为干支纪年，淡化了王朝印记；三是在币面中心阴镌“中”字，标明了制造厂家；四是一两计重的银币正面边缘镌水波纹（三角齿纹），可能是借鉴了西方货币以图案见长的文化因素。该银币是朝廷认可的标准式样之一，但因各地意见不一而未发行，不过还是透出了中国货币走向现代的气息。

图1-48　丙午年户部一两大清银币

三是户部丁未年“大清银币”。该厂于光绪三十三年（1907）又试铸了一套银币，有一元、五角、两角和一角四个面值，其正背面式样总体上与丙午版银币相同，但其货币单位由计重的“两”改为计值的“元、角”，成为现代货币面值系列的鼻祖。另外该币正面去掉了“户部”和中心阴镌的制造厂标志，更突出了国家铸币性质。该套银币亦属朝廷认可的标准式样之一，但因与上一套同样的原因而未发行。

图1-49　丁未年五角大清银币

四是造币总厂“光绪元宝”。经过几次反复以后，户部造币总厂于光绪三十四年重铸了“光绪元宝”银币，有库平七钱二分、一钱四分四厘、七分二厘三个计重。其正面式样与北洋造“光绪元宝”相同，只是将“北洋造”换成了“造币总厂”（此时已是度支部造币总厂了），其背面式样与丙午版“大清银币”相同。该银币有“复辟”的味道，是各方妥协的结果，但其作为国家的正式铸币和度支部造币总厂的正式产品，流通甚广。

图1-50　光绪三十四年光绪元宝库平七钱二分银币

五是宣统年造“大清银币”。宣统二年（1910）四月，朝廷颁布《大清国币制则例》，规定以银为本位，以银元为国币，单位为“圆（元）”，以一元“大清银币”为主币，以角分厘为辅币单位，实行十进位制。度支部造币总厂为实行《则例》做准备，事先制模试铸了一套银币，有一元、五角、二角五分、一角四个面值（还有镍合金质的一角币）。该套银币依照则例的规定，以“圆（元）”为主币单位，表明中国货币制度进入了银本位时代。这套银币亦属朝廷认可的标准式样，但只有五角面值的曾少量发行，其余均为样币，未曾流通。

图1-51　宣统二年一元大清银币

六是宣统三年（1911）“大清银币”。该套银币只有一元面值的一种，因币背龙纹的不同而有十种版别，其主要的版别有龙尾在右侧的“反龙”版、龙尾较大的“长尾龙”版、龙须较长“长须龙”版、龙须较短的“短须龙”版、龙须为曲线的“曲须龙”版，以及镌有制版雕刻师名字的“签字版”等。该币式样与宣统二年版“大清银币”基本相同，只是将面值由币面移到了币背，而纪年由币背移到了币面；币背取消了珠圈，改为满版龙纹，汉文面值含在其中；币背英文计值由简易的“$1”改为正规的“ONE DOLLAR”。该币众多版别中只有“曲须龙”的两个版别正式铸行，广为流通，其余均为样币，因未发行而成为收藏的珍币。

图1-52　宣统三年曲须龙版一元大清银币

三、旧址和现状

户部造币总厂旧址在现今天津市河北区中山路159号院（中山路东南侧沿线），随道路的走向，为东北—西南走向，现存单体建筑20处，是图1-53中造币总厂西部的办公区域，建筑物基本完整。

图1-53中（1）为拱券门楼，上嵌吴鼎昌题写的“造币总厂”石额，吴鼎昌为后来的天津造币总厂厂长，因此造币总厂应是民国财政部天津造币总厂。从老照片上看，原来的石额为“户部造币总厂”。（2）为正房一座，面阔五间。（3）—（6）为1号院

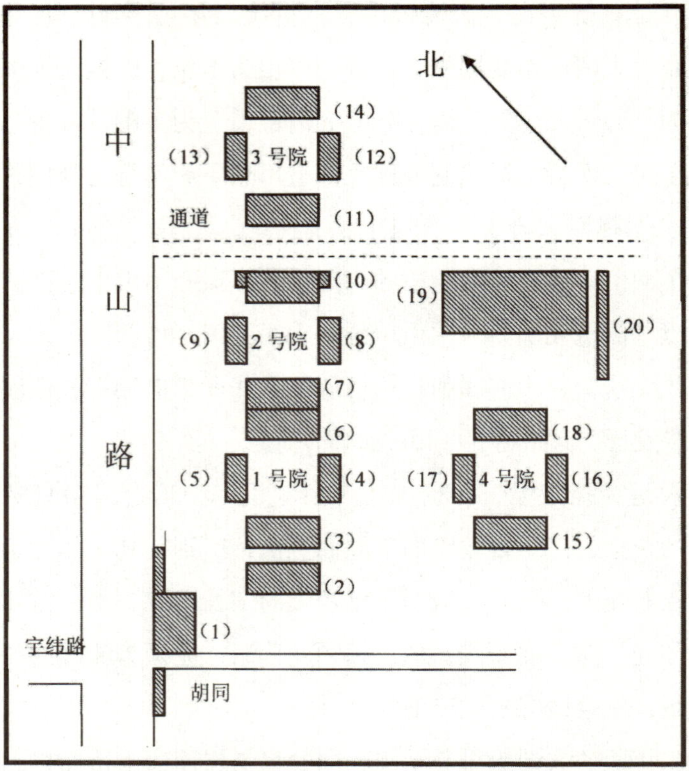

图1-53　造币总厂旧址现存建筑示意图

（习惯称谓，下同）、（7）—（10）为 2 号院（正房带耳房）、（11）—（14）为 3 号院、（15）—（18）为 4 号院。格局均为正房、倒座房各一座，面阔五间；厢房二座，面阔三间。这些房屋应是造币总厂堂官办公房和厅堂等。（19）为西式二层楼房一幢（图1–57）。从当年的全景图可见，该楼方位原为坐东朝西，后来工厂扩建时改为坐北朝南。（20）为残墙一段。该墙应为办公区与工厂区的隔墙。

原北洋银元局官衙与造币总厂隔路相望，两处间有地道相连，但不是人行通道，而是造币总厂运送铜料的通道。

图1-54　原户部造币总厂拱券门楼

图1-55　现存造币总厂拱券门楼

图1-56　造币总厂旧址现状

图1-57　造币总厂旧址中的西式二层楼房

财政部天津造币总厂
——天津的第二个国家级造币厂

民国财政部天津造币总厂的建立，是民国初年孙中山与袁世凯斗争和妥协的产物，其结果是使天津在清代户部（度支部）造币总厂之后，又拥有了第二个国家级造币厂。

一、成功及蜕变

1912年1月1日民国临时政府在南京成立，临时大总统孙中山下令将设在南京的江南造币厂（其前身为清代江宁户部造币分厂，后更名为“度支部造币江厂”）升格为中华民国财政部造币总厂，其意在于剥夺设在天津的清代度支部造币总厂的国家造币厂地位，从而在经济等方面削弱和制约袁世凯的势力，逼其就范。

袁世凯采取的反制措施之一，是于当年3月2日授意北洋军队发动了“壬子兵变”。乱兵焚毁了度支部造币总厂，很快就造成了京畿一带的货币恐慌，袁世凯以此为借口，达到了继续盘踞北京的目的。但袁世凯在对度支部造币总厂的动作中留了一手：

乱兵焚毁的是原厂区，而在其东南侧扩建的新厂区并未受到破坏，从而为其在天津再建国家级造币厂保留了基础。

袁世凯的一系列对抗措施迫使孙中山妥协了，1912年3月10日，袁世凯如愿在北京接任了民国临时大总统，紧接着又于1913年10月10日当上了民国第一任大总统。袁世凯在政治上取得胜利后，加紧策划在天津重建国家造币厂。他首先大造舆论，使朝野认为国家级造币厂放在南京不妥，将其仍放在天津成了主流意见。而此时，原度支部造币总厂的扩建工程已告竣并形成生产能力（后称为“东厂”），被乱兵焚毁的旧厂区经过整修亦恢复了生产（后称为“西厂”），于是，北洋政府的中华民国财政部天津造币总厂（以下简称“天津造币总厂”）于1914年5月诞生了，这就是天津的第二个国家级造币厂。

1916年7月，北洋政府在西厂建立国家级炼铜总厂，名称为“财政部天津炼铜总厂”，专门熔炼回收前朝的旧铜钱，成为中国北方铸币用铜的主要集散地。天津造币总厂的功能和作用进一步扩大。

1921年3月，北洋政府取消了天津造币总厂厂名中的“总”字，改称“财政部天津造币厂”（以下简称“天津造币厂”），其占据七年的国家级造币厂地位丧失了。

在以后的15年间，天津造币厂被奉、直、鲁等系军阀把持，生产了一些纪念币、纪念章。后来竟仅存名义，实际已被改造为兵工厂了，当时的称谓就有“奉天兵工厂兵工分厂”“直隶兵工厂”“河北兵工厂”“天津修械厂”。1936年天津归冀察政务委员会管辖后，将天津造币厂改名为“冀察绥靖公署修械厂”（亦称“平津修械所”），并部分恢复了造币功能，铸造了一批铜镍辅币。到1940年前后，该厂才正式结束生产活动。

二、产品及成就

天津造币总厂（包括此后的天津造币厂和平津修械所）的主要产品有银质及铜质的流通币、流通纪念币和纪念章三类。其生产的“袁大头”银币是中国近代钱币史上最成功的流通货币，其生产的流通纪念银币、纪念铜元以及银质的纪念章更是反映了那个时期众多的历史事件和人物。

（一）流通银币、铜元。

这类银币和铜元是市场流通的法定货币，其标志是镌有面额或面值。

一是袁世凯七分面像银币[①]。1914年，民国北洋政府颁布《中华民国国币条例》，规定将袁世凯头像作为国币图案，天津造币总厂于当年12月试铸。试铸的银币正面镌袁世凯七分面像和纪年；背面镌满版嘉禾（健壮、饱满的麦穗）图案和面值。呈样审批时，因感觉袁世凯七分面的形象不理想而未准发行。

二是袁世凯侧面像银币，即“袁大头”。天津造币总厂1914年旋将袁世凯七分面像修改为侧面像，始获得批准并大量铸造发行。该银币为一套，有一元、中元（每二枚当一元）、二角（每五枚当一元）、一角（每十枚当一元）四个面值（另有镍合金质五分面值辅币）。该银币发行后，天津造币总厂奉命将祖模颁发给南京、广东、武昌、甘肃等分厂使用，铸期甚长，流通全国。该银币还有民国五年（二角、一角）、八年、九年、十年版，系由天津造币总厂及福建、南京、安庆（合肥）等厂铸造。“袁大头”银币面目崭新，形式划一，重量足额，成色标准，由中国银行、交通银行负责发行，全国各地通行无阻。在以后的十年中，只有“袁大头”一种银币在中国普遍流通，堪称近代中国钱币史上唯一成功的银币。

三是龙凤（“十二章”国徽）一元银币[②]。1923年，社会舆

① 以正面人像为十分面像，稍微侧面为七分面像。

② 该银币图案“十二章”俱全，因其中的龙凤图案较突出，泉界俗称其为“龙凤银币”。

图1-58 天津造币总厂民国三年版“袁大头”一元银币

论呼吁国币上应废用袁世凯头像，民国政府遂令天津造币厂以“十二章”为图案试铸新银币。“十二章”图案原是1912年由鲁迅、钱稻孙、许寿裳为民国北洋政府设计的国徽，曾短暂地被使用过。“十二章”为中国古代礼服上常用的日、月、星、山、龙、凤[①]、宗彝、藻、火、粉米、黼、黻等12种吉祥图案，因该图案带有浓厚的帝王色彩而遭到诟病，导致该银币亦未出炉。1926年，直隶督军兼省长褚玉璞令天津造币厂用这个图案铸造了二角和一角的银辅币，曾流通于京津一带。[②]

图1-59 天津造币厂民国十二年版一元龙凤银币

四是嘉禾铜元。这种铜元有两个年号：民国五年版为天津造币总厂造，有五厘（每二百枚当银元一元）、一分（每一百枚当银元一元）和二分（每五十枚当银元一元）三个面值；民国二十二年版为天津造币厂造，有一分、二分两个面值；均为红铜质。这种铜元中心有圆孔，是铜元中的另类。

图1-60 天津造币总厂民国五年版一分嘉禾铜元

五是民国二十五年（1936）国民党党徽铜元。这种铜元是由设在上海的中央造币厂[③]于1936年首先制造的，有半分、一分两个面值，红铜质，正面镌年号和国民党党徽；背面镌古布币图案和面值。设在天津的平津修械所该年也有少量制造，为与中央造

---

① 实为华虫，即雉鸡。

②《中国银币目录》：华光普主编，湖南出版社出版，1994年8月第1版。

③ 中央造币厂是民国政府在原上海造币厂的基础上，于1928年建立的。抗战爆发后，于1937年迁往重庆。抗战胜利后，于1945年迁回上海。

币厂产品相区别，或在国民党党徽中心（或下面）或在古布币足间镌“平”或“津”字。该币被中央政府视为伪币，所以只在京津地区流通。

六是民国二十五年嘉禾铜元。平津修械所在1936年还制造了中心无孔的嘉禾铜元，有两类：一是以“枚”计值的铜元，有一枚、二枚、十枚、五十枚四个面额，这类铜元正面中心镌“平”或“津”字，背面镌嘉禾图案；二是以分、文计值的铜元，有一分、二十文两个面值，这类铜元正、背面均镌嘉禾图案。该两类铜元亦被中央政府视为伪币，不同意发行，所以只有样币，未正式发行流通。

图1-61　上海中央造币厂民国二十五年版一分铜元

（二）流通纪念银币、铜元。

这类银币和铜元是为纪念某人某事而发行，也是国家法定货币，可以与其他法定货币等值流通。

一是袁世凯像共和纪念银币。为纪念袁世凯就任民国大总统，由天津造币总厂铸造，于1913年10月10日发行。该币正面镌袁世凯戎装像，背面镌中文“中华民国共和纪念币”、中英文面值和嘉禾图案。

二是张作霖纪念银币。为纪念张作霖任民国陆海军大元帅，由天津造币厂铸行。有三种版别：一是1926年版，正面镌张作霖像（左视）和“陆海军大元帅”字样，背面镌中文年号、英文面值、嘉禾图案和“纪念”二字；二是1927年版，正面镌张作霖像（左视）和年号，背面镌中文“纪念币”三字、英文面值和“十二章”国徽图案；三是1928年版，正面镌张作霖像（右视）和“大元帅纪念币”字样，背面镌中文年号、英文面值和民国双旗。该三版银币均未镌中文面值。

图1-62　天津造币厂民国十五年版一元张作霖纪念银币

三是孙中山开国纪念银币。为纪念1927年南京国民政府成立，由南京造币厂首先铸行。银币正面镌孙中山侧面像和中文“中华民国”“开国纪念币”，边饰花枝；背面镌英文“MEMENTO”（纪念币）和“BIRTH OF REPUBLIC OF CHINA”（中华民国成立）、中文面值和嘉禾图案。天津造币厂于次年开铸，其与南京造币厂产品的区别是，在英文“MEMENTO”两侧镌五角星，南京造币厂产品镌六角星。二厂的产品都流通甚广。

图1-63 天津造币厂民国十七年版一元孙中山像开国纪念币

四是孙中山像地球、孙中山像嘉禾银币。1929年天津造币厂造，两币正面相同，上镌“中华民国十八年”，下镌孙中山正面像。背面前者镌英文“THE REPUBLIC OF CHINA”（中华民国）、地球图案插双旗，并镌中文“一元”；后者采用“袁大头”图案即满版嘉禾。这两种银币都是试铸样币，并未发行。

五是开国纪念铜元。有五文、十文、二十文和五十文四个面值，但除了十文铜元大量发行外，其余三个面值的铜元均为试铸样币，并未发行。该类铜元红铜质居多。其正面有两种图案：一是有珠圈的，圈外镌“中华民国”“开国纪念币”，圈内镌民国双旗；二是无珠圈的，除镌“中华民国”“开国纪念币”及民国双旗外，加镌多枝花纹。其背面也有两种图案：一是在边沿镌英文“THE REPUBLIC OF CHINA”（中华民国）和英文面值，二是边沿不镌英文而镌连叶花纹。这类铜元正背面图案交叉搭配，再加上字体、花纹等的微小区别，版别很多，仅十文的就有37种。

图1-64 天津造币总厂造，“开国纪念”十文铜元，正面有珠圈，背面单线圈外镌英文

六是共和纪念铜元。有十文和二十文两个面值，均为红铜质。该类铜元正面镌中文“中华民国”“共和纪念币”和民国双

图1-65 天津造币厂造“共和纪念”十文铜元

旗、多枝花纹；背面镌中英文面值和嘉禾纹，版别不多。

七是人像纪念铜元。有袁世凯像和徐世昌像两种，面值均为十文，均为红铜质。袁像铜元正面镌浮雕像，背面镌“中华民国”“开国纪念”、面值和嘉禾纹。依浮雕像大小和文字图案的不同，有两种版别。徐像铜元正面镌浮雕像和“中华民国八年”；背面配开国纪念铜元的两种图案。

（三）银质纪念章。

银质纪念章（以下简称“银章”）是为纪念某人某事而铸造，银章不是法定货币，没有面值，有的银章虽然也镌有“纪念币”字样，但不能在市场上流通。是用于赏玩、馈赠和收藏的纪念品。

图1-66　天津造币总厂造民国五年版“洪宪纪元”银章

一是袁世凯像“洪宪纪元”银章。1915年12月12日袁世凯称帝，1916年天津造币总厂造此章。该章正面与袁世凯像“共和纪念”银币相同；背面镌“中华帝国”“洪宪纪元”和飞龙纹。该章与中华帝国一样短命。

二是徐世昌像“仁寿同登”纪念章。1921年 9 月为徐世昌执政三周年，又恰逢其67岁寿诞，是为“仁寿同登”，天津造币总厂铸该章以纪念。该章正面为徐世昌半身七分面像，背面为中南海怀仁堂外景图案和年号。

图1-67　天津造币总厂民国十年版徐世昌“仁寿同登”纪念章

三是曹锟纪念章。1923年10月，曹锟贿选当上大总统，天津造币厂铸两种纪念章：一是正面镌曹锟戎装像，背面镌民国双旗

图1-68　天津造币厂民国十二年版曹锟纪念章（“武曹”）

图1-69 天津造币厂民国十三年版段祺瑞执政纪念章

和“纪念”二字（俗称“武曹”）；二是正面镌曹锟便装像，背面镌民国双旗和“宪法成立纪念”（俗称“文曹”）。

四是段祺瑞执政纪念章。1924年11月，段祺瑞当上民国北京政府执政，天津造币厂铸该章纪念。正面为段祺瑞半身七分面像和“中华民国执政纪念币”，背面镌满版嘉禾环绕“和平”二字。

五是褚玉璞纪念章。1927年正值褚玉璞任直隶督军一周年，天津造币厂铸该章纪念。该章正面镌褚玉璞半身戎装像，背面边缘上镌年号，下镌“四月七日周年纪念”，中镌民国双旗。

三、旧址是中国造币史上唯一的、不可替代的珍贵文物

民国财政部天津造币总厂，以及其前身——度支部造币总厂，后世——天津造币厂、平津修械所的厂址都在一个地方，即现今天津市河北区中山路159号院，这个旧址集两个国家级和两个地方级造币厂于一身，是天津、也是全国造币史上唯一的、不可替代的珍贵文物①。

（一）旧址曾为清末民初四个造币厂使用，是天津作为中国近代造币业核心城市的标志。

旧址先后为清末民初的四个造币厂使用，时间长达35年之久，依次为：1903—1912年为清朝政府户部（度支部）造币总厂使用，1914—1921年为民国政府财政部天津造币总厂使用，1921—1930年为民国政府财政部天津造币厂使用（1930—1936年被奉直鲁等系军阀改作兵工厂），1936—1940年为冀察政务委员会冀察绥靖公署修械厂使用。

这四个造币厂中，户部（度支部）造币总厂和财政部天津造币总厂是当时国内规模最大、设备最好、技术最先进、产品最丰富的国家级造币厂，其生产活动在当时的经济生活中发挥了极其重要的作用。正是由于这些造币厂的存在，才使天津成为世人公

① 经查，全国国家级文物保护单位和省级文物保护单位名单，除北京的民国财政部印刷厂为“国保”外，尚无造币印钞企业入选，天津造币厂旧址甚至未列入保护范围。我们通过《参事建议》呼吁，目前已被河北区列为区级文保单位。

认的中国近代造币业核心城市。

（二）造币总厂的兴衰更替承载了中国近代的许多重大事件，旧址是反映这些重大事件的历史遗迹。

1. 反映了北洋新政在天津的施行状况和河北区一带作为天津最早新区的重大史实。1900年“庚子之变”后，袁世凯以天津为基地积极推行了北洋新政，并在海河以北一带建设新区，其主要举措之一是于1902年11月在西窑洼淮军护卫营营区内（现河北区天纬路大悲禅院一带）创办了北洋银元局。该局建设和经营的成功，为户部造币总厂落户天津奠定了基础。北洋银元局是北洋新政的成果之一，户部造币总厂落户天津可以说是北洋新政的延续和扩展。这些造币企业设在河北区，给新区带来了发展和繁荣。

2. 反映了民国初年孙中山与袁世凯斗争的重大史实。1912年初，袁世凯为对抗孙中山逼其南下的策略，于当年3月2日授意北洋军队发动了“天津兵变”，焚毁了度支部造币总厂，造成了京畿一带的货币恐慌，为其继续盘踞北京制造了借口，从而迫使孙中山妥协。这场斗争，是以造币总厂为“前台”的。当袁世凯暂时得手后，立即恢复了造币总厂的生产，并在其厂址上建立了天津造币总厂，天津造币总厂又成为了袁世凯复辟帝制的重要筹码。

3. 反映了军阀混战后期中央政府与地方政权经济斗争的一些史实。1930年后，天津造币厂被奉直鲁等系军阀改做了兵工厂，1936年冀察政务委员会管辖天津后，将天津造币厂改名为“冀察绥靖公署修械厂”，以修理枪械为主，同时也铸造了一批铜镍辅币，流通于京津一带，这是地方政权与中央政府的博弈。由于中央政府态度坚决，将其产品定性为伪币，才保持了当时中国货币发行权的统一。

（三）这几个造币厂的产品在中国近代货币流通和币制改革

中影响深远，旧址是这些产品产生的实物见证。

1. 户部（度支部）造币总厂在存续的九年间制造了33种铜币和六种银币（每种均有多个面值），其中一些产品的出现为当时的第一次，影响深远。

一是第一次在货币上出现中国的英文名称和货币名称。该厂1905年铸造的乙巳年“户部大清铜币”，开始在背面镌英文“TAI–CHING–TI–KUO COPPER COIN”（大清帝国铜币）。

二是第一次在货币上显示了向银本位制过渡的尝试。该厂1910年铸造的“宣统年造大清铜币”，开始以银币作对价。比如，在一厘面额的“大清铜币”上注明“百枚换银币一角”。

三是第一次在货币上吸收了西方货币文化元素。该厂1906年铸造的丙午年“户部一两大清银币”，正面边缘镌水波纹，吸收了西方货币文化的图案元素。

四是第一次在货币上试用了现代货币单位。该厂1907年试铸的丁未年“户部大清银币”，其货币单位由计重的两改为计值的元、角。

五是第一次在货币上正式以“圆（元）”作为货币单位。1910年 4 月，清廷颁布《大清国币制则例》后，该厂立即铸造了一套银币，有一元、五角、二角五分、一角四个面值（还有镍合金质的一角币）。

2. 天津造币（总）厂铸造了中国近代货币史上最成功的银币，并铸造了反映那个时期众多历史事件和人物的流通纪念银币和银质纪念章。

一是1914年，民国北洋政府颁布《中华民国国币条例》，规定将袁世凯头像作为国币图案。该厂于当年12月率先铸造袁世凯侧面像一元银币（俗称“袁大头”），并将祖模颁发给各个分厂使用。“袁大头”堪称近代中国货币史上唯一成功的银币。

二是该厂铸造的流通纪念银币有袁世凯像共和纪念币、张作霖纪念币（两个版别）、孙中山开国纪念币、孙中山像银币（两个版别）等。铸造的银质纪念章有袁世凯像洪宪纪念章、徐世昌“仁寿同登”纪念章、曹锟纪念章（两个版别）、段祺瑞执政纪念章、褚玉璞纪念章等，反映了那个时期众多的历史事件和人物。

其他造币企业群体
——值得挖掘、留住和利用的天津记忆

在中国近代历史上，天津曾经是北方的金融中心，具体表现在以下几个方面：

一是在20世纪30年代，天津的传统银号曾达到269家，其数量相当于北平、济南和青岛的总和，资金总额更是这北方三大城市总和的两倍。

二是到20世纪40年代，天津已有现代银行总部或分行57家。其中，中资银行40家，资本总额占全国的12.7%；外资银行17家，资本总额占全国的16%。

三是当年天津还开有50多家保险公司和228家外商保险机构。

四是天津曾开设了中国第一家证券交易所。

五是自清代初年至民国中期，天津地区曾经有过8处11家钱币铸造和钞票印制企业，尤其是在清末民初，天津的造币印钞业达到鼎盛时期，成为了全国的行业基地和核心城市。

当年这些门类齐全、业绩不凡的金融企业，雄踞中国北方金融业鳌头，既成就了当年天津北方金融中心的地位，也为今天的

天津留下了众多的遗迹（以下仅讲造币企业遗迹，其他金融企业遗迹另述），这是天津之幸运，也是天津之骄傲。

前文已讲述了天津的蓟镇钱局、宝津局（北洋机器局）、北洋银元局、清代户部（度支部）造币总厂、民国财政部天津造币总厂、天津造币厂和冀察政务委员会平津修械所（后四家有传承接续关系，原址基本上都在一处）的情况，这里不再赘述。此外还有：

图1-70　宝沽局铸，光绪通宝一文铜制钱

一是直隶宝沽局（亦称“大沽造币局”“天津东沽局”）。据称，该局为北洋机器局火药局附设的造币厂，其地位相当于宝津局，存在于清光绪二十二年至二十六年（1896—1900），曾铸造“光绪通宝”一文铜制钱。原址在现解放军军事交通学院一带（或者是在院内），已无建筑遗存。

二是直隶宝直局天津分厂。直隶宝直局设在保定，是直隶省的造币厂。清咸丰朝开铸铁质大钱后，宝直局在天津设立分厂。天津分厂存在于清咸丰七年至九年（1857—1859），曾铸造“咸丰通宝”一文铁制钱。原址不详。

图1-71　宝直局铸，咸丰通宝一文铁制钱

天津曾经存在过的这些造币企业，其产品不但为当时中国北方的经济生活提供了充足的通货，还直观地记录了中国近代货币制度改革的过程。它们的兴衰是中国近代社会变革的缩影，也是天津独特的历史遗迹。在努力建设北方经济中心和美丽天津的今天，挖掘这些历史遗迹，可以更加全面地展示天津厚重的历史根脉和文化积淀，对于留住城市记忆和阅读城市、提振改革信心、繁荣文化建设、发展旅游事业具有重要的价值。

在一个城市，留存下来这么多的造币企业历史遗址，有的还具有全国唯一的、不可替代的价值，实属不易和罕见。我们应该保护好先人留下的珍贵遗产，并完好妥善地传给我们的后代。

一、公布为文物保护单位，切实加以保护

一是清代户部造币总厂旧址，2013年公布为河北区文物保护单位，应升格为市级文物保护单位，并进一步申报为全国重点文物保护单位。

二是蓟镇钱局遗址，现在蓟县县城渔阳宾馆西侧钱局胡同内留有一口“钱局井”，应将该井公布为县区级文物保护单位。

三是北洋银元局官衙旧址，现存围墙、大门、一对石狮和二株古槐，院内还有通往造币总厂的地道一条，应公布为市级文物保护单位。

四是北洋银元局造币厂遗址，现存镇海塔塔刹，应将该塔刹列为区县级文物保护单位。

二、设置纪念标志，留住城市记忆

对天津曾经存在过的这些造币企业，不论是已公布或应公布为文物保护单位的，还是已无遗存可保护的，都应该设置纪念标志物，并结合市容整治和街道美化工作，配以街边（街心）花坛绿地或雕塑小品。这样，既增加了阅读城市的一页，又美化了城市街道。

比如，在将蓟镇钱局遗留的“钱局井”公布为区县级文物保护单位的同时，以“钱局井”为主线，在钱局胡同周围合适的地方设立纪念标志碑和说明碑。另外，蓟镇钱局是在蓟州考院的地界上建造的，可为蓟州考院一并建立纪念标志，并统一配建一些雕塑和绿地，这将是一处具有历史文化内涵的城市美景。再如直隶宝津局（北洋机器局附属机器铸钱局）的遗址在现河东区东局子地区解放军军事交通学院内，学院方面在院内修建了北洋机器局及严复纪念馆并复建了北洋机器局大门。可在此基础上增加宝津局的内容，并在原址设置纪念标志，使纪念馆更加充实丰满起来。

三、做好统筹规划，充分开发利用

一是请城建、方志、文物和档案部门的专家进一步踏勘考证，寻找原址不详的造币企业、印钞企业、传统银号、旧保险公司和原证券交易所原址，确定位置，对有建筑遗存的择要列为区县级文物保护单位，对已无建筑遗存的建立纪念标志，使城市记忆更加完整。

二是请旅游部门开展可行性研究，设计包括中国金融博物馆、解放北路旧银行、造币总厂，以及其他造币、印钞、银号等金融企业旧（遗）址在内的“中国近代金融看天津”系列旅游线路，做好综合利用。

三是在保护好文物的前提下，利用这些旧（遗）址开办诸如钱币博物馆、金融文化市场等文化事业，提升这些旧（遗）址的知名度和价值。

四、加强整理研究，进一步挖掘金融历史文化遗产

请天津市金融学会、钱币学会、银行业协会等团体会同文物、方志和文史馆等单位，组织专家学者开展相关研究，在适当的时候修改完善《天津通志·金融志》和有关区县地方志等文献资料，弥补有关资料沿革不清、内容不全、记述零碎、语焉不详的情况，以完整、权威地记载天津金融历史。

特别值得一提的是，在天津近代金融业发展壮大的过程中，还积淀和形成了独具特色的天津金融文化，起码包括极强的适应性、积极的创造性、宽厚的包容性、理智的竞争性、广泛的融合性这几个方面，应该进一步提炼，形成共识，并弘扬光大，为当代天津金融事业的发展增添巨大的精神财富。

第二辑

中国近代纸币在天津的印制和流通

中国近代纸币在天津的辉煌

中国虽然在20世纪20年代才由民国政府将纸币规定为市场流通的本位货币，但中国很早就出现了纸币。

在距今约1000年的宋代初期，四川地区商业发达、交易活跃，而钱币或银两不便携带与支付，于是成都商人自发地制作和使用了一种纸质的支付工具——交子，后称“钱引”。这可以说是中国纸币的雏形，但交子实质上是一种支付或结算的凭证，类似于现代的汇票，并不具有货币的属性。具有货币属性的纸币在宋末元初才出现。

图2-1　北宋交子版拓本，原大171×95mm

元代行钞不行钱[1]，从而成为中国历史上纸币空前盛行的时期，也使我国成为世界上最早推行纸币流通的国家之一。元代行用的纸质中统元宝交钞、至元通行宝钞、至大银钞等，取代了金属材质的钱币。这些纸币是以白银为本位，成为当时唯一合法的

① 元代早、中期，行钞不行钱；到了元代末年，则既行钞又行钱。

通货。

明代初年，先是沿袭元代币制，发行了纸质的大明通行宝钞，市场流通以宝钞为主，宝钞和钱币兼用，后因宝钞贬值造成了经济衰退、社会动荡，而放弃宝钞重行钱币。

图2-2　元代中统元宝交钞，原大272×188mm

清王朝建立后，鉴于明代钞法之弊，市场上很长一段时期不准行用纸质的钞币，主要是行用金属材质的钱币——制钱。到了咸丰三年（1853），由于战争连绵而国库拮据，朝廷为筹措军费，开始发行了以制钱为单位的大清宝钞和以银两为单位的户部官票，合称为“钞票”，与钱币并行。“钞票”一词由此而来，并成为了货币或纸币的别称。

图2-3　明代大明通行宝钞，原大268×160mm

鸦片战争以后，清政府于光绪二十三年（1897）批准，在上海开办了中国通商银行，这是中国近代第一家华资银行，该行于次年发行了以银元和银两为单位的银行兑换券，这是中国华资银行第一次发行纸币。

宣统元年，度支部“为官商银钱行号滥发票纸，流弊无穷”，奏

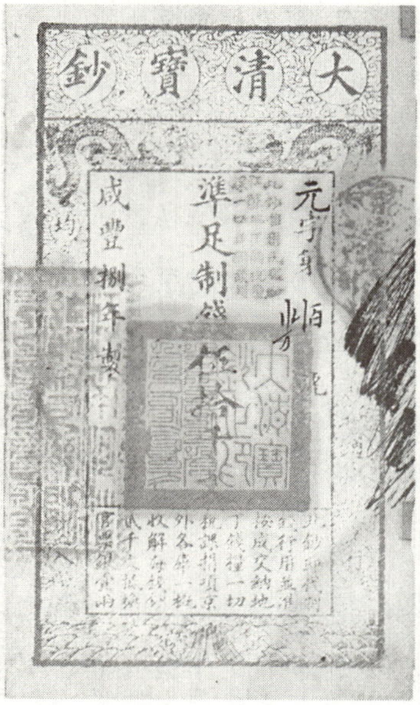

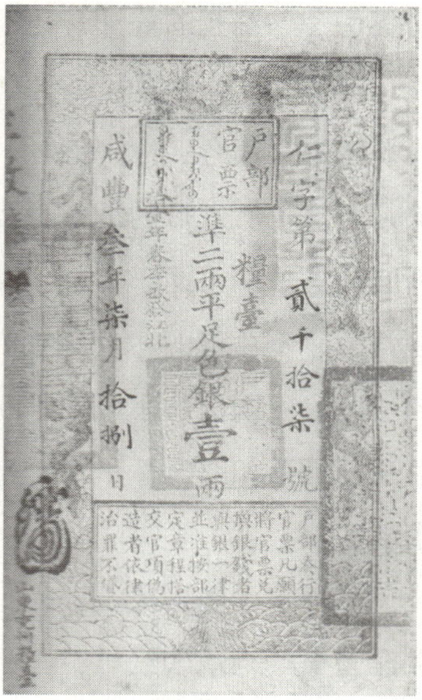

图2-4　左为大清宝钞，原大277×145mm；
右为户部官票，原大253×150mm

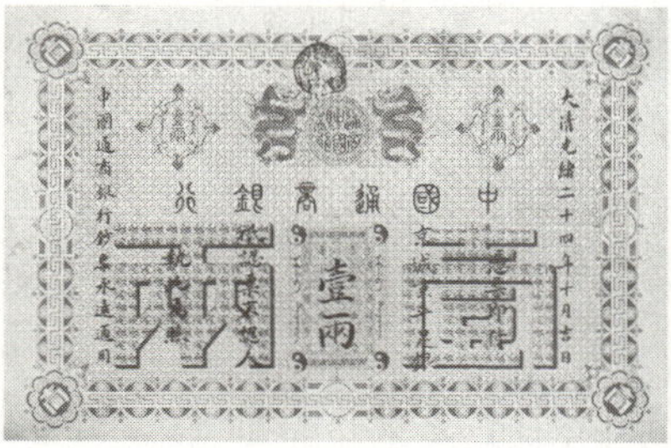

图2-5　中国通商银行发行的银行兑换券正、背面，原大153×101mm

请朝廷“亟宜厘订专章，设法限制，以维圜法，而保市面”，并草稿了暂行章程二十条。随即朝廷旨准，颁布了《通用银钱票暂行章程》①，第一条规定“凡印刷或缮写之纸票，数目成整，不载支付人名及支付时期、地址者，俗名钞票，《银行则例》称为通用银钱票”，这是中国官方第一次给纸币命名和定义。后来的交通银行、中国银行以及民国前期的官私银行，经国民政府财政部核准，都发行了纸币，但其实质仍然是银行兑换券，即是兑换

①《中国近代纸币史》：江苏省金融学会主编，中国金融出版社出版，2001年10月第1版。

法定货币——银元的凭证，还不是现代意义上的纸币。

1935年11月，民国政府实行了法币政策，明令停止银元流通，规定中央银行、中国银行、交通银行和中国农民银行（1936年2月增加）所发行的纸币为法定货币，一切公私款项收入支付只许使用法币。至此，中国才有了真正意义上的纸币——与贵金属脱钩的、不兑现的、只具有价值符号意义的信用货币。在此后的14年间，民国的法币以及不断翻新的关金、金元券、银元券等不兑现的纸币相继充斥市场，直到1949年随着蒋家王朝的覆灭而退出市场。

天津之于中国近代纸币，有四种情况：一是印制，即由天津的北洋官报局等承印纸币；二是发行，即由北洋银元局、天津官银号及其他总行设在天津的中外银行发行纸币；三是加盖，即由中外各商业银行在其发行的纸币上加印或加盖“天津”地名，并专区流通；四是钱票，即由天津的钱业商号印制发行类纸币，在市场上流通。这四种情况，造就了中国近代纸币在天津的辉煌。

在天津印制的纸币

清末以前，中国的纸币都是木版或石版手工印制的，其设备和工艺与印刷书籍相似，只是后来在印制纸币时，增加了多色套印技术。有关史料显示，自光绪末年起，始有中国的报馆书局使用现代印刷设备和技术印制纸币，最初主要有天津北洋官报局、上海商务印书馆、北京京华印书局、天津德华印书馆、中华书局、财政部印制局、商务印书馆天津分馆（印制局）、烟台泗兴公司等。其中，天津有三家。

一、北洋官报局

（一）办报起家。光绪二十七年（1901），直隶总督袁世凯在给朝廷的奏折中指出："开民智之法，各国重在报馆。"他是这样说的，也是这样做的。袁世凯于光绪二十八年二月在直隶总督衙署所在地的保定率先创办了北洋官报局。同年七月，直隶总督衙署迁到天津，北洋官报局也随之迁到天津，改组为北洋官报局总局，并在北京、保定设立分局。北洋官报局迁津后，即从日本购入印刷设备并聘请了高级技师，从上海、广州招聘技工，还刊登广告招收艺徒。一切准备就绪后，于同年十二月初一正式出版发行了《北洋官报》。《北洋官报》原为隔日刊，光绪三十年

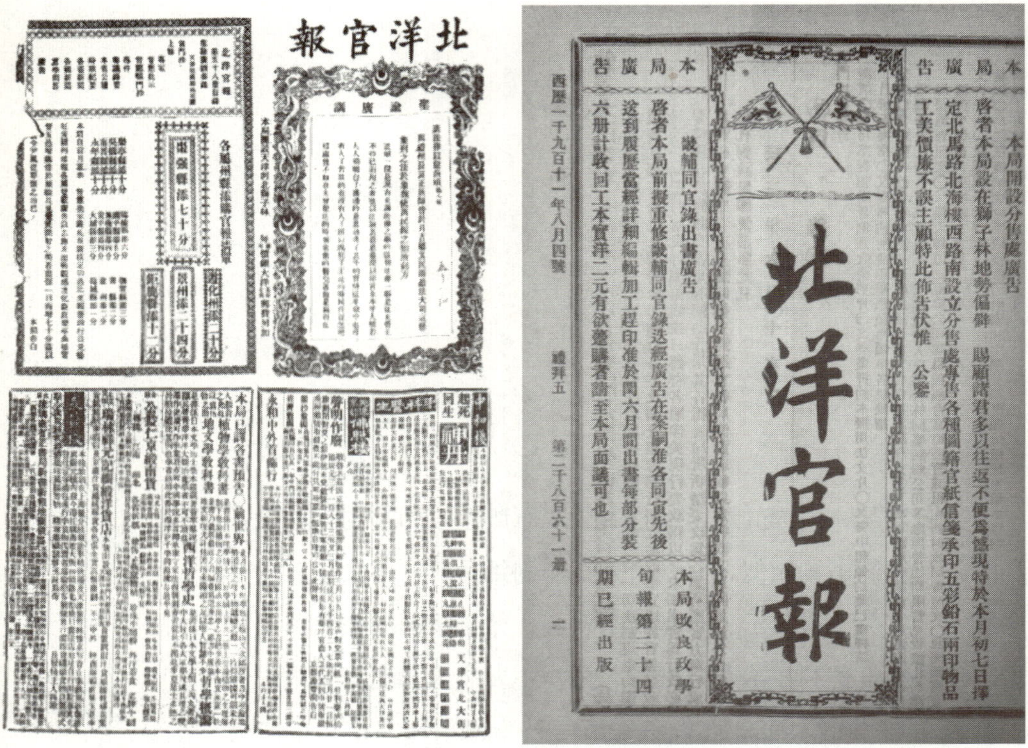

本局廣告

本局開設分售處廣告

啓者本局設在獅子林地勢偏僻 賜顧諸君多以往返不便爲憾現特於本月初七日擇定北馬路北海樓西路南設立分售處專售各種圖籍官紙信箋承印五彩鉛石兩印物品工美價廉不誤主顧特此佈告伏惟 公鑒

北洋官報

本局廣告

畿輔同官錄出書廣告

啓者本局前擬重修畿輔同官錄迭經廣告在案嗣准各同寅先後送到履歷當經詳細編輯加工趕印准於閏六月間出書每部分裝六冊計收回工本實洋二元有欲惠購者請至本局面議可也

本局改良政學旬報第二十四期已經出版

西曆一千九百十一年八月四號 禮拜五 第二千八百六十一冊 一

图2-6 两种版式的《北洋官报》

（1904）改为日刊，每期约印400份。

（二）印钞魁首。北洋官报局在印刷发行报纸的同时，于光绪二十九年（1903）开始印制钞票。是年，袁世凯为整顿天津货币市场混乱局面，筹办了天津平市银号（一说天津平市银行），并准备发行纸币。鉴于北洋官报局拥有先进的印刷设备、技术和工匠，袁世凯令北洋官报局承印。同年二月上旬纸币印妥后，银号却因故没有开业，已印出的纸币即全部作废。尽管如此，北洋官报局还是开了中国企业使用现代设备技术印制纸币的先河。

自此以后，北洋官报局陆续接受委托，为大清户部银行、天津官银号、北洋银元局、湖南官钱局、交通银行、北洋保商银行等印制纸币，后来名声大振，全国各地纷纷委托其印制纸币。据有关资料统计，北洋官报局在光绪二十九年至民国元年（1903—1912）的十年间，先后为各省官私30多家银行、官银号、官钱局、银号承印纸币约140种版别，俨然是当时中国印制纸币的大本营。

图2-7　光绪三十二年印，大清户部银行五元银元券

图2-8　光绪三十二年印，湖南官钱局五两银券

（三）废墟创业。北洋官报局在当年声名显赫，但它却是在天津集贤书院的废墟上创业的。

天津旧有问津书院、三取书院、辅仁书院、会文书院、稽古书院和集贤书院，为津门父老所乐道。其中，集贤书院创办于光绪十二年（1886），是由运使李桢、津海关道周馥、天津道万培等官员请示了直隶总督李鸿章后开办，以培养外省籍在津各级官员“随任子弟与夫幕友侨寓者”为主。据《天津市河北区地名志》中白崇厚文章《集贤书院觅踪》说，集贤书院旧址在“三岔河口水师营（现河北区人民政府一带）东”，“金家窑大街东端北侧”。该文进一步说到，光绪二十六年（1900）八国联军侵入天津，金家窑一带遭灾甚巨，集贤书院亦未幸免，房舍被毁，自此停办。光绪二十八年（1902）八月北洋官报局迁津后，没有合适的地方，遂对集贤书院破败的房舍进行修补，开张营业。也就是说，北洋官报局建在了集贤书院的旧址上。在金家窑大街东端

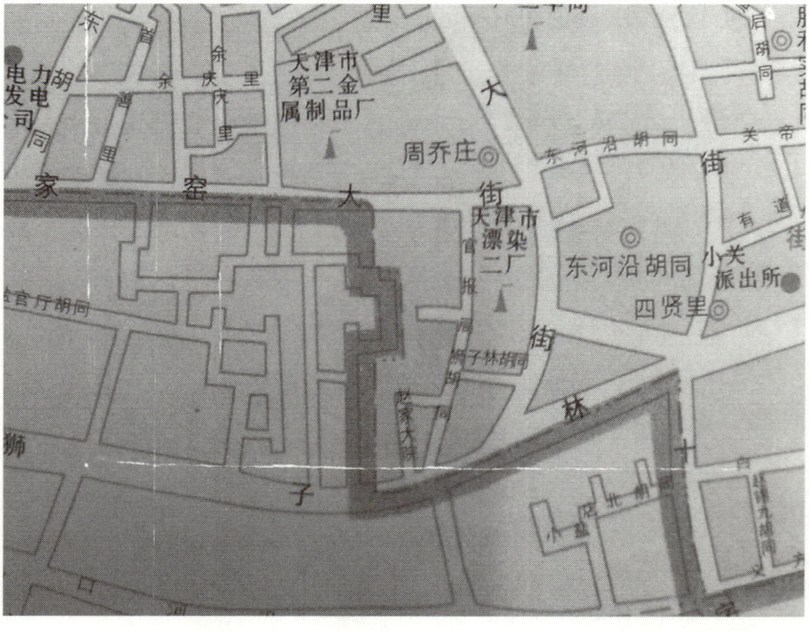

图2-9 1986年出版的《天津市河北区地名志》所配的地图

有一里巷，名“官报局胡同”，这是北洋官报局留下的痕迹。《天津市河北区地名志》出版于1986年，其所记载的官报局胡同现今已不存在了。

（四）原址寻觅。经于2012年9月实地踏勘后所见，从狮子林大街拐向翔纬路后，北行约150米，其西侧一幢大楼楼角处（汽车装具店）有一个西行的路口，走进去是一条狭窄弯曲的小胡同，墙上还钉有一块“金家窑大街”的路牌；与这个路口相对的（翔纬路东侧，路口有爱馨口腔门诊）是金庭里小区。经向当地居民打听，小区门前的道路也是原来的金家窑大街，往东原本可以通往狮子林大街（现已不通了），在靠近狮子林大街处，原有一条南北走向的胡同，叫“官报局胡同”，即图2-10所示的地方，具体位置在狮子林大街西段，南起狮子林大街，北至金家窑大街，据《天津市地名志·河北区（05）》载，这条胡同因临近北洋官报局而得名，1977年改造建居民小区，现名为金庭里。

那么，北洋官报局的具体地点在哪里？有一位老者指出了

图2-10　翔纬路西侧路口内“金家窑大街”路牌

大概位置：北洋官报局在原官报局胡同的南头西侧，即现狮子林大街向北拐往金纬路拐角处的金海岸公寓楼后，这也许是可信的了。

图2-11　坐落在金纬路上的金海岸公寓大门口，树后为老者指出的原北洋官报局大致位置

二、天津德华印书馆

关于天津德华印书馆，天津的有关方志未见记载。据推测，它应当存在于清末民初，而且是天津乃至全国，能用现代设备和技术印制纸币的少数几家印书馆之一。根据是，交通银行早期发行的纸币是由该印书馆承印的。1912年，该印书馆承印了交通银行第二版辅币银元券（小洋票）和第三版主币银元券（大洋票）。前者有五角、十角、五十角和一百角四个面额，专供加盖奉天、长春、营口等地名后在东北地区发行流通；后者有一元、五元和十元三个面额，供交通银行在各地的发行库加盖地名（北京、南京、天津、上海、汉口、济南等）后发行流通。

当年的天津德华印书馆建在何处？也未见记载，要搞清其具体位置还得下一番工夫。

图2-12　民国元年印，上为加盖“长春”五十角银元券，原大162×102mm；下为加盖“济南”五元银元券，原大166×102mm

三、商务印书馆天津分馆（印制局）

商务印书馆创办于清光绪二十三年（1897），是中国著名的印刷出版商，当年它在全国各地设有30多家分馆。商务印书馆的天津分馆也是能用现代设备和技术印制纸币的少数几家印书馆之

图2-13　民国四年印，五元银元券

一，该分馆曾为天津殖边银行承印过1915年版五元银元券（地名“库伦”）。天津殖边银行五元银元券设计独特：一是票面主图为一匾额形状，内书袁世凯为该行题写的“裕国筹边”四字；二是面额单位用符号“$”表示；三是背面除面额为中文外，其余文字为俄文。

图2-14　天津商务印书馆

有关方志记载，商务印书馆天津分馆在“河北”，并附有一张照片。据老者辨认，该照片中的大楼应在现红桥区大胡同南端一带，解放后曾是新华书店，现已无建筑遗存。

设在天津的银行总行发行的纸币

在中国近代，天津是北方的金融中心，有许多中外银行的总行设在这里，并都享有中国政府批准的发钞权，这些银行发行的纸币流通于中国北方的广大区域，是市场流通的主体。

一、通惠官银号

通惠官银号于光绪二十二年（1896）在天津设立，初为官办，次年改为官督商办。据专家考证，其发行过纸币，但现在还没有发现实物。

二、天津官银号（北洋天津银号）

天津官银号原为设在直隶保定的直隶官银号，光绪二十八年（1902）随袁世凯的直隶总督衙署迁至天津，改组为天津官银号，亦称北洋天津银号。由户部造币总厂总办周学熙兼任天津官银号督办，并在北京、上海、汉口、保定、张家口、唐山等地设立分号，是天津最早的官办并具有近代银行性质的金融机构，宣统二年改组为直隶省银行。

天津官银号从光绪三十年（1904）起，分四次发行了四种面值的竖式银两票和六种面值的横式银元票，由英国伦敦雕刻公司承印。

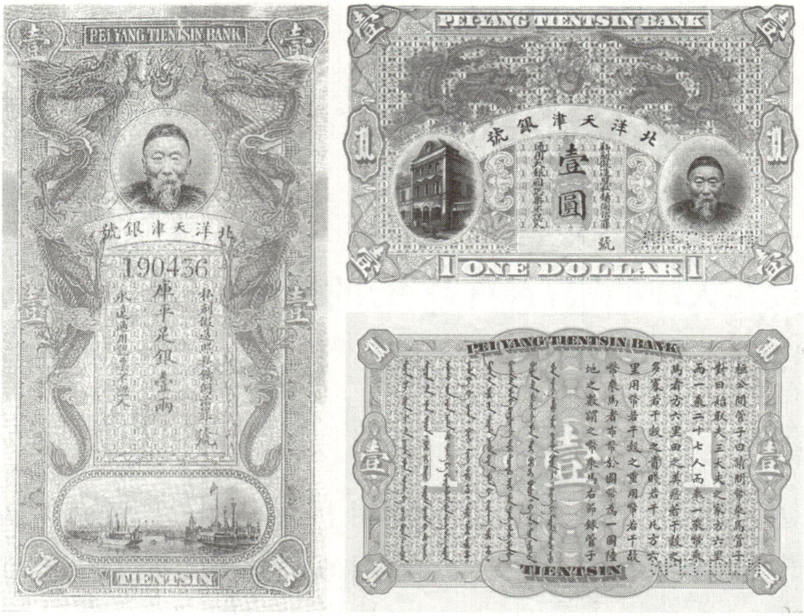

图2-15　左为天津官银号发行的一两银两票，
右为一元银元票正、背面，人像均为李鸿章

图2-16　北洋银元局发行，
“当十铜元”五百枚铜元券

三、天津平市银号（一说天津平市银行）

袁世凯为整顿天津货币市场混乱局面，于光绪二十九年（1903）筹办天津平市银号并准备发行纸币。纸币于同年二月初由北洋官报局印妥后，银号却因故没有设立，已印出的纸币即全部作废，现在已见不到实物了。

四、北洋银元局（北洋铜元兑换局）

北洋银元局在制造银元和铜元

的同时，还于光绪三十一年（1905）发行了三种面额的纸质“当十铜元票”，以与天津官银号发行的“银两票”和“银元票”相配合。铜元票背面印有袁世凯的“晓谕”，从中可以看到，该票的全称为“北洋铜元官票”，其发行机构全称为“北洋铜元兑换局”，该机构系由北洋银元局分设。

五、直隶省银行

宣统二年（1910）天津官银号改组为直隶省银行，成为中国近代第一家省级地方银行，1928年歇业。

直隶省银行成立之初未发行带有自己行名的纸币，仍使用天津官银号发行的银两票和银元票。1916年始将天津官银号银元票加盖直隶省银行行名发行流通。由于直隶省银行使用了印有李鸿章像的天津官银号银元票而遭舆论指责，很快就将其收回销毁，并向财政部印制局、美国钞票公司和英国伦敦雕刻公司订制了新版纸币。

图2-17 直隶省银行发行，二角银元券

六、北洋保商银行

北洋保商银行创办于宣统二年，由中、德、日三国商人出资，原为清理天津华商积欠洋商款项，维持天津华洋商务而设，总行（后称“总办事处”）设在天津，同时设立天津分行，与总

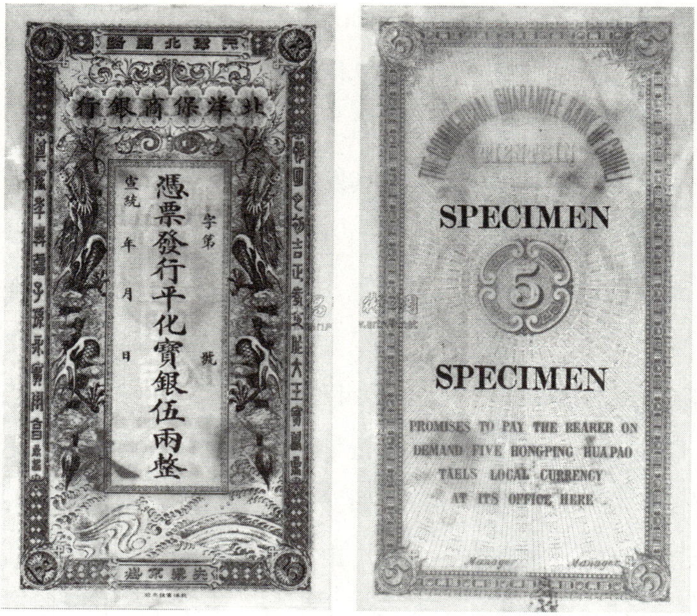

图2-18 北洋保商银行发行，“平化宝银五两”银两券

行同在天津北马路办公。1920年改组为商业银行，次年总行迁往北京，1939年歇业。

北洋保商银行创立之初发行过平化宝银五百两和五十两两种面额的银两券，由北洋官报局承印。1919年发行了三种面值的银元券（美国钞票公司承印），1933年又发行了一元银元券（英国华德路公司承印），均加盖“天津”地名流通。

七、殖业银行

殖业银行创办于宣统三年（1911），总行设在天津，是一家小型商业银行，1949年歇业。曾发行过银两票和银元票。

八、中国垦业银行

中国垦业银行的前身，是成立于1915年的天津垦业银行。1927年改组并更名为“中国垦业银行”，于同年 6 月在天津重张，以调剂农商和垦牧业金融为目的。1929年由上海金融界人士接办，总行迁往上海，改天津为分行。1948年更名为“中国垦业

图2-19　中国垦业银行民国十五年发行，十元券

商业储蓄银行”，新中国成立后参加全行业公私合营。

中国垦业银行曾发行了三版三种面值的纸币，由英国华德路公司承印，由设在天津、上海和宁波的分库发行。

九、天津农工银行

天津农工银行创办于1916年，总行设于天津，曾发行过辅币银元券。

十、中国实业银行

中国实业银行于1915年筹办，1919年 4 月正式开业，宗旨为发展实业。总行初设于天津，1932年迁往上海，改为总管理处，

图2-20　中国实业银行民国十一年发行，一元券

是“小四行”之一。新中国成立后参加全行业公私合营。

中国实业银行于1922年 4 月开始发行五种面值的纸币，均为地名券。

十一、直隶官钱局

直隶官钱局创办于1921年11月，由直隶省银行控制，其发行的铜元票都冠以“直隶省银行”名称，但有的注明“直隶官钱局代发行兑现”。

十二、中国丝茶银行

中国茶丝银行创办于1925年，总行设在天津，成立之初发行过三种面值的纸币，流通于京津和河北地区。

图2-21　中国丝茶银行民国十四年发行，五元券

十三、中元实业银行

中元实业银行创办于1925年 9 月，总行设在天津，1926年发行过三种面值的银元票。

十四、河北省银行

河北省银行创办于1929年 3 月，由清理直隶省银行而来，总行设在北平[1]，次年冬，河北省府变为天津，银行总行也随之迁至天津。华北沦陷后，该行沦为伪银行，民国河北省政府于1940年

① 当时为河北省省府驻地。

4 月又在重庆成立新的河北省银行。抗战胜利后该行迁回天津并接收了伪银行。天津解放后，由人民政府接管后清理歇业。

河北省银行初期发行的纸币，所印行名为“河北银行”，未冠“省”字，由财政部印制局承印。1933年发行新版银券时，行名改为“河北省银行”，由英国华德路公司承印，并加盖地名和暗记，在京、津、冀、察、鲁、豫等省流通。1935年民国政府实行法币政策后，冀察政务委员会以“环境特殊”为由继续发行，作为冀察两省的“法币”行用。抗战时期，设在重庆的河北省银行曾在河南林县发行过五角券。

图2-22　河北省银行民国二十三年发行，五元券；正背面加盖的“渝”字，为领用行暗号

“天津”地名券的流通

在20世纪30年代以前，经国民政府财政部核准，中外各家银行都可以发行纸币。这种纸币实际是银行兑换券，即发行纸币的银行承诺，纸币面额与国币（银元）等值流通并可随时等值兑现的凭证。按道理，持币人可到发行该纸币的银行在各地任一分行兑换银元。但是，各地铸造的银元在成色和重量上存在差别，相互之间收付有一定的“贴水”（折价）。这就会出现一种情况，即银元质量不好地方的持币人携纸币到银元质量好的地方去兑现，然后再携银元回到本地，兑换纸币，以赚取价差。为了控制这种行为，当时的银行大都实现了纸币限区流通制度，由此产生了地名券。民国时期出版的《天津志略》记载了地名券在天津的行用情况：“国内外各银行纸币，凡有天津字样者（在天津）均通用”；有北京、上海字样的，一般情况下通用；“其他外省字样者则须分别贴水”。到1935年民国政府实行法币政策后，随着禁止各银行发行纸币，地名券才消失。

当年，天津作为中国北方的金融中心，国家银行、中外商业银行都在天津设立分行，其发行的纸币都首选在天津流通，因此原印（与纸币图案一并印刷）或加盖（印妥纸币后再另印）“天津”地名的纸币，在全国的地名券中位列前茅。

一、国家银行纸币原印或加盖“天津”地名券

（一）大清户部银行。该行于光绪三十年（1904）奏准设立，三十一年（1905）正式开业，总行设在北京，并在天津、上海、汉口等地设立分行，是中国第一家国家银行兼中央银行。该行成立后，陆续发行过银两票、银元票和钱票共38种，由北洋官

图2-23　大清户部银行光绪三十二年发行，原印“天津”地名五元、十元券

报局印制。光绪三十四年改名“大清银行”后，发行了银两票和银元票十种，先后由商务印书馆、美国钞票公司印制。该行纸币实行分区流通，其在票面原印“××通用银元”或地名，流通于当地。该行于辛亥革命后停业清理。

（二）交通银行。该行成立于光绪三十四年（1908），是清政府为赎回京汉铁路和经办铁路、电报、邮政和航运事业收付而设立的银行。总行（总管理处）初设于北京，1928年迁往上海。该行于宣统元年开始发行纸币，其方式是由总管理处统一设计版面、统一向厂家订制，然后在正背面加盖中英文地名，由各地名分行发行。该行于1922年起，实现分区独立发行纸币制度，全国划分为五个区，天津为第一区，设发行总库，发行范围包括现北京、天津、河北、山东和内蒙古的广大地区。在国民政府实行法币政策前，该行发行过11版纸币（不包括宣统二年由北洋官报局印制的银两票），前三版由国内公司承印，从1913年发行第四版纸币起，即向国外印刷公司订制，并加盖地名，原印和加盖“天津”地名的有十多个券别，其中第五版有过三次改色和改图，版式较多。第十版的“天津”地名是原印的。该行经百年变迁，

图2-24　交通银行民国三年印，第五版原版（红色）十元券，加盖“天津”地名

图2-25　交通银行民国三年印，第五版改色（蓝色）十元券，加盖“天津”地名

图2-26　交通银行民国十六年印，第十版十元券，原印“天津”地名

历久弥新，成为现代中国的主要商业银行之一。

（三）中国银行。该行的前身是大清银行。民国成立后，于民国元年（1912）二月改组为国家银行。该行成立之初先在上海大清银行旧址开业，当时还没有印就新币，即利用原大清银行未发行的“李鸿章像”旧币加盖“中国银行”字样使用。同年八月，该行总行在北京开业，到年末运转正常后，重新设计印制了“黄帝像”新币投入市场。该行在全国设立了几个发行区，津券区为第二区，发行“天津”地名券，流通范围包括河北、山西、归绥和宁夏等地。“天津”地名券有四类：

一是加盖“天津”的地名券。如该行使用“李鸿章像”和“黄帝像”的银元券加盖“天津”地名。

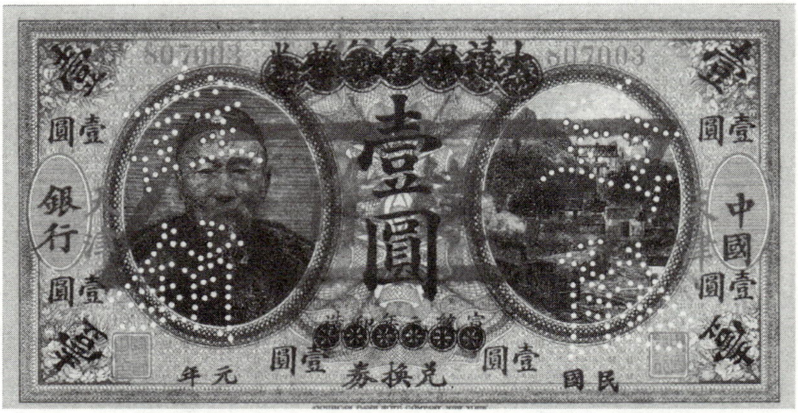

图2-27　民国元年印，“大清银行”改作“中国银行”一元券，加盖“天津”地名

二是颜色不同的地名券。该行民国七年（1918）版的各地名券，其图案相同，但用不同颜色区别不同地方，以一元券为例，北京券为黑色，上海券为褐色，汉口券为深绿色，天津券为赭色等，同时原印地名。

图2-28　中国银行民国七年发行，赭色“天津”地名一元券

三是原印“天津”的地名券。该行自1917年以后印制的地名券，地名都是原印的，且图案不同。如民国二十年版的五元券，

图2-29　民国二十年印，五元券，原印“天津”地名，天坛图案

图2-30　民国二十三年印，十元券，原印“天津”地名，牧羊图案

图2-31　民国二十四年印，一元券，原印“天津”地名，耕地图案

图案为天坛和山川；民国二十三年版的十元券，图案为牧羊图；民国二十四年版的一元券，图案为耕地图等。

四是改名地名券。该行民国七年（1918）版的两种地名券，系掩盖原印地名，加盖“天津”地名。其一是地名由北京改为天津，其二是地名由张家口改为天津。

图2-32　民国七年印，“北京”改“天津”五元券

（四）中央银行。民国中央银行于1931年在天津设立分行，该分行曾于1934年发行加盖“天津”地名的纸币。

二、中资商业银行纸币原印或加盖“天津”地名券

（一）中国农工银行。该行的前身是成立于1915年的大宛农工银行，总行设在北京。1927年改组为中国农工银行，同年发行纸币。1932年后发行有加盖“天津”的地名券，由英国华德路公司承印。国民政府实行法币政策后，为满足市场对小额法币的需求，也曾使用其他银行发行的小额纸币改作法币使用。中国农工银行加盖“天津”地名的一元券，即在正背面左右上角各盖一“央”字改作法币使用该行属于官僚资本银行，新中国成立后，被人民政府接管清理。

（二）浙江兴业银行。该行创办于光绪三十三年（1907），总行初设在杭州，1915年迁往上海，并改称总办事处。该行在

1921年后，发行有加盖“天津”的地名券，由上海商务印书馆、美国钞票公司承印。该行在新中国成立后参加全行业公私合营。

（三）中南银行。该行创办于1921年，总行设在上海，同年10月发行纸币。其发行准备是由中南、盐业、金城、大陆银行共同组织的四行发行准备总库提供的，总库初设于天津，并在上海、汉口、北京（总库附设的支库）设立分库，由三库发行纸币。天津总库和北京支库发行的五种面值纸币均加盖“天津”地名，流通于京、津、冀、鲁、晋和热河等地。该行解放后参加全行业公私合营。

图2-33　中南银行民国十年发行，“天津”地名一元券

（四）大中银行。该行创办于1919年，总行设在重庆，后迁往天津。1921年 9 月起发行纸币，由财政部印制局承印，均为地名券，加盖“天津”地名的居多。

（五）殖边银行。该行于1912年筹建。1914年开业，总行设于北京。该行成立之初即发行纸币，均为地名券。1914年和无年份版的三种面值纸币加盖“天津”地名。

（六）劝业银行。该行创办于1920年，总行设在北京，次年发行纸币。民国十年版主币券和民国十六、十七年版辅币券均有加盖“天津”的地名券。

图2-34　劝业银行民国十年发行，“天津”地名十元券

三、外资银行分行纸币原印或加盖“天津”地名券

清代后期，外资银行蜂拥进入中国设立分行，并迫使清政府给予了发钞权，他们与中资银行一样，先后发行过银两券和银元券，也实行了分区发行纸币办法，于是也有了地名券。

（一）英国汇丰银行券。清光绪七年（1881），英国汇丰银行天津分行在英租界宝士徒道（今和平区营口道）开业，这是最早在天津设立的外国银行分行。该行于1925年在中街（现和平区解放北路）盖了新办公楼。该分行于1917年发行的四种面值银行兑换券，有“天津”的地名券。该券印中文行名为“英商香港上海汇丰银行”。

（二）美国花旗银行。该行1920年发行的五、十元券，有“天津”地名。

（三）挪威华威银行。该行1922年发行的一、五、十元券和

图2-35　原英国汇丰银行天津分行1925年在中街（现和平区解放北路）的办公楼

1925年发行的一、二角券，有“天津”地名。

（四）英国麦加利银行。该行1930年发行的五、十元券，有“天津”地名。该券印中文行名为“印度新金山中国麦加利银行”。

（五）美国美丰银行。该行1929年发行的五元券，有“天津”地名。该券印中文行名为“天津美丰银行”。

（六）美国懋业银行。该行1921年发行的一元券，有“天津”地名。

（七）日本横滨正金银行。该行于1913年发行的五、十元券正面左下角盖有小圆章“天津横滨正金银行”，印有“天津”地名。1915年以后四次发行的一、一百元券，在北京或青岛地名上加盖“天津”地名。由日本政府内阁印刷局承印。

（八）华俄道胜银行。该行于光绪二十二年（1896）在天津设立分行，以“天津华俄道胜银行”名称发行有“天津”地名的银两券和银元券。

（九）中法实业（工商）银行。该行于1916年在天津设立分行，发行过“天津”地名券。

（十）华比银行。该行于清光绪三十二年（1906）在天津设立分行，发行过“天津”地名券。

天津钱业商号印制发行的钱票

在清代前期，一些地方出现了纸质的钱币代用品，主要用于市场上找零结算和小额汇兑支付，时称“钱票”。后来，货币史学界沿用这个称谓，将银钱业、商号或地方政权（也包括外国租界当局）印制发行的，在小区域（县和县以下的乡村）流通的地方代用货币，统称为“钱票”。

钱票是我国民间自发产生出来的一种货币形式，它出现于清代前期。到了清代中期，钱票的发行和流通量剧增，戴建兵在其研究专著《中国钱票》中称，道光年间，全国的钱票流通量已占货币流通量的三分之一。清末民初，钱票发行和流通更达到鼎盛，除西藏等个别地区外，全国其他地区都发行和流通着钱票，成为县和县以下广大乡村的主要流通货币。

钱票的俗称众多，诸如私票、花票、土票、凭票、流通券、代价券、抵借券、土钞、私帖、街帖、商帖、银帖、屯帖、工资条等，其代表和兑换的货币有银两、制钱、银元、铜元等。钱票的发行虽然多数没有基金准备，但具有货币的价值尺度和流通手段等功能，在特定区域内发挥着本位币的辅币作用，是市井商民替代现钱找零和小额支付结算的主要工具，甚至被地方政权当作解决现钱缺乏、财政赤字和收敛钱财的手段。1942年国民政府统一货币发行权后，钱票才逐渐退出市场。

天津地区发行和流通的钱票有五种类型：

一，商号发行的红帖。清光绪朝后期，天津的商号在过年时，都开出一些小额的礼券——红帖，赠给顾客。红帖可在市面上流通，并可兑现。光绪三十四年（1908），天津商会实行了红帖发行许可制度，选定54家商号信誉较好的大商号许可发行红帖，其余商号不得再发行。

二，商号发行的钱票。清代宣统朝，天津有百余家商号、小钱铺和换钱局发行钱票，在兑换钱币出现小额零头时给付。

三，银钱业发行的私（钱）帖。清末民初，天津的银号、钱局、炉房都发行过自己的私（钱）帖。清末发行数量较大的有敦庆长银号、德胜源银号、大庆元银号、汇恒同银号、世昌银号、西庆隆钱局等，他们发行的私（钱）帖面额多为一银元，类似于银行发行的纸币。光绪二十九年（1903），官府开始干预这种行为，令天津商务公所遴选有实力的钱商发行私（钱）帖，并加

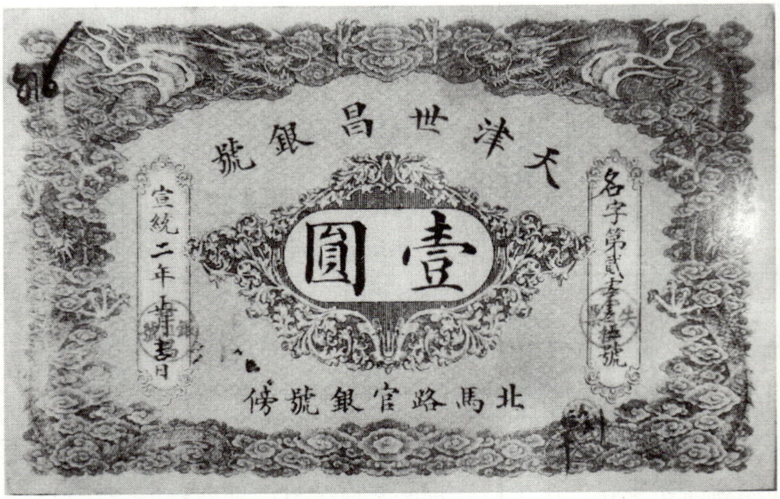

图2-36　天津世昌银号清宣统二年发行，一元私帖

盖天津商务公所印记。次年，天津商务公所选定30家钱商发行私（钱帖）。到1912年，由于现代银行业的发展和银行兑换券的大量发行，天津银钱业发行的私（钱）帖逐渐减少，1915年国民政府财政部统计显示，天津还有德庆恒、敦庆长、启泰、溢源、义聚永这五家银号发行私（钱）帖，共计六万二千银元。

四，财政部门发行的钱票。1929年，天津市财政局以天津市银行名义，发行了三种面值的银角票和三种面额的铜元票，作为辅币流通。

五，天津英租界工部局的纸币。1929年，天津英租界工部局发行了自己印制的三种面值的辅币券，在英租界和天津市面上推行流通，但只流通了十天。

第三辑

人民币的那些事

人民币从革命根据地货币走来

在整个民国时期，中国共产党领导广大人民群众，开展了艰苦卓绝的民族独立和人民解放战争，革命根据地纷纷建立，人民的银行和人民的货币随之出现。

早在第一次国内革命战争时期的1926年12月，湖南衡山县柴山洲成立了柴山洲特区第一农民银行，它是中国近代在共产党领导下由农会创办的第一家银行，该银行曾发行过用白布制作、用毛笔书写、盖章生效的货币。紧接着，1927年1月，湖南浏阳的浏东又成立了平民银行，它也是在共产党领导下由农会创办的

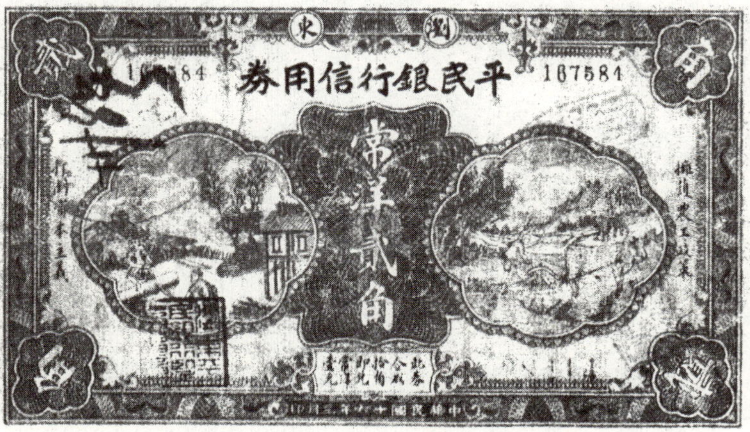

图3-1　浏东平民银行1927年发行的“常洋二角”信用券

银行。这家银行发行了银元临时兑换券和信用券，票面左右印有“打倒资本主义”“拥护农工政策”的口号。这两家银行以及其发行的货币，是劳苦大众试图在金融货币方面掌握自己命运的一个创举。

到了第二次国内革命战争时期，广东海陆丰革命根据地于1928年2月率先成立了劳动银行，它是地方苏维埃政权在中国创办的第一家银行。随后，各个革命根据地的苏维埃政权都成立了自己的银行，在1930年至1935年间，各个革命根据地存在着闽西工农银行、中华苏维埃共和国国家银行、湘赣省工农银行、湘鄂赣省工农银行、鄂豫皖省苏维埃银行、闽浙赣省苏维埃银行、湘鄂西省农民银行、川陕省工农银行等。这些银行都发行过数量不等的货币，为发展革命根据地经济、支持与国民党反动派的武装斗争做出了重要贡献。

经过几十年艰苦的斗争，到1947年前后，共产党领导的各个解放区已有银行约30多家，发行货币共257种[①]，主要有陕甘宁边区银行及其发行的边币、晋察冀边区银行及其发行的晋察冀边币、冀南银行及其发行的冀南币、北海银行及其发行的北海币、

图3-2　陕甘宁边区银行1941年发行的10元券

①《中国金融简史》：常树华编，云南财贸学院教材，1983年12月印。

西北农民银行及其发行的西农币、江淮银行及其发行的抗币、淮南银行及其发行的淮南币、淮海地方银行及其发行的淮海币、华中银行及其发行的华中币、东北银行及其发行的东北币、长城银行及其发行的长城币等，形成了解放区银行及货币与国统区银行及法币相抗衡、并逐渐占领市场的局面。

1947年春，人民解放战争进入战略反攻阶段，华北、西北和华东解放区迅速扩大。随着各解放区渐渐连成一片，经济联系和贸易交流也日益发展，但各解放区之间货币不统一，对贸易交流造成了很大的障碍。为此，中共中央决定建立华北财经办事处（以下简称“华北财办”），由董必武任主任，统一调整各解放区的货币关系，并着手开展统一货币和筹建新的国家银行的工作，以迎接新中国的诞生。

要筹建新的国家银行，工作纷繁复杂，董必武首先考虑的是新银行的名称问题。1947年9月17日，华东局工委领导同志张鼎丞和邓子恢致电华北财办，建议立即成立联合银行或解放银行。他们二位的建议虽是催促成立统一的新银行，但也给出了新银行的建议名称：“联合银行”或“解放银行”。稍后，晋察冀边区银行副经理何松亭也就名称问题提出建议，建议新的银行称“中国人民银行”。在广泛征求意见的基础上，董必武认为，新创建的全解放区银行名称，不仅要考虑目前的银行和货币统一问题，还要和即将成立的人民共和国联接起来，要考虑使其成为将来的国家中央银行。用“中国人民银行”这个名称，既有别于蒋介石政府的中央银行，也不失其将来作为国家中央银行的格调。

1947年10月2日，董必武致电中央报告了上述意见后，中央做了反复地斟酌和修改。从有关资料可知，中央先是考虑新银行名称“似以中国解放银行为好”，后认为“名称用中国解放银行或中国人民银行均可”，最后确定名称“可用中国人民银行”。

中央对新银行名称的慎重，反映了人民领袖们对这家新银行的重视和期许。在新中国成立前的1948年12月1日，中国人民银行成立了，开始发行人民币，中华人民共和国的货币银行体系从此建立起来了。可以说，人民币是从革命根据地货币走来的。

人民币是中国人民银行依法发行的货币（包括纸币和硬币），是中华人民共和国的法定货币。人民币的英文缩写有“RMB”和“CNY”两种，货币符号是“¥”。

我国有关人民币的法律法规，一是1999年12月28日国务院第24次常务会议通过、2000年2月5日国务院第280号令颁布、自2000年5月1日起施行的《中华人民共和国人民币管理条例》；二是1995年3月18日第八届全国人大第三次会议通过、2003年12月27日第十届全国人大常委会第六次会议修改、自2004年2月1日起施行的《中华人民共和国中国人民银行法》。

带着货币进城——人民币的诞生

1947年初，党中央在指挥人民军队向全国胜利进军的同时，也在谋划建立新中国的伟大事业。为了建立新中国统一的银行和货币体系，中共中央成立了华北财经办事处操办这项巨大的工程。同年5月，由董必武为主任的华北财办筹备处在河北省邯郸市召开华北财经会议，首先研究确定了固定各解放区货币兑换比价的措施，并制定了《华北财办组织规程》。同年8月16日，中央批准了这个规程。10月24日，华北财办在河北省平山县西柏坡村正式成立，并立即着手开展了组建新中国国家银行和统一货币的工作。

1947年11月12日，华北重镇河北省石家庄市解放。石家庄的解放，使得华北的晋冀鲁豫和晋察冀两大解放区完全连成了一片，从而也连通了西北的陕甘宁边区、晋绥边区和华东的山东解放区，形成了大华北解放区的局面，中央抓住这个大好时机，开展了一系列统一解放区银行和货币的工作。

一是1948年1月，西北解放区决定将陕甘宁边区银行（发行陕甘宁边区流通券，简称“边币”）和晋西北农民银行（发行晋西北农民银行币，简称“西农币”）合并，成立了西北农民银行，并以西农币为本解放区的统一货币。

二是1948年4月，中央决定将晋冀鲁豫和晋察冀两解放区合并为华北解放区。原分属两个解放区的冀南银行（发行冀南银行券，简称“冀南币”）与晋察冀边区银行（发行晋察冀边区银行券，简称“晋察冀边币”）先于4月12日在河北省石家庄市联合办公，后于7月22日合并，改组为华北银行，并停止发行晋察冀边币，以冀南币为本解放区的统一货币。

图3-3　晋察冀边区银行发行的晋察冀边币10元券，原大130×68mm

图3-4　冀南银行发行的冀南币500元券，原大125×58mm

三是1948年11月，山东和华东解放区决定，停止华中币的发行和流通，以山东解放区所属北海银行发行的北海币为两解放区的统一货币。

经过这一系列的动作，各解放区之间的货币趋于一致，经济

图3-5　北海银行发行的北海币200元券，原大129×64mm

往来条件得到很大改善，统一银行和货币的工作初见成效。

1948年11月 2 日沈阳解放后，东北解放军迅速入关，平津战役指日可待。随着解放战争步伐的加快，统一银行和货币的需求越来越迫切。在中共中央的领导下，华北人民政府商得山东省政府及陕甘宁及晋绥两边区政府同意，于1948年11月18日召开了第三次政务会议。在主席董必武的主持下，会议作出了“应即成立中国人民银行”和“发行统一货币”的决议。11月22日，董必武签发了《成立中国人民银行发行统一货币的训令》。12月 1 日，华北人民政府发布了“金字第四号”《布告》，宣布将华北银行、北海银行和西北农民银行合并，成立中国人民银行，以华

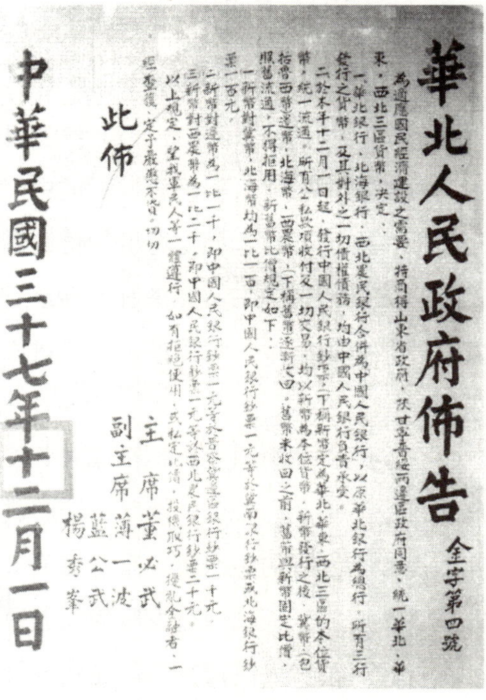
華北人民政府佈告　金字第四號

為適應國民經濟建設之需要，特商得山東省政府、陝甘寧晉綏兩邊區政府同意，統一華北、華東、西北三區貨幣，決定：

一、華北銀行、北海銀行、西北農民銀行合併為中國人民銀行，以原華北銀行為總行，所有三行發行之貨幣，及其對外之一切債權債務，均由中國人民銀行負責承受。

二、於本年十二月一日起，發行中國人民銀行鈔票（下稱新幣），定為華北、華東、西北三區的本位貨幣，統一流通。所有公私款項收付及一切交易，均以新幣為本位貨幣。新幣發行之後，冀幣（包括魯西幣）、邊幣、北海幣、西農幣（下稱舊幣）逐漸收回。舊幣未收回之前，舊幣與新幣固定比價，照舊流通，不得拒用。新舊幣比價規定如下：

一、新幣對冀幣、北海幣均為一比一百，即中國人民銀行鈔票一元等於冀南銀行鈔票或北海銀行鈔票一百元。

二、新幣對邊幣為一比一千，即中國人民銀行鈔票一元等於晉察冀邊區銀行鈔票一千元。

三、新幣對西農幣為一比二千，即中國人民銀行鈔票一元等於西北農民銀行鈔票二千元。

以上規定，望我軍民人等一體遵行，如有拒絕使用，或私定比價，投機取巧，擾亂金融者，一經查獲，定予嚴懲不貸。切切

此佈

主席　董必武

副主席　薄一波　藍公武　楊秀峯

中華民國三十七年十二月一日

图3-6　华北人民政府布告金字第四号

北银行总行为中国人民银行总行，并于同日发行“中国人民银行钞票”——人民币。

图3-7　人民银行1948年12月 1 日成立时的办公地原地复原

《人民日报》于1948年12月6、7两日，分别发表了题为《庆祝中国人民银行成立》和《中国人民银行发行新币》的社论，社论指出：三区银行合并后的中国人民银行，将会更好地推进解放区全面建设，稳定金融物价，调节货币流通，大力扶植生产，以促进新民主主义经济有计划地迅速发展。人民银行新币的发行，预告着解放区货币的进一步巩固，解放区的经济的进一步繁荣。

事实上，在中国人民银行成立并发行人民币之时，人民币还只是统一了华北、华东、西北三个解放区的货币，中原解放区中州农民银行发行的中州币、东北解放区东北银行发行的东北币、冀察辽热解放区长城银行发行的长城币、内蒙古解放区内蒙古银行发行的内蒙古人民银行币等还在发行和流通，另外新疆、西藏等地区，还各有独立的货币体系。由此可见，当年华北人民政府筹备组建的新银行应是大华北解放区的银行，发行的新货币也是大华北区的统一货币。但由于中央的远见和董必武的睿智，新银行和新货币以“人民”命名，这就为它们成为今后新中国的国家银行和法定货币奠定了基础。

图3-8　内蒙古人民银行发行的内蒙古人民银行币50000元

特别应该提到的是，在筹建中国人民银行的过程中，也对各解放区的印钞机构做了改组和整合：一是将晋察冀边区银行印制局改组为中国人民银行第一印制局，驻在河北省阜平县；二是将晋冀鲁豫边区各印制厂合编为中国人民银行第二印制局，驻在河北省涉县；三是将北海银行、华中银行各印钞厂合编为中国人民银行第三印制局；四是将华北银行直属印钞厂确定为中国人民银行总行直属印钞厂，驻在河北石家庄市。这些新的印钞机构一经成立，立即投入了第一套人民币的设计和印制工作，并按时、按质、按量完成了第一批50元、20元、10元三个面额人民币的印制工作，于中国人民银行成立之日投放市场，为尽快统一货币、彻底打败法币、建立新中国货币体系奠定了基础。

人民币的诞生比新中国成立早了11个月，这就使得解放军能够带着自己的货币进城，从而加速了解放全中国的步伐，加快了医治战争创伤、恢复社会生产和稳定人民生活的进程。

五套人民币的发行
——人民币的套、券别和版别

自1948年12月 1 日到现在，我国一共发行了五套人民币纸币（硬币另论）。但“套”的提法并不是一开始就有的，发行前三套人民币时，只讲“改版”或“发行新版人民币”，并没有提到“套”的概念。“套”的提法应该始于发行第四套人民币纸币。

关于发行第四套人民币的官方文件有三件。一是1987年4月25日，国务院总理赵紫阳签署的《关于发行新版人民币的命令》。命令称，“责成中国人民银行自1987年4月25日起陆续发行一套新版人民币”，将陆续发行的新版人民币整体称为“一套”，这是第一次。二是同日由中国人民银行行长陈慕华签署的《关于发行新版人民币五十元券和五角券的通告》。通告中并未提到“套”，仍沿用了过去的用语，称“根据中华人民共和国国务院的命令，我行将分次发行新版人民币”。三是同日中国人民银行发布的《新版人民币票面说明》。说明中提到，“从1987年4月25日起，中国人民银行将分次发行第四套新版人民币纸币”，这里不但提到了“套”，还明确地称发行的新版人民币是“第四套”。从上述三个官方文件可以看出，当时虽然出现了

“套”的提法，但并没有明确的定义，可能只是设计或技术层面的一种理念，还未形成正式的概念。不过，人民银行在此后的正式文件中，已开始将过去发行的各年版人民币纸币划分为一至四套。

1999年6月30日，国务院总理朱镕基签署了《中华人民共和国国务院令》（第268号），国务院令中说，“责成中国人民银行自1999年10月1日起陆续发行第五套人民币”。次日，中国人民银行行长戴相龙签署了《关于发行第五套人民币100元券的公告》。在这两个文件中，官方正式使用了“套”的概念，明确了新发行的人民币纸币为“第五套人民币”。从此以后，我国确立了人民币纸币按套发行的格局。现在分析起来，将人民币以套划分，使得集中改版、分期发行、版式一致、主图相近的不同券别人民币归集在一套内，有利于识别人民币券别体系和结构，便于组织投入和退出流通，是一个很不错的设计。

每套人民币都由不同面额的纸币和硬币组成，面额的术语，就是券别。

由于政治、经济和技术的原因，每套人民币中都对一些券别做过修改，由此又形成了不同的版别。

一、版别最多的第一套人民币纸币

1948年12月1日，中国人民银行在河北省石家庄市发行了第一批“中国人民银行钞票”50、20、10元券（其主色和图案分别是浅蓝色水车图、咖啡色施肥图、浅绿色灌田图），揭开了新中国发行第一套人民币的序幕。

这套人民币的票面采用了传统的四框式构图，正面主图为反映工农生产建设的场景。共有12个券别，最小的面额为1元，最大的面额为50000元，没有角、分等辅币，也没有硬币。

这套人民币起初由晋察冀边区银行与华北银行先后承担制版

图3-9　第一套人民币50000元券，1953年12月发行，原大140×75mm

和印制，后来随着解放区迅速扩大，货币需求量骤增，遂由新解放区的一些印刷厂自行印制。由于印制厂家的不同，就出现了同一种券别的人民币至少有两个以上版别（图案或颜色不同）的情况。到1955年 5 月10日，这套人民币停止流通时，共计有62个版别，其中100元券就有十个版别。

1955年 3 月，第一套人民币通过兑换新币的方式全部收回。

开始设计印制这套人民币时，新中国还没有成立，因此早期一些版别的人民币还印有民国纪年，面额比较大，印制比较粗糙，明显带有旧货币和战时货币的痕迹。不过，这套人民币没有使用英文行名、金额、纪年，也没有采用行长签名方式，一扫殖民地半殖民地货币色彩，宣告了新中国货币的诞生，并一直保持至今。

二、含苏联代印“三种券”的第二套人民币纸币

“为适应国家计划经济建设的需要和广大人民的愿望，在财政收支平衡和金融物价稳定的基础上，进一步健全和巩固我国的货币制度，以便利交易和核算”，国务院于1955年2月21日发布了《关于发行新的人民币和收回现行的人民币的命令》，责成人民银行于1955年3月1日起发行新的人民币，并以1∶10000的比价限期兑换收回旧的人民币。当年，发行新人民币并收回旧人民币是国家政治经济生活中的一件大事，对此国务院提出了严格的要求，人民银行亦做了充分的准备。《人民日报》于国务院发布命令当天，发表了题为《拥护发行新的人民币》的社论，又于人民银行发行新人民币当天，发表了题为《做好新人民币发行工作》的社论，并发表了人民银行行长曹菊如与新华社记者的谈话。曹菊如强调，发行新人民币是人民币进一步稳定和巩固的表现，也是我国经济力量日益强大的表现。他还就选择3月1日后的淡季进行发行的原因，以及新旧人民币兑换的具体手续作了说明。

这套人民币是1953年定稿的，官方文件称其为“一九五三版”。主币的票面采用对称式构图①，主图为革命圣地、民族大团结和工农联盟等反映社会主义建设新面貌的场景。券别有1、2、3、5、10元，1、2、5角，1、2、5分，共11种，均为纸质。由于当时的生产能力不足，我国委托苏联代印了其中的3、5、10元券，在专业上习惯称为“三种券”。这套人民币除10元券外，其余各券别在国务院规定的发行日一次性全部面世了。

这套人民币的10元券于1957年12月1日才发行。同时还发行了1、2、5分硬币（年号从1955年开始，称为“一九五五年版”，不计在第二套人民币内）。在此前的11月26日，人民银行发出了《关于发行十元券和硬分币的指示》。为什么距国务院发

① 主币：我国人民币有主币和辅币之分。主币单位为元，辅币单位为角、分。

图3-10　第二套人民币苏联代印的3元券，1955年3月发行，原大160×72.5mm

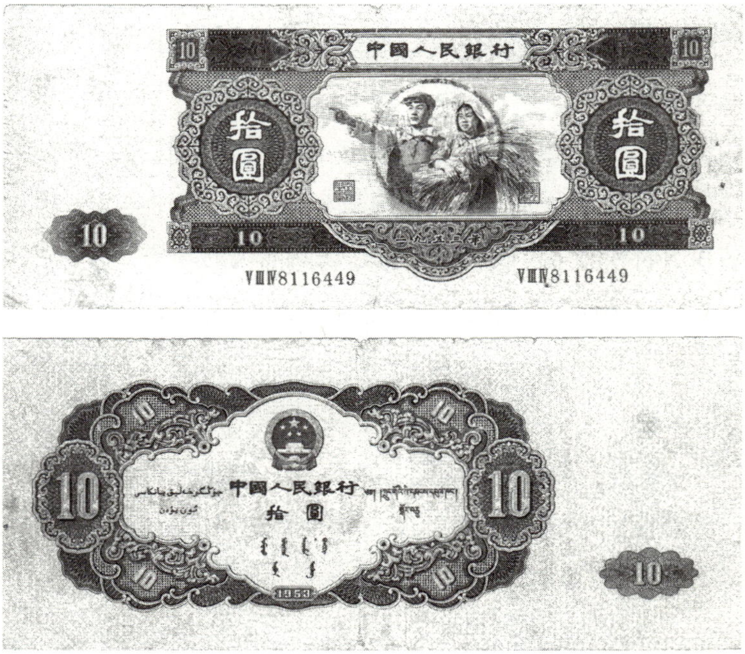

图3-11　第二套人民币苏联代印的10元券，1957年12月发行，原大210×85mm

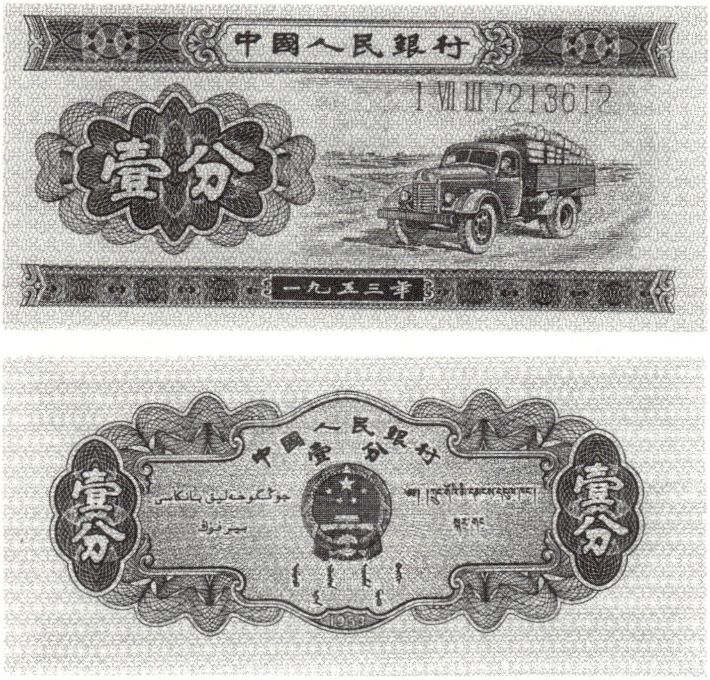

图3-12　第二套人民币 1 分券，1955年 3 月发行，原大90×42.5mm

布命令后两年九个月才发行10元券？人民银行行长曹菊如在12月 1 日与新华社记者的谈话中作了说明。他说，几年来，在工农业生产发展的基础上，人民购买力日益提高，国民经济各部门之间的现金收付数量也日益扩大，选择此时发行大面额的钞票，可以便利市场交易和人民使用。

后来发现，由外国代印货币会给国家经济安全带来隐患。为此，国务院于1964年 4 月15日决定，将苏联代印的“三种券”限期（到5月15日）全部收回，停止流通，并将1962年 4 月批准发行的国产1956版 5 元券投放市场[①]。

这套人民币的 1 元券原为红色，因油墨稳定性差等原因，人民银行于1961年 3 月15日发出了《关于发行蓝黑版一元券的通知》，决定从 3 月25日起发行蓝黑版 1 元券，与红版 1 元券混合流通。包括上述两个券别改版，第二套人民币共有13个版别。

① 1956版国产 5 元券与苏联代印的 5 元券图案相同，颜色稍浅。其于1962年 4 月批准发行，不久即生产完毕并存库，但并未立即投放，两年后才投放市场。

图3-13　第二套人民币红色 1 元券，1955年 3 月发行，原大150×67.5mm

这套人民币中，苏联代印的 3 元券和10元券已于1964年 5 月15日全部收回，停止流通；其他券别（包括收回苏联代印的5元券后，投放的1956版5元券）与第三套人民币等值混合流通了一段时间，并在流通中只收不付；到1998年，第二套人民币市场上几乎已绝迹。有鉴于此，人民银行于1998年 5 月25日发出《关于停止第二套人民币在市场上流通的通知》，宣布自1999年1月1日起，第二套人民币（纸、硬分币除外）退出市场，停止流通。第二套人民币退出历史舞台时，距颁布发行命令已有43年，这期间已经发行和流通了第三、四套人民币；再过一年多时间，第五套人民币就发行了。

第二套人民币是新中国真正的新货币。这套人民币在人民币历史上有三个"唯一"：唯一一次通过发行新币，以不同的比价收回旧币；唯一一次有外国代印的券别；唯一一次有3元的券别。这些情况以后再未发生过。这套人民币的发行，确立了人民币的体系和券别结构。

三、流通时间最长的第三套人民币纸币

人民银行于1959年开始设计第三套人民币，并于1962年 4 月20日起陆续发行。发行后与第二套人民币等值混合流通了一段时间。

这套人民币的票面采用了开放式构图，简洁明快，具有现代气息。主币正面主图为工农兵形象。这套人民币主币有 1 、2、 5 、10元，辅币有1、2、5角，共有七个券别，比第二套人民币少了四个券别：一是 1 、 2 、 5 分纸质分币沿用第二套的，未发行新版纸质分币；二是由于使用频率不高的原因，取消了 3 元券。

这套人民币中，最早面世的是1962年 4 月20日发行的1角券，其票面主色调是枣红色，正面主图为“教育与生产劳动相结合”，

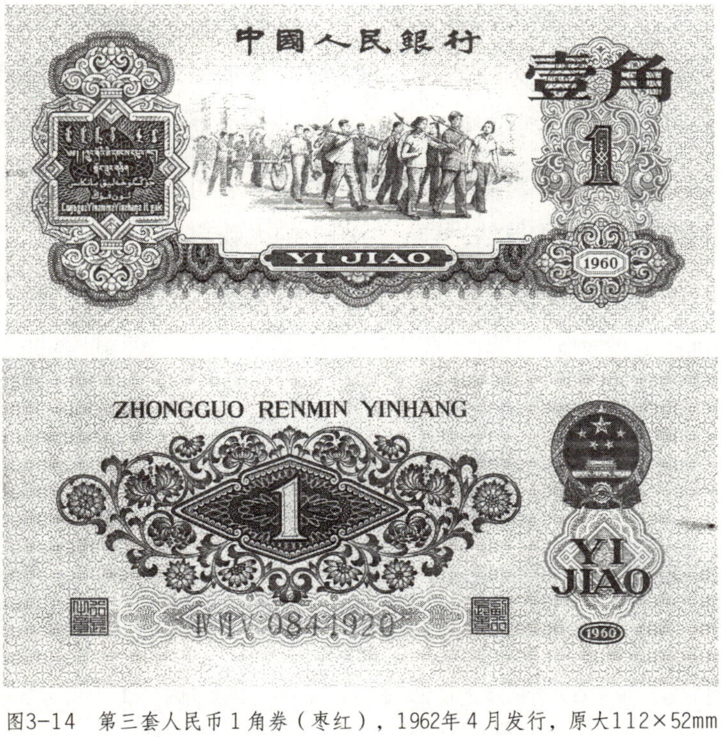

图3-14　第三套人民币 1 角券（枣红），1962年 4 月发行，原大112×52mm

表现的是一队学生从（主图左侧的）校门走出来，向（主图右侧的）劳动场所走去。这就是现今市场价格不菲的“枣红”1角券。这套人民币的2元券和2角券是1964年4月15日发行的。

图3-15 第三套人民币2元券（绿车工），1964年4月发行，原大135×57mm

1966年1月6日，人民银行发布通告，定于1月10日发行新版10元券和1角券人民币。通告称10元券为“黑色十元券，正面为‘人民代表步出人民大会堂’”，这就是后来俗称“大团结”的10元券，为几代人所使用，成为标志性人民币。通告称1角券为“深棕色一角券，正面为‘教育与生产劳动相结合’”，背面主色调为浅绿色，这就是著名的“背绿”1角券。其与“枣红”1角券的主图名称虽然一样，但图中的人物突出，而且人物行走

图3-16 第三套人民币10元券（大团结），1966年1月发行，原大157×72mm

图3-17　第三套人民币１角券（背绿），
1966年１月发行，原大105×50mm

方向为从右至左，与“枣红”１角券相反。

1969年８月14日，国务院批准发行第三套人民币中的５元券和１元券。人民银行据此于９月17日发出了《关于发行一九六〇年版五元券、一元券和收回一九五三年版一元券的通知》，决定自10月20日起发行正面为“炼钢工人生产图”的５元券和正面为“女拖拉机手生产图”的１元券。通知中要求收回的“一九五三年版一元券”，即第二套人民币中的“红版”1元券。

1973年12月８日，人民银行发出了《关于发行一九七二版五角券的通知》，决定从1974年１月５日起发行正面为“纺织厂生产图”的５角券。至此，第三套人民币的所有券别全部发行完毕，历时12年。

这套人民币在陆续发行的过程中，对个别券别也在修改。比如，1967年12月发行了新版 1 角券，其与“背绿”1角券的主要区别为背面主色调由“浅绿”改为“酱紫”色。再如，1975年 3 月，人民银行发出通知，将 1 角券的号码由罗马冠字三位、阿拉伯数字七位，改为罗马冠字两位、阿拉伯数字八位，且颜色由红色改为蓝色。由于改版的原因，第三套人民币共有13个版别①。

第三套人民币与第四套人民币等值混合流通了一段时间，随后实行了只收不付的办法，在市场流通量极少时，于2000年 1月1日宣布停止流通，共使用了37年，是我国流通时间最长的人民币。

四、增加了大钞的第四套人民币纸币

为适应国民经济发展的需要，进一步健全我国的货币制度，方便流通使用和交易核算，国务院于1987年 4 月25日发布了《关于发行新版人民币的命令》，决定于1987年 4 月27日陆续发行新版人民币，官方文件称之为1980版人民币，即第四套人民币。

这套人民币于1983年开始设计，票面仍然采用开放式构图，正面主图为四位领袖侧面浮雕头像及各民族人民头像；背面主图为名山大川，并配有凤凰牡丹、仙鹤松树、绶带鸟翠竹、燕子桃花灯等纹饰，极具中国民族特色。这套人民币主币有 1 、2 、5 、10、50、100元，辅币有 1 、2 、5 角，共计九个券别，与第三套人民币等值混合流通了一段时间。这期间（1992年），人民银行还发行了 1元、5 角、1 角硬币，但不包括在第四套人民币券别中。此外，以前各版纸、硬分币仍继续流通使用。

在国务院发布命令的当天，人民银行发出了《关于发行新版五十元券和五角券人民币的通告》，决定首批发行第四套人民币中的50元、5 角券两个券别，通告还附发了全套人民币的票面说明。此后，人民银行于1988年5月第二批发行了 1 、2 、100元和 2

① 市场上细分为19个版别，仅 1 角券就有八个版别。

图3-18　第四套人民币10元券，原大155×70mm

图3-19　第四套人民币100元券（1980版），原大165×77mm

角券四个券别，于1988年9月第 3 批发行了 5 、10元和 1 角券三个券别。这套人民币全部面世，用了两年时间。

第四套人民币新增加的50元、100元券，其票面印有“1980”年号，俗称1980版。这两个券别没有金属安全线，防伪等级稍差一些。发行四五年后，1992年 8 月又发行了嵌有固定金属安全线的新版50、100元券，其票面印有“1990”年号，是为1990版。这套人民币的其他券别也有改版，如 1 元券，就因印刷技术的改变而有三个版别，因此这套人民币共有15个版别。

这套人民币增加了大面额券别，反映了我国改革开放和经济发展对货币需求的变化，现仍与新发行的第五套人民币等值混合流通，但银行只收不付了。

五、硬币纳入人民币券别的第五套人民币

第五套人民币于1999年10月1日起陆续发行，现与第四套人民币等值混合流通。

这套人民币的票面继续采用开放式构图，主币正面主图为毛泽东半身像。这套人民币取消了2元券，主要是因为2元券的可代替性强而使用频率低；但增加了20元券，又新发行了1元、5角、1角硬币，主要是考虑到券别结构的合理分布以及流通强度。这套人民币总共有八个券别，由于改版以及1元有纸质和金属两个材质的原因，现有14个版别。

图3-20　第五套人民币20元券，原大146×70mm

图3-21　第五套人民币5角硬币，原大直径20.5mm

在第一至第四套人民币券别中，都不包括硬币。在发行第五套人民币时，将硬币纳入了券别系列，且不再镌国号和国徽，而是镌“中国人民银行”行名和花卉图案，使之依法成为了国家法定货币的组成部分。硬币身份的变化，反映了我国在货币理论和实践上的重大改革。

从镌国号到镌行名
——人民币硬币的身份变化

迄今为止，我国发行的流通硬币、纪念币和金银纪念币等金属币（除2000年版1元、5角、1角硬币和生肖流通币以外），其币面都镌有国号——中华人民共和国，而不是行名——中国人民银行；与之相反，我国发行的人民币纸币上印的却是“中国人民银行”行名，而不是“中华人民共和国”国号，人们对此已经十分熟悉和习惯，但很少有人问个“为什么”。这看似无所谓的细节，其实是涉及到一个国家货币制度的大问题。

举例说，自宣统二年（1910）清政府颁布《大清国币制则例》到1935年民国政府推行法币政策的25年间，一直实行银本位制，以银元为本位币，银元是大清国和中华民国的国家货币。一般来说，一国的本位币都具“无限法偿”能力，即国家规定它有无限制的支付能力，不论每次支付数额如何大，都不得拒绝接受。在银元这个中国的本位币上分别镌“大清国”或“中华民国”的国号，是理所当然和必须的。而当时，现代银行在中国已经普及，他们在向政府提交了发行准备金后，可获准发行纸币，但其纸币的实质并不是国家货币，而是银行兑换券。不过，发行纸币的银行承诺，纸币票面金额与国家货币等值，具有相同的支付能力，并可以随时凭以兑换等值的国家货币。发行纸币的银行为表示对承诺负责，要在票面印上自己的行名和行长签名。这就是在银元上镌国号与在纸币上印行名的由来。

1935年，民国政府推行了法币政策，其要点是废止银本位制，停止银元流通，由国家指定中央银行、中国银行、交通银行、农民银行依法发行纸质国家货币，其他银行一律不得发行纸币。这时的纸币虽然依旧印有行名，但已经不是银行兑换券，而是具有“无限法偿”能力、由国家法律强制实行的国家货币了。民国政府的法币政策是顺应了国际潮流的。

一个国家的货币体系既有主币，也有辅币。在主币由金属材质向纸质演变的过程中，大多数国家考虑到辅币的使用频率很高，为提高其使用年限，仍使用了金属材质，不过已经不再使用金银等贵金属，而是使用铜、铝、钢等贱金属了。有意思的是，各国不约而同地在金属辅币上镌有国号，有的国家的金属辅币还是由财政当局制造的，这是不是有意留住某些历史痕迹或记忆，就不得而知了。我国在2000年以前发行的硬币也是这样。

我国硬币的发行情况（流通纪念币和金银纪念币另述）是：

一、2000年以前发行的硬币

（一）1955版硬分币。1957年11月19日，国务院发布了《关于发行金属分币的命令》，决定自1957年12月1日起，发行1、2、5分铝镁合金质硬分币，与正在流通的同面额纸质分币等值混合流通，并责成中国人民银行将各种硬分币的形状、特征等公告周知。中国人民银行为此于11月26日发出了《关于发行十元券和硬分币的指示》。

在我国的人民币券别体系中，有角、分两档辅币，分币是最后一档辅币。但在当年，使用金属材质制造硬分币却是件大事，因为它被中央看作是新中国货币制度巩固和币值稳定的标志。《人民日报》于12月1日发行金属硬分币的当天，发表了中国人民银行行长曹菊如对新华社记者的谈话。他说，发行金属分币只有在货币制度巩固、币值稳定的情况下才有可能。因此，这次发行硬分币是我国货币制度进一步巩固和币值进一步稳定的重要标志，这也又一次雄辩地证明了社会主义制度的优越性。

1、2、5分硬币虽然是1957年发行的，但年号却是从1955年起，因此命名为“1955版硬分币”。三个面值的硬分币都镌有国号。鉴于该版硬分币的可用性，人民银行现在仍然继续发行新年号的硬分币，其规格、图案与1955版一样。在各年号的硬分币中，有些年号的硬分币基本见不到，原因是这些年份只为国际钱币交流制作了少量的硬分币，并未投放国内市场。

图3-22　1955年号的5分硬币，原大直径24mm

（二）1980版主、辅硬币（长城币）。改革开放以后，1元主币和角辅币已成为市场找零的主要券别。为此，经国务院批准，人民银行于1980年4月1日发出了《关于发行四种金属人民币的通告》，决定自4月15日起，陆续发行1、2、5角铜锌合金质硬币和1元铜镍合金质硬币，与同面额纸币等值混合流通。这四种硬币都镌有国号。因1元硬币背面的图案为长城（角币仍沿用分币图案），市场通称这套硬币为“长城币”，这四种硬币到

图3-23　1980年号长城币。上二图为1元币正背面，原大直径30mm；下二图为5角币正背面，原大直径26mm

1986年就停止发行了。

（三）1991版主、辅硬币（牡丹币）。为了便于市场流通，健全我国的货币制度，国务院于1992年5月8日发布了第97号国务院令，责成人民银行于1992年6月1日起发行三种金属人民币。人民银行于5月8日发布了发行三种金属人民币的通告：一是1元币，钢芯镀镍质，背面图案为牡丹花；二是5角币，黄铜合金质，背面图案为梅花；三是1角币，铝合金质，背面图案为菊花。这3种硬币也镌有国号。因1元硬币的图案为牡丹花，市场通称这套硬币为“牡丹币”；因为此后发行的2000版硬币图案也是花卉，因此市场亦称这套硬币为“老三花”。这三种硬币到

图3-24　1991年号1元牡丹币，原大直径25mm

2000年停止发行。

二、2000版主、辅硬币

1999年6月30日，国务院总理朱镕基签发了第268号国务院令，责成中国人民银行自1999年10月1日起陆续发行第五套人民币，其中1元、5角和1角为硬币。这次发行的硬币与以前发行的硬币（包括硬分币）相比，发生了根本性变化，即正面不再镌国号，改镌“中国人民银行”行名，图案包括面额、面额的汉语拼音及年号，背面图案也不再镌国徽，而是分别镌菊花（1元）、荷花（5角）和兰花（1角）图案。这样处理，体现了纸币和硬币都是中华人民共和国法定货币，都由中国人民银行依法发行的法理，在货币理论上有重大突破。

这套硬币与1991版“老三花”相对应，被市场称为“新三花”。其中，5角、1角硬币的起始年号为2001年，但1元硬币的起始年号为2000年，而1991版1元也有2000年号，这就使2000年号的1元硬币有了“老三花”和“新三花”两个版别。

三、贺岁生肖币

人民银行于2003年（农历癸未年，羊年）开始发行贺岁生肖币。该币为铜合金质，面值1元，其直径和厚度与2000版1元硬币一样，其正面图案也与2000版1元硬币一样，镌有“中国人民银行”行名、面值、面值的汉语拼音和年号；但背面图案与2000版1元硬币不同，镌有与该年生肖相称的贺岁图案及干支纪年年号。就其性质而言，该币属于流通硬币范畴，但鉴于其贺岁的意义，市场上将其归入流通纪念币系列，并受到人们的热捧。

人民币的货币单位——“圆”的历史文化渊源[①]

1995年3月18日，第八届全国人大第三次会议通过并颁布了《中华人民共和国中国人民银行法》（2003年12月27日第十届全国人大常委会第六次会议修订）。在该法中，将人民币的单位写成“元”，我们在日常生活中也将人民币的单位写成“元”，但人民币上印的单位却是“圆”。查字典可知，“元”的主要释义是“开始的、为首的”；而“圆”的主要释义是“圆形的、球形的”。虽然字典上也注明，在我国货币单位上，“元”与“圆”通用，但比较之下，人民币上印的“圆”是最科学、最贴切的，因为它是有着深远的历史文化渊源的。

一、圆是中国现代货币单位的文化基础

中国有四千多年使用货币的历史。在东周列国以前，中国古代钱币的形状有许多种，但东周列国时出现的形似“纺轮”的圆形“圜钱”对后世产生了极其深远的影响。秦统一六国后，将圆形“圜钱”作为帝国钱币的基本形状，并将原先的圆孔改为方孔，自此以后，中国古代钱币就定型在外圆内方的形状上，一直沿用到清代末期。外圆内方的钱币形状之所以能沿用了两千多年，除了铸造加工方便以外，主要是包涵了“天圆地方”的中国

① 为表述方便，本篇遇“圆”“元”通用时，使用“圆”字。

传统文化观念。不过，“孔方兄”先后使用了“两”、“铢”、“文”等作为货币单位，直到消亡也没有使用“圆”作为货币单位，圆形的货币形状与“圆”作为货币单位，还没有融合在一起。

光绪二十六年（1900）铜圆首先在广东问世，并很快成为市场上行用的基本钱币。铜圆虽然仍以“文”作为货币单位，但人们将这种新型的货币称为“铜圆”，强调了其圆形的形状，传承了“天圆地方”的中国传统文化，为中国现代货币以“圆”作为货币单位，奠定了坚实的文化基础。

二、北洋造银圆为“圆”成为中国现代货币单位做了铺垫

明代末年，随着海外贸易的发展，西方银币开始流入中国。光绪十四年（1888）张之洞督粤时，开始自行铸造银圆。但广东造银圆并没有标明货币单位，只标明了成色——库平，重量——七钱二分，这意味着银圆只是库平七钱二分银两的制成品，其内涵与银两相同。

光绪二十二年（1896），天津的北洋机器局开铸了五枚一套的大清银圆。这套银圆的实际价值虽然仍是库平七钱二分，但没有镌在银圆上，而是在银圆上镌了一圆、五角、二角、一角和半角的字样。实际上，这里的“圆”“角”等还不能算是货币单位，应该还是数量单位，“一圆”即“一块银圆”，其与“一枚制钱”同义。这套银圆是试铸品，只有少量流入市场，对社会影响不大，而且其“圆”“角”的含义也不清楚，人们只能将其与其他银圆类比使用。但毕竟在中国的货币单位上出现了“圆”的称谓，可以认为它开了中国货币新单位的先河，也因此可以不再将银圆看作是银两的制成品，而是银币。这就为以后“圆”真正演变为中国的货币单位，做了强有力的铺垫。

三、清《币制则例》是“圆”成为中国现代货币单位的渊源

宣统二年（1910）4月，清政府颁布了《币制则例》，规定

以银圆为国币，以“圆”为货币单位，以一圆大清银币为主币，以角分厘为辅币单位，实行十进位制。至此，“一圆”才由数量单位变为了货币单位（面值），实现了“圆”作为货币形状和货币单位的完美融合。

四、人民币的货币单位体现了对中国优秀文化传统的传承

新中国成立后，全面传承了中华民族优秀的文化传统，继续沿用“圆”作为人民币的货币单位。在“元”与“圆”通用的情况下，将人民币的货币单位印作“圆”，是最正确的。有意思的是，现在人们在口语中，将“一元钱”称为“一块钱”，究其渊源，应该来自于“一块银圆”，并将“一块银圆”这个数量概念与“一圆”这个货币单位融合在一起了。

人民币的辅币单位为角、分，应该也来源于宣统二年颁布的《币制则例》。分析起来，《币制则例》在规定实行十进位制的前提下，以角、分、厘作为辅币单位的称谓，是十分贴切的。因为，要将“一块银圆”这个圆形的物体等分为十份，那么最科学合适的、也最中国化的量词就是“角”了。“分”对于“角”来说，也是如此。这就是辅币单位角、分仍沿用至今的道理所在。

东方货币文化的体现——人民币的文字

世界货币史将世界古代货币文化划分为以中国为代表的东方货币文化和以希腊为代表的西方货币文化。东方货币文化的特点是钱币上以文字为主；西方货币文化的特点是钱币上以图案为主。

中国古代钱币所以能代表东方货币文化，主要是体现在制造者对钱币文字的重视和多样性上。在中国古代货币上，钱币文字多由帝王将相或大书法家书写。比如，秦代的“半两”钱文由李斯书写，唐代的“开元通宝”钱文由欧阳询书写，北宋的“淳化元宝”三体钱文由宋太宗书写，北宋的“元丰通宝”钱文由苏轼书写，南宋的“崇宁通宝”“大观通宝”钱文由宋徽宗书写，金代的“泰和重宝”钱文由党怀英书写，元代的“至正元宝”钱文由周伯琦书写，清代的“咸丰通宝”钱文之一由戴熙书写等。

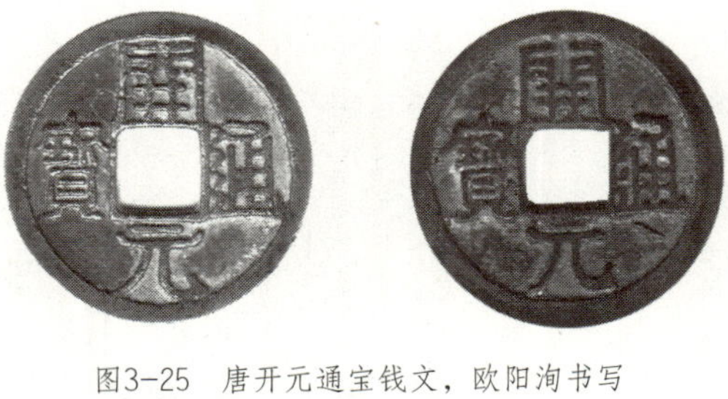

图3-25　唐开元通宝钱文，欧阳洵书写

图3-26　北宋淳化元宝三体钱文，宋太宗书写

图3-27　南宋崇宁通宝、大观通宝钱文，宋徽宗书写

图3-28　清咸丰通宝，钱文之一，戴熙书写

一、第一套人民币文字由董必武书写，第二套人民币文字由马文蔚书写

1948年初设计第一套人民币时，时任华北银行总经理的南汉宸请华北人民政府主席兼中共中央财政经济部部长董必武书写人民币的文字。董必武在河北省平山县西柏坡驻地用楷体书写了人民币上的行名、汉字大小写金额和年号等，并按照当时的书写规则从右至左排列，印在了第一套人民币上。

有资料说，第一套人民币1000元券的六个版别中，有一种窄版的1000元券，浅紫色，正面图案为耕地图、背面图案为天坛，是由东北银行印钞厂印制的，其行名和金额等汉字系由该厂的设计员书写。东北银行印钞厂确实印制过第一套人民币1000元券，但设计员书写其文字的说法有待考证。

图3-29　董必武书写的第一套人民币行名和金额

1950年设计第二套人民币时，时任中国人民银行行长的南汉宸想请总行研究员马文蔚重新题写行名和汉字金额，于是以试用从故宫借来的御用毛笔为名，邀马文蔚书写。马文蔚用魏碑体中的“张黑女”碑体书写了繁体的包含行名和汉字金额的许多个单个字，后经挑选和拆拼使用在第二套人民币上，人称“马体”。马体文字一直使用在第二套人民币以后的各套人民币上，甚至作为“中国人民银行”的标准字体，使用在公文上。马体文字在使用上也有些例外和改动：一是第三套人民币汉字金额未用马体，改用了宋体；二是第四套人民币的行名文字经过挖补后，由马体繁体字处理为简化字。

图3-30　马文蔚书写的第二套人民币行名和金额

图3-31　第三套人民币汉字金额改为宋体

图3-32　第四套人民币经过挖补处理的“马体”简化字行名和金额

二、第三套人民币金额增加了汉语拼音，第四套人民币金额增加了盲文

为使人民币使用更加方便，第三套人民币的金额增加了汉语拼音，第四套人民币的金额又增加了盲文。

图3-33　第三套人民币金额增加了汉语拼音　第四套人民币金额增加了盲文

三、各少数民族文字是逐次增加的

我们党十分重视民族平等和民族团结，这也表现在人民币使用少数民族文字上。

1951年3月22日，中央财委发布《关于收回内蒙古人民银行地方流通券及有关问题的决定》，决定以人民币收回内蒙古人民银行地方流通券，为照顾内蒙古人民的习惯，还决定将酌印一部分带有蒙古文的人民币，由人民银行统一发行，在内蒙古地区流通。为此，在第一套人民币的5000元（蒙古包图案）和10000元（牧马图案）券上首次出现了蒙文行名和金额。

1951年9月31日，政务院又发布命令，为统一货币，并照顾新疆人民习惯，决定自10月 1 日起在新疆发行带有维吾尔文的人民币。据此，人民银行发布了《在新疆发行带维吾尔文之人民币并收兑新疆银元票的决定》，在第一套人民币的500、1000、5000、10000元券上首次出现了维吾尔文行名和金额。

在1950年设计第二套人民币时，在所有券别上又增印了藏文，使这套人民币的所有券别都印有三种少数民族文字。1959年 8 月10日，西藏自治区筹备委员会发出了《宣布“藏币”作废的布告》，决定从即日起，限期以人民币收兑藏币，这时的人民币上，已经印有藏文了。

在1959年设计第三套人民币时，又增加了壮文。至此，人民币所有券别上印有的少数民族文字达到了四种。

图3-34　第三套人民币所有券别印有的四种少数民族文字

发行第五套人民币时，汉语拼音行名与少数民族文字行名印在了一起，使人民币上的行名文字在汉文、蒙文、藏文、维吾尔文、壮文五种以外，又增加了汉语拼音。

四、人民币的号码

人民币的号码由冠字头和阿拉伯数字组成。通过不同的排列组合，形成每一张人民币纸币的唯一号码。硬币没有号码。

第一至三套人民币号码的冠字头使用罗马数字，但第一套人民币的罗马数字冠字头与阿拉伯数字是分开的，分别印在票面上方的左右两侧，形同两组号码。第二、三套人民币号码的罗马数字冠字头与阿拉伯数字连在了一起，成为一组号码。从第四套人民币起，冠字头使用英文字母，且字体略大于阿拉伯数字。第五套人民币号码的冠字头，采取了英文字母与阿拉伯数字混合在一起的方式，并用红色表示。先期印制的版别还采用了横竖双号码方式。

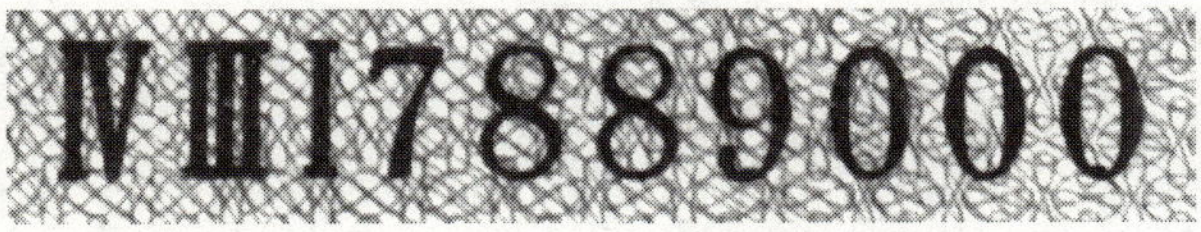

图3-35　第二、三套人民币号码的罗马数字冠字头

图3-36　第四、五套人民币号码使用的英文字母冠字头

五、人民币的印章

纸币作为银行兑换券，发行纸币的银行行长都要签名，并印在纸币上，以示负责。如中国银行1931年发行的天津地名法币券，印有宋汉章（民国时期中国银行常务董事兼总经理）、卞寿孙（民国时期中国银行董事兼天津中国银行经理）的英文签名。又如中国银行香港分行2000年发行的港币，印有原中国银行副董事长、中银香港副董事长兼总裁刘金宝的签名。

考虑到行长变动会造成频繁的改版，所以，从第一套人民币开始，即未使用行长签名方式，而是使用了固定的印章。第一套人民币印章为“总经理章”和“副经理章”，印在票币正面；从第二套人民币起改为“行长之章”和“副行长章”，亦印在票币正面；第三、四套人民币仍用“行长之章”和“副行长章”两枚印章，但除第三套人民币角币外，其余都印在了票币背面；第五套人民币取消了“副行长章”，只用了“行长之章”，并印在票币背面。至于印章的颜色，则根据票币底色的不同，或红或黑，以避免“顺色”。

图3-37 中国银行1931年发行的“天津”地名法币，由宋汉章、卞寿孙签名（英文）

图3-38 中国银行香港分行2000年发行的港币，由刘金宝签名

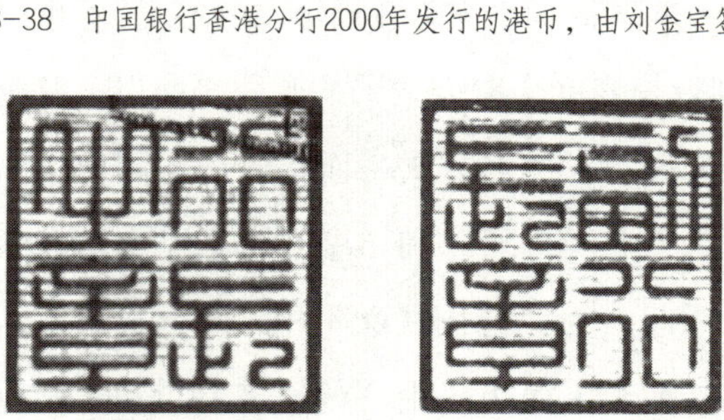

图3-39 从第二套人民币起使用的“行长之章”和“副行长章”

人民币的防伪反假技术

货币的防伪反假对于国家的政治经济安全和公民的经济利益至关重要，因此各国都十分重视，首要措施就是千方百计提高和完善货币的印制技术。我国的人民币印制工作也是如此，经过几十年的不懈努力，防伪反假技术已经达到了国际水准，为国际同行所称道。

一、第一套人民币

我国第一套人民币是在战争年代诞生的，受当时艰苦的环境、简陋的设备、匮乏的原材料、急迫的需求等诸多限制，只能使用普通的纸张和油墨印制人民币，并以胶版印刷为主，没有也不可能使用当时已发明的防伪反假技术。

二、第二套人民币

印制第二套人民币时，新中国已经成立，经济情况有了很大的改善，加之有苏联的援助并由苏联代印了“三种券”，人民币的质量出现了质的飞跃。一是使用了带有满版水印或固定水印的专用钞纸和专用油墨印制人民币；二是印制角币、元币采用了胶版和凹版套印技术（触摸有凹凸感）；三是10元券还使用了当时先进的多色接线技术，即肉眼所见的一条多色线条，实际是由多

图3-40　从第二套人民币开始使用的“古钱币”满版水印钞纸

图3-41　第二套人民币10元券使用的国徽固定水印钞纸

条单色线条精确对接所成的。人民币防伪反假水平显著提高。

三、第三套人民币

在继续使用以前技术成果的基础上，第三套人民币进一步改进防伪反假技术，主要是采用了多色彩印技术、机器雕版技术、独特的底纹多色接线技术，并在主币上普遍使用了防伪反假技术，人民币防伪反假水平再上新台阶。

四、第四套人民币

印制第四套人民币时，开始使用了荧光油墨和磁性油墨等特种防伪油墨；在印制技术上采用了凸印隐形图案、对印（透视可见正背面图案完全重合）技术；在1990版50元、100元上增加了隐

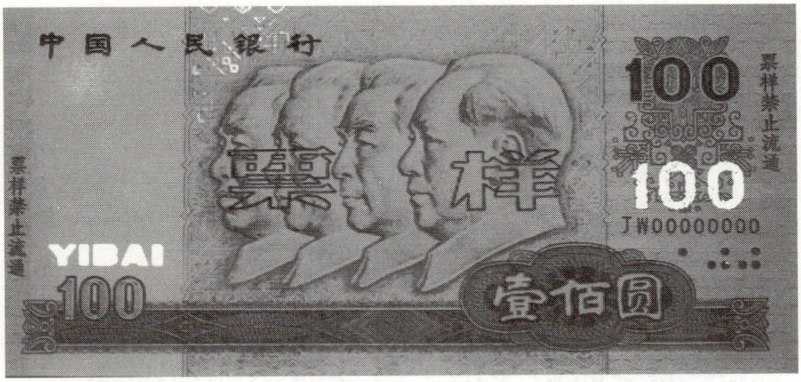

图3-42　第四套人民币100元券在荧光灯下显示的荧光油墨效果
（票面整体为蓝色，高亮的“YIBAI”和“100”为金黄色）

埋式金属安全线。人民币的防伪反假技术开始向国际水平冲刺。

五、第五套人民币

第五套人民币更是采用了最新的防伪反假技术：一是采用固定人物水印钞纸，二是增加了胶印缩微文字，三是使用了磁性缩微文字安全线①，四是手工雕刻图案，五是印有隐形面额数字，六是印有横竖双号码，七是使用光变油墨印刷面额数字②，八是采用了阴阳互补对印图案技术③，九是雕刻凹版印刷。第五套人民币还增加了机读性能，在点钞机快速运转情况下，可以准确挑出伪、假币，从而使人民币的防伪反假技术达到了国际水准。

图3-43 第五套人民币1999版50元防伪反假技术示意图

① 磁性安全线上带有缩微文字。

② 光变油墨印刷面额数字：在日光下，票面倾斜不同角度，面额数字会呈现不同的颜色。

③ 阴阳互补对印图案技术：一个完整的图案，正面印半幅，背面印半幅，透视下，可见精确对接的完整图案。

收藏和投资的热门
——流通金属纪念币、贵金属币和纪念钞

我国实行改革开放以后，中国人民银行按照国际上的通行做法，陆续限量发行了具有特定主题的流通金属纪念币、贵金属币和纪念钞。这三种钞币不在各套人民币体系中，它们自成体系，但都是人民币家族的成员，都是我国的法定货币。其中，流通金属纪念币和纪念钞可以按面值参与市场流通，而贵金属币虽然是我国的法定货币，但不参与实际货币流通，因此，虽镌有面额，但只具有象征意义。两种金属的人民币都镌有国号，并镌有国徽和年号，保留着贵金属作为本位币时的某些特征。鉴于这三种钞币的鉴赏性、收藏性和保值性，成为人们收藏和投资的热门。

一、流通金属纪念币

为庆祝中华人民共和国成立35周年，经国务院批准，人民银行于1984年 8 月14日发出通知，决定于10月 1 日发行中华人民共和国成立35周年流通金属纪念币，一套三枚，每枚面额 1 元，材质为铜镍合金，直径为30mm，与同面额纸币、硬币等值混合流通，这是我国发行的第一套流通金属纪念币。

此后至2011年末，我国共发行了84套96枚流通金属纪念币，材质有铜镍合金（呈银灰色）、铜锌合金（呈正黄色）、钢芯镀镍（呈银白色）、紫铜（呈紫色）等。面值以 1 元为主，还有 5元、5角的。题材有各种纪念日、中国伟人、重大体育赛事、名胜古迹、珍稀动物等。直径有20mm（仅六运会纪念币一套）、25mm（大部分纪念币）、30mm（早期发行的纪念币如图3-44）、32mm（如中国珍稀动物纪念币）等。随着时间的推移，题材广泛、雕刻精美、质量上乘、数量众多的流通金属纪念币，已成为人民大众把玩、收藏的主要品种。

图3-44 1988年12月 1 日发行的中国人民银行成立40周年流通金属纪念币，一套一枚，面额 1 元，铜镍合金质，原大直径30mm

另外，从2003年开始，人民银行于每年春节前都发行一枚贺岁生肖币，铜质，面值1元。就其性质而言，该币应属于流通硬币范畴，但由于其题材吉祥，且呈系列化，市场上将其归入流通纪念币类，并越来越受到人们的追捧。

二、贵金属币

贵金属币分为纪念金银币和普通金银币两大类。

（一）纪念金银币。为纪念中华人民共和国成立30周年，人民银行于1979年10月 1 日发行了中华人民共和国成立30周年金质纪念币一套四枚，每枚面额400元，含金量为1/2盎司，成色为91.6%，重量为16.965克，这是我国发行的第一套纪念金币。此后

图3-45 “中华人民共和国成立三十周年”纪念金币，一套四枚。
1为正面，2－5为背面，原大直径27mm

陆续发行了多种金、银材质的纪念币。金银纪念币突出纪念性，其题材主要是纪念重大节日、重大事件和杰出人物等。

（二）普通金银币。人民银行于1982年9月向海外和港澳地区发行了中国熊猫金币，一套四枚，含金量分别为1、1/2、1/4、1/10盎司，正面图案为国号、天坛祈年殿、年号，背面为熊猫食竹图。这就是中国著名的熊猫币，也是我国发行的第一套普通金币。此后，我国每年都发行一套熊猫币，材质有金、银两种，正面采用1982版固定不变，背面图案为各种姿态的熊猫图，发行对象也从境外市场转向了境内市场。熊猫币以其货真价实和发行广泛的特质，受到投资者的青睐，已成为投资贵金属的首选。

以熊猫币为代表的普通金银币，主要是以系列的形式发行。目前，我国陆续发行了“中国杰出历史人物”“中国生肖”“中国珍稀野生动物”“世界文化名人”等系列金银币，受到藏家和投资者的欢迎。

图3-46　熊猫币

三、纪念钞

随着我国印钞技术的发展和对货币功能的开发创新，经国务院批准，人民银行于1999年 9 月首次发行了纸质的庆祝中华人民共和国成立50周年纪念钞，面额50元。其货币属性与同面额的纸币相同，但更具有纪念功能，一经面世，就受到了社会的一致好评和热捧。

此后，人民银行于2000年11月又首次发行了塑胶质的迎接新世纪纪念钞，面额100元，填补了人民币塑胶材质的空白，成为不

图3-47　庆祝中华人民共和国成立50周年纸质纪念钞，原大165×80mm

图3-48　迎接新世纪塑胶质纪念钞，原大165×80mm

可多得的珍藏品。

2008年 7 月，人民银行再次发行了纸质的第29届奥林匹克运动会纪念钞，面额10元。由于宣传效应，发行前日，各银行兑换点前就排起了长队，银行开始营业不久就抢兑一空，以后更是达到了一钞难求的地步。人们高度关注奥运纪念钞，有人发现其正面背景图案天坛的坛顶印在了票面的下端（见图3-49的两圈处），以为是错票。后来，中国印钞造币总公司作出回应，称并非印刷错误，而是出于新的防伪理念而进行的有意设计，如将钞票卷起来并对齐，可见完全吻合的完整天坛图案。

图3-49　第29届奥林匹克运动会纸质纪念钞，原大148.5×72mm

在人民银行发行重大题材纪念钞的同时，香港中国银行也发行了奥运纪念钞、庆祝中国银行百年纪念钞等。成为港币收藏的新宠。

图3-50　香港中国银行发行的庆祝中国银行成立100周年纪念钞

探微索隐——有关人民币的轶事趣闻

一、人民币的符号是"￥"还是"¥"

人们在日常生活中常会遇到人民币符号，其基本形状为"Y"，这取自人民币货币单位元的汉语拼音"YUAN"的字头，读音同"元"。为了防止误写成"y"或误读为"外"，设计者又在"Y"上加了横杠。在电脑上搜狗中文拼音输入法下键入"RMB"，会给出 "￥"的符号，这个符号可以使用，但不规范。规范的人民币符号应为二横的"¥"，其证明是2005年版50元和100元背面的开窗式金属线上印有缩微的人民币符号，为二横的"¥"。在电脑上要取得这个符号，其方法是在搜狗拼音输入法下按下Alt键不放，再在小键盘上输入"0165"，而后松开Alt键，即可在Word文本上得"¥"。或者在Word文本下插入"符号"，在"基本拉丁语"符号子集中，也可得"¥"。

二、人民币最初的名称是"中国人民银行钞票"

1948年12月 1 日，华北人民政府在发布的"金字第四号"《布告》中，将发行的新币称为"中国人民银行钞票"，这是在新旧时代交替阶段，人民政府还来不及清理货币制度，沿用了银本位制下银行兑换券的老概念而出现的现象。由于新货币是人民银行发行的货币，人们逐渐将其简称为“人民币”，以至后来在官方文件中也将“人民币”作为中国货币的名称使用。不过，以法律的形式规定“人民币”为中国货币的名称，则在1995年才实现。1995年 3 月18日，第八届全国人大第三次会议通过了《中华人民共和国中国人民银行法》，该法第三章第十六条规定“中华人民共和国的法定货币是人民币”，从此才将“人民币”固定为中国货币的法定名称。当然，新中国的人民币虽然还是纸币，但已经不是旧时的银行兑换券，而是中华人民共和国的法定货币了。

至于“钞票”一词，则来源于清代的大清宝钞和户部官票。清咸丰三年（1853），朝廷财政拮据，为筹措军费，遂发行了以制钱为单位的纸质大清宝钞和以银两为单位的纸质户部官票，时人将宝钞和官票合称为“钞票”。此后，人们将就纸质的货币也称为“钞票”或“票子”了。

三、第一套人民币原设计图案中有毛泽东像

1947年10月初，董必武向中央提出了筹备印制“中国人民银行钞票”的建议。经中央同意后，中国人民银行筹备处委托晋察冀边区银行印制局立即着手设计。最初设计的新币正面主图有毛泽东像。1948年春设计稿呈中央审定时，毛泽东未予同意。于是，由后来接手的华北银行直属印钞厂重新设计。按照董必武的意见，新设计反映了解放区工农生产建设场景的图案，始获批准，正式印制发行，是为第一套人民币。

1949年10月，在中央的一次会议上，时任中国人民银行行长的南汉宸在会议休息时，当面向毛泽东提出在人民币上印制他的画像的建议。毛泽东说：“进城前我们开会（指七届二中全会），已经作出了决议：禁止用党的领导人名字作地名和城市、街道、工厂及建筑物的名字，以保持艰苦奋斗、谦虚谨慎的作风，制止以功臣自居、歌功颂德的现象。因此，不能在人民币上印我的像。”[①]在毛泽东逝世前，各套各版人民币上始终没有出现他的画像。

四、第一套人民币原定于1949年1月1日发行

中央原定在1949年1月1日宣告成立中国人民银行并发行人民币。但解放战争形势发展很快，1948年11月2日东北全境解放，随后平津战役和淮海战役顺利开展，解放区军民呼吁尽快统一货币。根据形势发展的需要，华北人民政府于1948年11月18日召开第三次政务会议，认为“发行统一货币，现已刻不容缓，应即成立中国人民银行，并任命南汉宸为中国人民银行总经理，一面电告各区，一面加速准备”[②]。根据决议，中国人民银行提前于1948年12月1日宣告成立，并于同日发行了人民币。人民币发行后，华北、西北等解放区货币停止发行，并与人民币以固定比价混合流通了一段时间。当时公布的固定比价是，人民币1元等于冀南银行币和北海银行币100元，等于晋察冀银行币1000元，等于西北农民银行币2000元。

五、第一套人民币的设计者和第一张人民币的收藏者

1948年初，中国人民银行筹备处在南汉宸的领导下，紧锣密鼓地开展了人民币的设计工作。其票面设计主要由晋察冀边区银行印制局的王益久和沈乃镛担任[③]。

王益久和沈乃镛都在晋察冀边区银行印制局担任图案设计工作，1948年5月，二人奉调到石家庄华北银行直属印钞厂，负责第一套人民币的设计工作。王益久负责正面图案的设计，沈乃镛负责背面图案的设计。二人技艺精湛、配合默契，于1948年8月初，顺利完成了首批人民币样稿的设计绘制工作。8月21日，华北银行将样稿上报中央，毛泽东、刘少奇、周恩来、朱德、任弼时等领导同志都圈阅批准，成为人民币发行历史上唯一一次经中央政治局审查批准的样稿。

---

①《人民币的理论与实践》：石雷著，浙江大学出版社出版，1992年3月第1版。

②《中华人民共和国金融大事记》：尚明、陈立、王成铭主编，中国金融出版社出版，1993年6月第1版。

③《人民币在石家庄诞生》：张弛撰，《石家庄日报》1998年11月6日。

首批人民币的钞版由华北银行直属印钞厂制作，并分发给在河北省境内的阜平、涉县和石家庄各印钞厂使用。

1948年12月1日，人民银行总行在河北省石家庄市投放了第一批第一套人民币50元券。当天上午9时，人民银行平山县支行的同志到总行领取新币，时任人民银行发行科科长的石雷与其他五位同志办完了交付新币的工作后，石雷与支行的同志商量后，按照与人民币的比价，用冀南币换下了标有“Ⅰ Ⅱ Ⅲ 00000001”号的第一张50元人民币以为纪念，并一直保存在个人手中。这张人民币不但是人民币印制史上珍贵的实物资料，也成为人民币中的稀世珍品。

图3-51　“Ⅰ Ⅱ Ⅲ 00000001”号50元人民币

六、1983年才确认马文蔚书写了人民币文字

人民银行于1983年设计第四套人民币时，准备将第二、三套人民币使用的手写体行名、金额等文字由繁体修改为简体。这时才发现，作者是谁并不确定，大多数人记忆是时任人民银行总行研究员的马文蔚，但个别人记忆是时任人民银行行长的南汉宸，而南汉宸已于1967年逝世，无从核对了。为搞清情况，人民银行派员到国营541厂（现北京造币厂）档案室查看原件，当打开编号为1号的档案后又发现，档案中只存有由单个字拼成的墨稿，并没

有作者资料。后经反复分析，认为作者是人民银行原研究员马文蔚的依据最为充分。于是国营541厂派员到山西阳曲县黄寨村马文蔚家中走访。

周学恭在1987年10月27日的《河北日报》上撰文，介绍了有关走访情况。走访中，马老回忆说，当年南汉宸约他到办公室，欣赏从故宫借来的御用毛笔，随即邀他在宣纸上书写试笔。他按南汉宸的提示，写了不少字和词，宣纸用完了就用虎皮宣写。据马老讲，当年他对写这些字的用途虽有所悟，但并未在意，写了一阵子后方作罢告辞。这些字后来出现在第二套人民币上，由于他不能确定这些字是他所书，所以一直未对外讲，直到这次人民银行来人调查了解，才道出前情。调查人员又问了一些细节，并请马老用繁体和简体重写了这些字，即结束了走访[①]。

调查人员回京后再次查看了档案，看到书写墨稿的纸张确实是两种，随后又将马老重写的字送有关机关做笔迹鉴定，结果证实墨稿与送检的新字确为一人所书，自此才确认马文蔚是人民币上文字的作者，事后一次性发给马老5000元稿费。这种事情放到现在是不可思议，但在当年，出于保密的原因，当事人不问也不说，造成盲点，也是可能的。当然，南汉宸去世过早，当年的档案工作亦不细致，也是出现这种情况的原因。

七、毛泽东、周恩来对第二套人民币设计稿提出了许多重要的修改意见

第二套人民币是新中国成立后首次发行的货币，是流通于除港澳台以外全中国的货币，它还承载着新中国货币制度改革的重任。因此，共和国领袖们对发行第二套人民币高度重视。

毛泽东亲自审阅了人民银行上报的票面设计稿和印制方案，并提出了两条重要修改意见：一是“中国人民银行”汉字应改为从左至右排列，二是强调票面上不要印自己的像。周恩来更是逐

①《“人民币书法”的由来》：张明庚撰文，《金融时报》1998年11月。

一审查各券别设计稿，并提出了详细的修改意见，比如：原设计稿中 1 元券天安门正中有毛泽东画像，按照毛泽东的指示要撤下来；5 元券解放军战士手握的是美式卡宾枪；1 分券的汽车是我国装配的美式汽车等。这些问题后来在正式定稿时做了改正。

八、赵一曼烈士的丈夫陈达邦主持了在苏联的印制工作

陈达邦，湖南长沙县人，1900年出生，1926年考入黄埔军校六期，1927年加入中国共产党。国民党“四一二”反革命政变后，党组织为保存实力，派陈达邦等一批同志到苏联莫斯科中山大学学习。陈达邦在中山大学结识了李一超（赵一曼烈士的原名），两人于1928年5月结为伉俪。

婚后不久，李一超奉调回国，1931年九一八事变后，被党组织派往东北参加抗日斗争，并改名为赵一曼。陈达邦则继续留在中山大学学习。从1929年至1949年的20年间，陈达邦先后在苏联莫斯科、法国巴黎从事党委派的印刷工作。抗战全面爆发后，他回到国内，在重庆进入了印刷行业，一边为党工作，一边也将自己锻炼成为了印刷专家。

新中国成立后，陈达邦于1950年调入人民银行总行，先后担任印刷局综合科科长、国外印刷局业务处处长等职，主要负责人民币的印制工作。时逢我国政府决定请苏联代印第二套人民币中的一些券别，陈达邦即被人民银行委任为专门委员（全权代表），于1952年 4 月随同中国代表团秘密赴苏联洽谈代印人民币事务。中苏双方代表就代印人民币的主要问题达成一致后，中方代表团回国，留下陈达邦驻在苏联继续处理有关具体事宜。根据中苏双方达成的协议，中方向苏方提供了代印人民币的钞版。在苏方准备开机印制时，中方根据国内的实际需要调整了代印方案，并于1952年11月通报了苏方。苏方则提出，调整代印方案需要重新制版，并要求中方提供人民币上的汉字墨稿，否则无法制版，陈达邦立即向国内作了报告，请求指示。此时距国内确定的新币发行时间已经很近，国内提供所有的汉字墨稿几乎不可能，于是国内答复，在保持人民币文字原有风格的前提下，可由技术人员灵活处理。根据这个指示，陈达邦发挥了印刷专家的特长，在短时间内仿写了代印人民币的所有汉字，顺利地完成了任务。

陈达邦于1957年回国后，才知道名扬华夏的抗日女英雄赵一曼就是自己的妻子李一超，但这并没有给他带来好运。“文革”开始后，一些人以陈达邦“与苏修内外勾结，篡改人民币上题字”的莫须有罪名，被打成“苏修特务”，于1966年被迫害致死。1979年3月1日才得到平反昭雪[①]。

九、为什么人民币纸分币的号码有的有阿拉伯数字，有的没有

1955年3月发行的第二套人民币1、2、5分纸币（当时称

图3-52　上为1955年原版1分券，下为1981年再版1分券

①《赵一曼丈夫陈达邦的传奇人生》：2011年7月18日《今晚报》摘自《红岩春秋》。

“一九五三版”），与其他主、辅币一样，印有包括罗马数字冠字头和阿拉伯数字在内的号码。1957年我国发行了1、2、5分硬币后，一度停印了纸分币。20世纪80年代初，市场上出现了找零钱短缺的情况，人民银行遂于1981年起，再版了1953版纸分币。但是，为使再版纸分币与原版相区别，再版的纸分币号码只印有罗马数字冠字头，取消了阿拉伯数字。

现在，再版的纸分币也成了钱币收藏的热门，据收藏者统计，再版的纸分币共有516种，其中一分币三个罗马字冠的有233种，二个罗马字冠的有93种；二分币（都为三个罗马字冠）有129种，五分币（都为三个罗马字冠）有61种。

十、有名的“十八块八毛八”传闻

第三套人民币主、辅币的1、2、5、10元和1、2、5角七个券别，合计面额为18块8毛，加上第二套人民币分币的1、2、5分三个券别，共计面额为18块8毛8。据说，周恩来曾用“十八块八毛八”巧妙地回答了外国客人的不友好提问。“文革”期间，周恩来某次会见某西方国家领导人，并应客人要求介绍了我国的国民经济情况。其间，客人以讥讽的口气问道，中国搞建设有多少钱？对此，周恩来微笑着回答：“十八块八毛八。”客人明白其意，无言以对了。

十一、第三套人民币1角券有八个版别

第三套人民币流通了37年，是迄今为止使用时间最长的，所以改版或作细微调整的券别也是最多的。人民银行对一些券别的修改作了公布，而市场上对未予公布的改版券别也作了区分。以1角券为例，人民银行公布的有三个版别：一是1962年4月发行的“枣红”，二是1966年1月发行的“背绿”，三是1976年12月发行的“背酱紫色、红号码”。在这三个版别的基础上，市场上又将1角券细分为八个版别，一是“枣红”，二是钞纸无水印

“背绿”，三是钞纸有水印“背绿”，四是凸版印刷、红号码、三个罗马冠字头，五是凸版印刷、红号码、两个罗马冠字头，六是平版印刷、红号码、三个罗马冠字头，七是蓝号码、三个罗马冠字头，八是蓝号码、两个罗马冠字头。由于这些细致的区分，使不同版别1角券的市场收藏价格差距很大，以两个版别的“背绿”1角券为例，钞纸无水印“背绿”的市场售价约为2800元，而钞纸有水印“背绿”的市场售价约为38500元，是前者的13.75倍。市场售价最低的1角券是蓝号码、两个罗马冠字头的版别，仅为8元，与钞纸有水印“背绿”的38500元相比，几乎可以忽略不计了。

十二、人民币金额中“2”的汉字有两种写法

第二、四、五套人民币金额中“2”的汉字为“贰”，即两个短横在长横以下，但第一（有的版别）、三套人民币金额中“2”的汉字写法却是两个短横在长横以上。查《现代汉语词典》和《说文解字今释》等，均无后者。坊间有的认为后者是错字，有的认为是中国书法允许的变体字，人民银行对此并无解释。

图3-53　第五套人民币20元券，局部放大

图3-54　第三套人民币2元券，局部放大

十三、第四套人民币1990版2元券的“绿幽灵”之说

第四套人民币于1987年4月27日陆续发行后，由于不断改进防伪反假技术，出现了一些改版。比如，1980版的50元、100元券无金属安全线，1990版加入了隐埋式金属安全线等防伪反假措施，就形成了新的版别，这是人民银行公布的。

还有一些技术改进没有公布，但市场人士从中挖掘发现了一些版别。比如1990版2元券中，FW、HP、HR、FY、JX、ZJ、PD、PC这八个冠字中有一些号段的票子，在荧光灯下观察，与1980版 2 元券有明显不同，主要是绿色荧光效果异常强烈。据说是人民银行在小范围实验中使用了新型的防伪油墨所致，被市场称为“绿幽灵”，由于生产量很少，市场身价不菲。

“绿车工”探微

第三套人民币 2 元券的主色调为绿色，正面主图为车工在工作，俗称“绿车工”。“绿车工”是钱币市场追捧的热门，如果钱币爱好者了解了其在印制上的一些变化，可能会热上加热。

一、关于名称

市场上称该券为“第三套人民币 2 元券”，也称“绿车工”，这种称呼直观明了，易辨易记，所以被广泛使用。不过，从中国人民银行行长曹菊如1964年 4 月14日签署的《关于发行深绿色二元券和墨绿色二角券的通告》看，该券的正式名称为“深绿色二元券”，或“1960年版深绿色二元券”。

二、关于正面主图的名称

该券正面主图的名称，有的资料如《中国历代货币》称之为“机床工人生产图”，有的资料如《中华人民共和国货币图录》称之为“车床工人”或“车床工人生产图”，但从上述《通告》看，其正式的名称应为“车间工人生产图”。市场上将“车间工人生产图”略称为“车工”，虽然与正式名称略有不同，倒也与图案（确实是车工）相吻合。

三、关于版次

该券于1964年4月15日，即在中国人民银行发布《通告》的次日发行，是为原版。1975年6月26日，中国人民银行发出了《关于改变一九六〇年版二元券印制情况的通知》。《通知》称，1975年“新增印的一九六〇年二元券因印制材料和印制工艺的改变，图案的大小与原来的票样稍有差别”，“新增印的票子由湿纸印刷改为干纸印刷”，水印也有所改变。由此可知，该券虽然统称“一九六〇年二元券”，但应该有1964年原印和1975年增印两个版次。

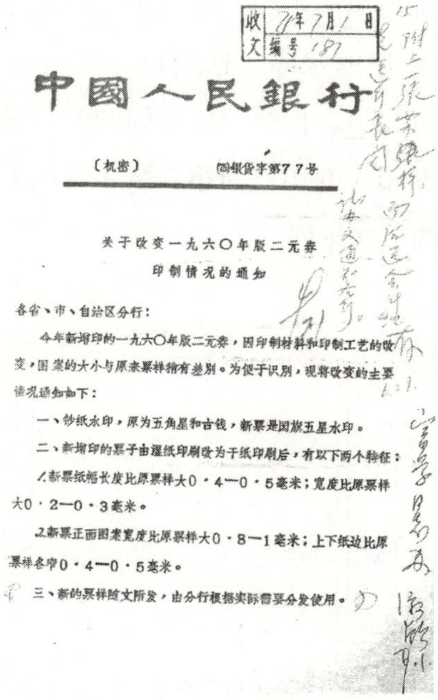

收文 年 月 日

编号

中國人民銀行

〔机密〕　(75)银货字第77号

关于改变一九六〇年版二元券印制情况的通知

各省、市、自治区分行：

今年新增印的一九六〇年版二元券，因印制材料和印制工艺的改变，图案的大小与原来票样稍有差别。为便于识别，现将改变的主要情况通知如下：

一、钞纸水印，原为五角星和古钱，新票是国旗五星水印。

二、新增印的票子由湿纸印刷改为干纸印刷后，有以下两个特征：

1.新票纸幅长度比原票样大0·4—0·5毫米；宽度比原票样大0·2—0·3毫米。

2.新票正面图案宽度比原票样大0·8—1毫米；上下纸边比原票样各窄0·4—0·5毫米。

三、新的票样随文附发，由分行根据实际需要分发使用。

图3-55　中国人民银行《关于改变一九六〇年版二元券印制情况的通知》

四、关于两个版次票幅的变化

该券第一版票幅长为135mm，宽为57mm，这已见诸相关资料。1975年增印时，对票幅作了细微的改动。上述《通知》对改动作了说明，即第二版票幅比第一版加长了0.4～0.5mm，增宽了

0.2～0.3mm。另外，第二版正面图案的宽度比第一版增加了0.8～1mm，上下纸边各缩小0.4～0.5mm。只是因为《通知》要求“此次印制技术的改变，由银行内部掌握，不对外宣传。如有群众询问，可口头告知为‘印制技术问题’，但不要介绍具体内容”，所以人们大多不了解第二版比第一版稍大了一些。

五、关于两种水印及名称

市场上将该券水印分为布币水印和五星水印（有的资料称“五角星满版水印”）两种，这是抓住了两种水印的主要特征和区别。从上述《通知》可知，布币水印的正式名称为“五角星和古钱”，是第一版使用的水印；五星水印的正式名称为“国旗五星”，是第二版使用的水印，这是该券两版的主要区别。该券两版的水印都有五角星，但第一版水印的五角星是一颗，且为空心，并与古钱（布币）并用；而第二版水印的五角星为五颗，实心，且呈国旗五颗星状排列。

第四辑

银行单证透露出的信息

钱币集藏的延伸

现代银行的基本功能之一，就是为客户办理资金汇划和收付结算。为了办理这些业务，银行创造和使用了存单、支票、汇票、本票等一系列资金存储、汇划和结算工具。这些结算工具与现金相比，同样具有支付功能，但比现金更轻量、更便捷、更高效。

一、银行存单

银行贷款的资金来源是存款。银行为了最大限度地扩大自己的资金来源，除了努力吸收公司客户存款外，更看重的是吸收社会闲散资金，尤其是吸揽个人储蓄存款。作为个人储蓄存款的凭证，银行要给存款客户开具存单或存折。图4–1就是民国时期“北四行”之一的金城银行重庆分行于1953年 3 月15日给储户廖值斌开具的定期存单。

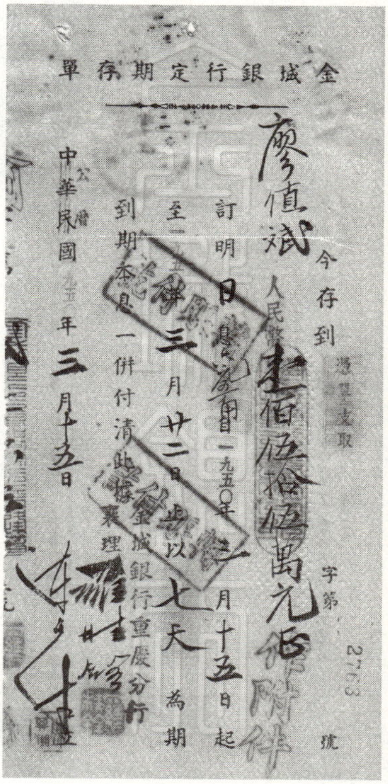
金城銀行定期存單

廖值斌 今存到 人民幣 壹佰伍拾伍萬元

訂明 日 至 三 月 廿二 日 月 十五 日起 以 七 天 為 期

到期本息一併付清

金城銀行重慶分行 經理

字第 號

图4–1　金城银行重庆分行 1953年 3 月15日开具的定期存单

银行为了更多地吸揽存款，可谓是想尽了办法。一是借助于政治号召，诸如开办“爱国”“建设”“勤俭”等名目的储蓄，以激发个人存款热情。二是给予物质奖励，如开办有奖、优待等储蓄，以调动个人储蓄积极性。这些揽储办法在民国时期和新中国初期都曾被广泛使用，也因此产生了各式各样的银行储蓄单证。图4–2就是1942年民国中央信托局、中国银行、交通银行联合发行的节约建国储蓄券；图4–3就是1953年中国人民银行河北省分行发行的优待售粮储蓄定额存单。

图4–2 1942年民国中央信托局、中国银行、交通银行联合发行的节约建国储蓄券，原大163×106mm

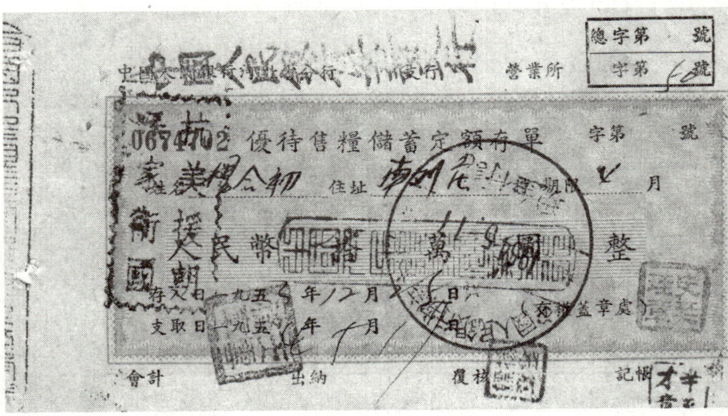

图4–3 1953年中国人民银行河北省分行发行的优待售粮储蓄定额存单，原大138×74mm

二、银行票据

（一）支票。支票是由银行客户签发的，委托自己的开户银行在见票时无条件支付票面金额给持票人的一种结算工具。其中，委托开户银行支付现金的，使用现金支票；委托开户银行转账支付的，使用转账支票。图4–4就是1948年 3 月30日，川盐银行万县支行作为客户，签发给自己开户的四川省银行，请其见票从自己的账户中支付“国币二千二百二十万元”，用于本行与四川省银行同业“扎账”的支票。

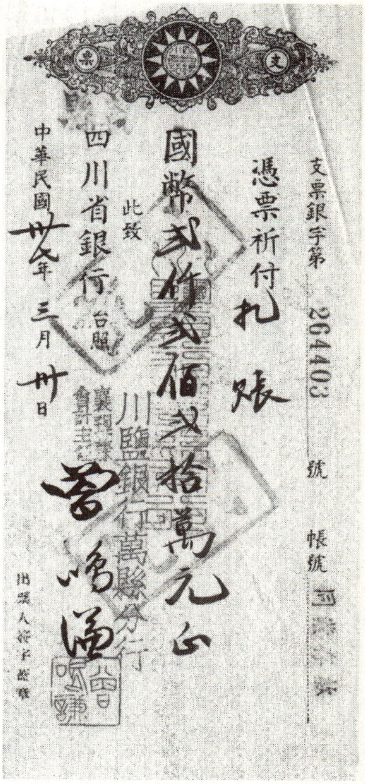

图4–4　川盐银行万县支行签发给四川省银行的支票

（二）汇票。汇票是由出票人签发的，由出票人或付款人按约定的付款期限，无条件支付票面金额给指定收款人的一种结算工具。其中，由商业信用产生的结算，使用商业汇票，按承兑方的不同，分为商业承兑汇票和银行承兑汇票；由银行信用产生的结算，使用银行汇票，即银行收妥客户款项后，签发给客户持往异地，办理转账或支取现金的结算工具。图4–5就

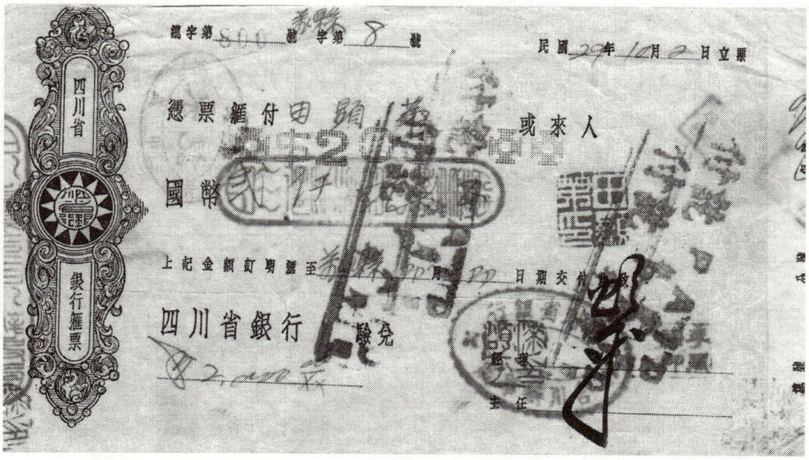

图4–5　四川省银行汇票

是1940年10月 2 日，四川省银行签发给客户田显荣，由他持票于“即月即日”到四川省银行万县支行支款“国币二千元”的银行汇票。

（三）本票。本票是由出票人签发并承诺在见票时或指定日期无条件支付票面金额给收款人或持票人的一种结算工具。其中，由企业或个人签发的，使用商业本票；由银行签发的，使用银行本票。银行本票又分为定额和不定额两种。图4-6为1948年12月17日，天津交通银行（出票人）签发的，给付“来人名下”“金元二千元”的不定额银行本票。

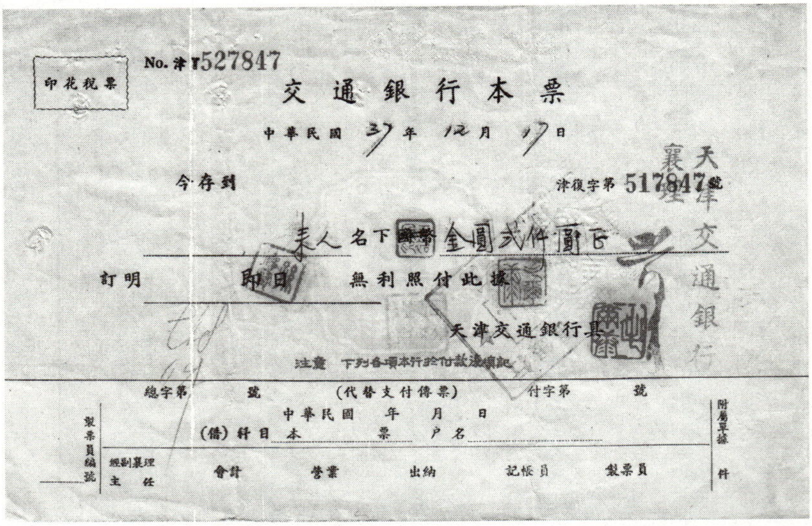
印花稅票

No. 津¥527847

交通銀行本票

中華民國 37年 12月 17日

今存到　　　　津復字第 517847號

來人名下 金圓貳仟圓正

訂明 即日 無利照付此據

天津交通銀行具

注意 下列各項本行於付款後填記

總字第　號　（代替支付傳票）　付字第　號

中華民國　年　月　日

（借）科目 本 票　户名

製票員編號　經副襄理 主任　會計　營業　出納　記帳員　製票員　附屬單據　件

天津交通銀行　襄理

图4-6　天津交通银行本票

民国时期银行使用的单证，无论是单证种类、基本功能，还是票面要素，都与当时的国际惯例相一致，同时也包含着一些中国式的表达。所以，新中国成立初期也被新银行沿用下来。到了20世纪50年代，新中国以苏联银行模式改造银行业务，银行单证才开始改变面孔。以后随着我国不断改革开放，银行业务逐步现代化，银行单证才慢慢演变成为现在我们见到的样子。

民国时期和新中国初期银行使用过的这些单证，其记录的会计事项反映了当时社会政治经济和银行业务的一些情况，其票面要素的表达方式也具有明显的时代特征，加之这些单证具有与货币同样的支付功能，又具有欣赏性，所以，成为钱币收藏延伸的新品种。

欺世盗名的豫鄂皖赣四省农民银行标识

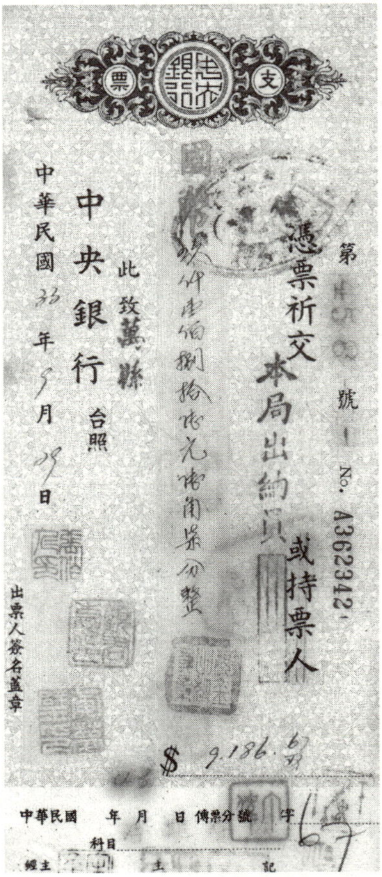

图4-7　民国时期中央银行的支票

民国时期的各类银行，都很重视自己的形象设计，在使用的支票等业务凭证上，都印有极具个性的图案，这些图案很像现在所说的“LOGO”，我们权且称之为“标识”。这些标识既蕴含了各个银行的设立宗旨和经营理念，也反映了那个时代的审美习惯和设计风格，很值得品味。

民国时期的银行支票绝大多数是竖式的，其式样大同小异：最上端印有该银行的标识，中间印有支票的各项要素，最下端是办理业务的会计记录。

就银行支票的标识而言，式样也基本相同：其总体呈扁椭圆形，中间的圆形部分是主体，圆形内多为变形汉字与中英文行名组成的图案，圆形左右各有呈三角形的花纹装饰，其间嵌有“支票”字样。

图4-8（1）　中央银行支票标识

图4-8（2）　中国银行支票标识

图4-8（3）　交通银行支票标识

图4-8（4）　中国通商银行支票标识

图4-8（5） 中国实业银行支票标识

图4-8（6） 西安市银行支票标识

图4-8（7） 无锡县银行支票标识

图4-8（8） 湖南省银行支票标识

在民国时期林林总总的银行支票中，值得一提的是豫鄂皖赣四省农民银行的支票。该行的支票亦为竖式，竖长188mm，横宽80mm，票面为浅黄色，图案和文字为黑色，支票号码为红色，账号号码为蓝色。该行支票的格式及要素与同时期各银行的支票无异：其上部是花纹图案装饰的标识及票据名称；中部从右至左依次是支票号和账号、支取人名称、支取金额、支付银行名称、支付日期和出票人；下部是银行办理人员签章（处）。从票面记载的内容看，该支票签发于1934年 8 月 6 日，出票人是湖北沙市生昌号的陈姓老板，支付银行是豫鄂皖赣四省农民银行在湖北沙市的分支机构，支付的货币是现洋一百元。

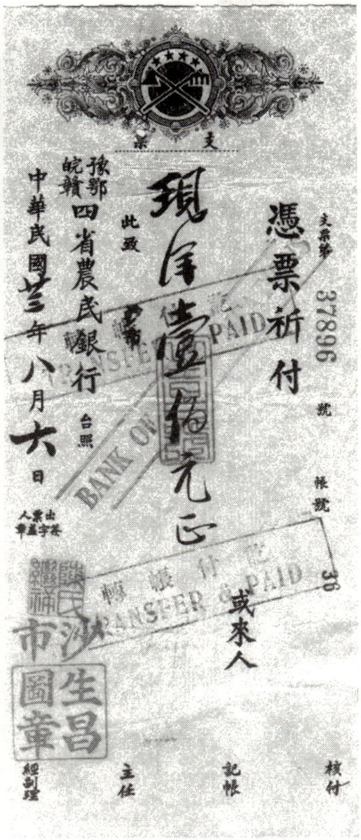

图4-9　豫鄂皖赣四省农民银行支票

细读该行的标识，其设计还蛮有新意。该标识中心为一圆形，可能是寓意着立足于全国的目标；在圆形的四方有四个大球体，四隅有四个小圆圈，或许是寄托着业务行至四面八方的企望；实心圆形中有一锄一耙十字交叉，标榜着“为农民服务”的宗旨；实心圆于圆圈之间有四颗星，表示着豫鄂皖赣四省；实心圆内有篆体阴文“豫鄂皖赣四省农民银行”行名，圆形标识左右有花纹装饰，下有“支票”字样。这个标识与同时期各银行多以变形汉字或变形英文字母为主体的标识相比，显得比较形象、直观，且与行名吻合。

图4-10 豫鄂皖赣四省农民银行支票标识

就是这样一间以“农民”为名的银行，其实是为反革命战争筹措资金而设立的。

据史载，1932年，蒋介石为了继续发动对苏区的第五次反革命“围剿”，一方面公布了《匪区内各省农村金融救济条例》，企图加强对苏区经济的遏制；另一方面于同年11月，在以蒋介石为首的“剿匪总司令部”内部设立了“农村金融救济处”，其目的在于“协助政府推行国策，深入农村，宣扬主义，以防止异党思想在农村活动”。后于次年 3 月底将“农村金融救济处”改组为“豫鄂皖赣四省农民银行”，假托“复兴农村经济，供给农民资金”的名义，为反革命“围剿”筹措资金。当时公布的该行资本金为1000万元，用军用票与特税（鸦片税）500万元为基金开业，总经理由蒋介石的厚友郭外峰担任，总行设在“剿总”所在地的汉口，在南昌、芜湖设分行和办事处。蒋介石对这间银行十分关照，许之以军事特别通行权。该行开业后发行了一角、二角、五角流通券，以后又发行过一元券，由“剿总”通令在四省境内强制流通，该行还开办了农贷、农仓、农产运销等信贷业务，以高利盘剥农民。该行在超经济的强制力下，业务迅速扩展，两年后，在各地陆续设立分行十五处、支行四处，办事处、分理处及农贷所数十处。对此，国民党政府称许道：“豫鄂皖赣四省农民银行，成立两年有余，于调剂农村金融颇见成效。”

1934年10月，中国工农红军开始长征。国民党政府意识到，仅在豫鄂皖赣四省农村设立银行机构尚不足以适应“围剿”红军的筹资需要，“而其它各省农村金融，亦确有统筹调剂之必要”，“现拟将四省农民银行扩大范围，改为中国农民银行”。

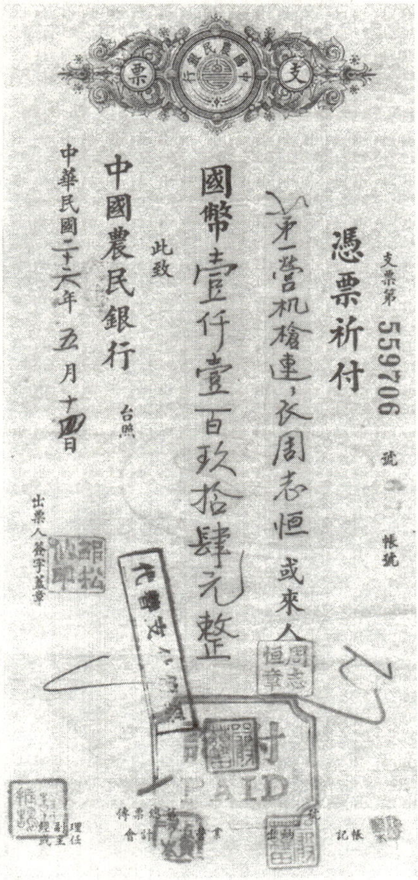

图4-11 中国农民银行支票

1935年4月1日，豫鄂皖赣四省农民银行更名为“中国农民银行”，总行由汉口迁至南京，由蒋介石亲任理事长，徐继庄任总经理。1936年后，由孔祥熙任理事长，叶琢堂任总经理；1945年后，由陈果夫任董事长，李叔明任总经理。此后，中国农民银行迅速成为国民党政府的四大官僚资本银行之一。中国农民银行及其前身豫鄂皖赣四省农民银行，是民国时期各银行中反革命印记最深的银行，不论其行名和标识如何设计，只不过是欺世盗名罢了。

规元、“念”与上海和丰银行

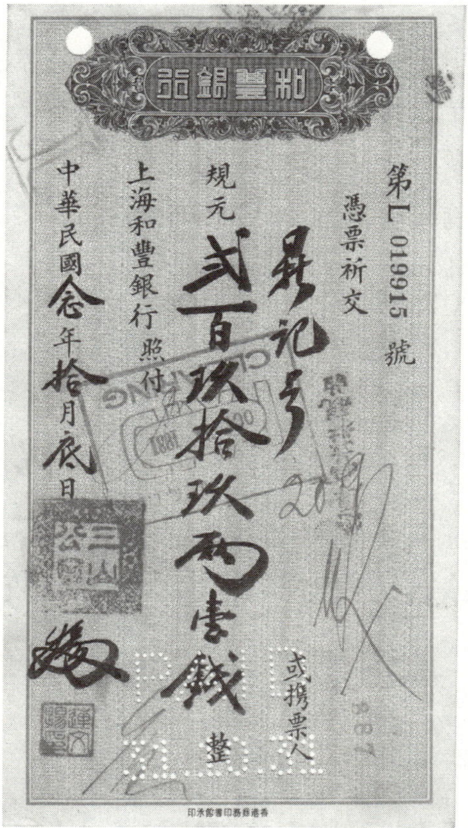

图4-12　上海和丰银行现金支票，原大194×108mm

细读上海和丰银行在20世纪30年代使用过的支票，可以看到与其他旧银行使用的支票有三处不同：一是支票正中标明的货币种类是“规元”，二是支票手写的金额单位是“两”“钱”，三是支票左侧手写的日期是“念年”“底日”等。经过查阅资料得知，这是在1933年国民政府实行“废两改元”以前，上海银行业办理业务中的特殊现象。

“废两改元”是国民政府推行的一次重要的币制改革。民国成立初期，于1914年颁布了《国币条例》，规定以银元为中华民国的本位币，实行单一币制。但由于《国币条例》未明令废止银两制度，所以，在中国长期实行的银两、银元并行流通的双重币制仍然存在，单一币制并未彻底实行。1933年3月10日，国民政府财政部发布了《废两改元令》，主要内容是废止银两流通，只允许银元单一流通。《废两改元令》先从上海实施，并规定国币银元一元等于规元七钱一分五厘，此前按银两计算的债权债务，一律按此比价折成银元收付，不得再使用银两。同年4月6日，财政部再次宣布，自即日起全国一切公私款项的收付一律废两改元。

一、关于规元

《废两改元令》规定，在上海，银元一元等于规元七钱一分五厘。规元为何物？规元，亦称“豆规银”“九八规元”“上海规元”等，是“废两改元”前上海商界和银行界的银两计价单位。

清代后期，上海的豆、麦等农作物商行一般使用银锭作为货款收付和记账的货币。不过，这种银锭不是一般的实物银锭，而是豆规银。豆规银是一种虚银，是成色和重量为大家公认和接受的一种标准银，大家将各种实物银锭折算成豆规银，并以此作为货款收付和记账的标准货币。豆规银以其公平合理性，逐渐为上海商界所普遍接受。鸦片战争后，上海沦为租界，初时改以本洋（西班牙银元）作为货款收付和记账的标准货币，但是本洋于19世纪初已经停铸，来源断绝，不能满足交易需要。为了解决这个问题，上海银行界与商界于咸丰八年（1858）举行公议，决定仍以豆规银作为交易往来计价的标准货币，但将豆规银改称为“规元”。规元仍然是一种虚银。虚银的种类很多，如纹银、洋例银、行化银、海关银等。不论何类虚银，仅是一定区域内公认的、作为记账之用的货币单位，并不是实物银锭，实物银锭在计价时，要经过换算，虚化为标准银。

上海规元的换算，一是必须是上海银炉所铸的二七宝银，即成色为“二七”、重量为“申漕平”五十两（上海征税的银两衡量标准，银两一两为36.64~36.6527克）的银锭。二是将二七宝银交由公估局——鉴定银两成色和重量的专业机构——批估（鉴定），由公估局在银锭的凹部用墨笔批注鉴定后的重量与成色，注明申水（增加）或耗水（减少）的数量，并盖章为证（如日后发现不实，要予赔偿）。经公估局批估的二七宝银，在交易时不再称重和鉴定成色。三是经公估局批估合标准者，按例批准每锭升值二两七钱，即每锭合成虚银五十二两七钱。四是再予以“九八升算”（即除以0.98），折合每锭为规元五十三两七钱七分五厘五毫，并按此数记账。上海的规元要经过“九八升算”，故又称“九八规元”。因这种方法只在上海行用，故亦称“上海规元”。规元实物既然是银锭，其单位自然是“两”、“钱”。1933年“废两改元”后，随着禁止银锭流通，规元也就消失了。

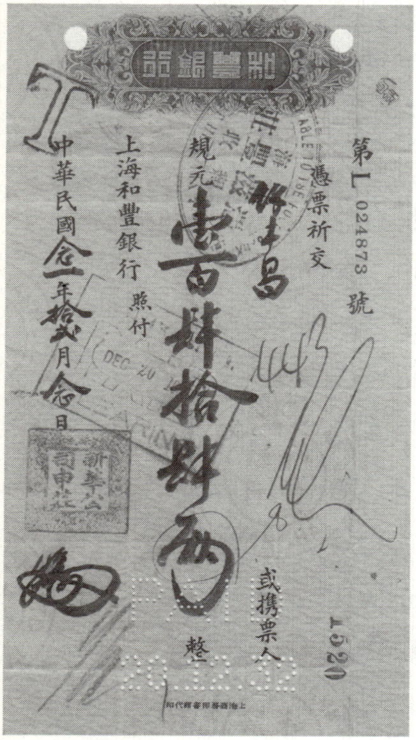

图4-13　上海和丰银行现金支票，原大194×108mm

二、关于“念”

念，即数字20。旧时，数字20的汉字小写为“廿”，大写即为“念”。图4-13中支票标明的“中华民国念一年拾贰月念日”即为“中华民国廿一年十二月廿日”。支票上将“廿”写成“念”，是要表示为大写，但其中的“一”并没有大写，形成现在所说的“混搭”了。

关于“廿”的大写即为“念”的解释，在各种字典上都有，只是经过长期演变，现在表示数字“20”时，汉字小写一般写为“二十”，不再写成“廿”；而汉字大写则写成“贰拾”，不再写成“念”，“念”的用法也就成为“古董”了。

三、关于上海和丰银行

和丰银行系新加坡华侨出资组建的银行，成立于1917年，总行设于新加坡，额定资本为新加坡币2000万元，当时收足400万元。和丰银行最大的股东是林秉祥、林秉懋。林氏家族系新加坡著名侨商，除经营银行外，还兼营轮船、油厂等实业。上海和丰银行于1927年成立，专营国外汇兑。1932年，和丰银行总行与新加坡华商银行、华侨银行合并，改组为华侨银行有限公司。上海和丰银行亦于1933年 1 月 1 日易名为华侨银行。从当年的银行支票上可见，在支票左边印有“和丰银行有限公司”处，加盖有“华侨银行有限公司承继”的戳记，就是此事的反映。

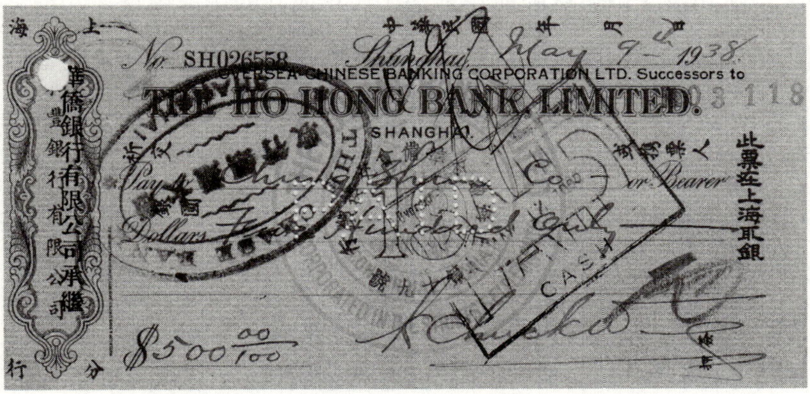

图4-14　和丰银行有限公司加盖“华侨银行有限公司承继”的现金支票，原大158×76mm

又见华侨银行

2007年 7 月31日的《金融时报》刊出了《华侨银行（中国）有限公司开业公告》，这个华侨银行（中国）与历久弥新的新加坡华侨银行之间是否存在着渊源关系？答案是肯定的。

新加坡华侨银行的前身，是1912年成立的华商银行。20世纪30年代，大萧条困扰全球经济，为摆脱持续的危机，在华商银行副主席李光前的主导下，新加坡华商银行、和丰银行和华侨银行于1932年10月合并，成立了新的华侨银行有限公司（OVERSEA—CHINESE BANKING CORPORATION，LIMITED.）。李光前是爱国华侨陈嘉庚的女婿，因热衷于慈善事业而备受尊敬，并被人们称为“华侨银行之父”。经过80多年的艰苦奋斗，新加坡华侨银行取得了巨大的成功，1998年资产总值达到342.21亿美元，并在海外拥有44家分行和代理行，主要分布于马来西亚、中国、美国、法国、英国、日本等国家。

新加坡华侨银行十分重视在中国大陆的发展，早在1925年即在厦门设立分行，成为首家在中国开展业务的新加坡银行。1927年又在上海开设了分行。下图是民国三十年（1941）三月三日客户签发的该行上海分行的支票。

该行当年使用的支票为竖式，采用中、英文两种文字，中文为竖写，英文为横写，票面印有该行的标识，要素齐全，印制精细。支票还采取了防伪措施，比如：支票上打出点状孔，形成英文PAID（付讫）字样；支票背面左下角印有类似于现在使用的二维条码的图形等，这在当时是十分先进的。

中国改革开放以后，新加坡华侨银行努力扩大在华业务，到1985年，该行在中国大陆设有21家分行和44家附属公司；2006年6月，又收购了宁波银行12.2%的股权，成为该行的大股东。

2007年，新加坡华侨银行根据中国的法律，并获中国银监会

图4-15　华侨银行上海分行的支票，正面，原大211×105mm

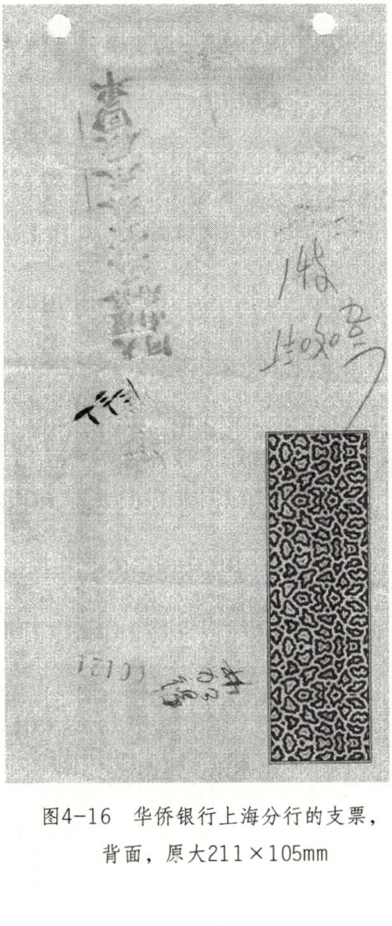

图4-16　华侨银行上海分行的支票，背面，原大211×105mm

批准，在中国注册了全资法人银行——华侨银行（中国）有限公司，总部设在上海，并将新加坡华侨银行在中国的所有分支机构改组为华侨银行（中国）的分支行，同年 8 月 1 日开业后，开始以中国本土法人银行的身份跻身于中国银行体系之中。

聚兴诚银行支票上反映的时代变迁

聚兴诚银行，亦称聚兴诚商业银行，是民国时期在川渝地区创立较早、规模较大、地位重要的商业银行之一。该行由川渝地区富族——杨氏家族在其聚兴诚商号的基础上创立的，创始人是杨文光。该行经当时的北洋政府批准，于1915年（一说1914年）3月16日在重庆开业，总部亦设在重庆。1921年该行总部曾迁往汉口，1930年又迁回重庆。该行创立时为股份两合公司形式，后于1937年改组为股份有限公司形式[①]。该行先后在北京、上海、南京、广州、天津设立分行，并在香港设有办事处，其业务以汇兑为主，存贷款业务围绕着汇兑业务开展。该行在1928—1932年间的汇费收益仅次于民国中央银行、中国银行、交通银行而名列第四，是民国时期国内的大型商业银行之一。新中国成立后，该行于1951年9月加入公私合营银行联合总管理处，1952年12月参加银行业全行业公私合营，与其他私营行庄共同组成了统一的公私合营银行。

该行的变迁，以及从该行变迁中反映出来的时代变迁，在其使用过的支票上得到了充分的体现。

这三张支票均为竖式，其式样和要素与民国时期的其他银行

①《金融大辞典》：郭振乾、白文庆、尚明、李裕民、马永伟主编，四川人民出版社出版，1992年9月第1版。

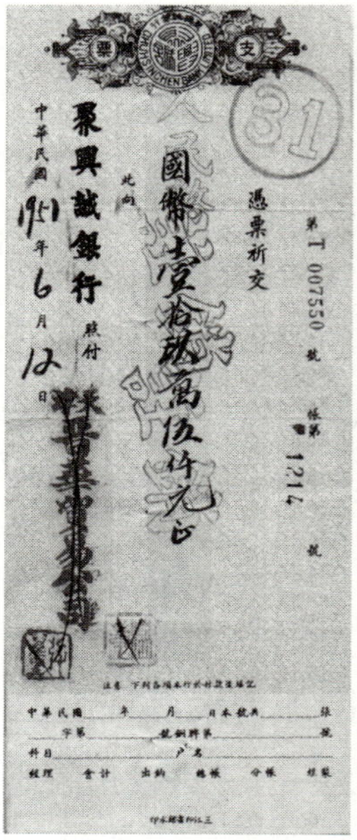

图4-17（1） 1951年6月12日支票

图4-17（2） 1951年8月25日支票

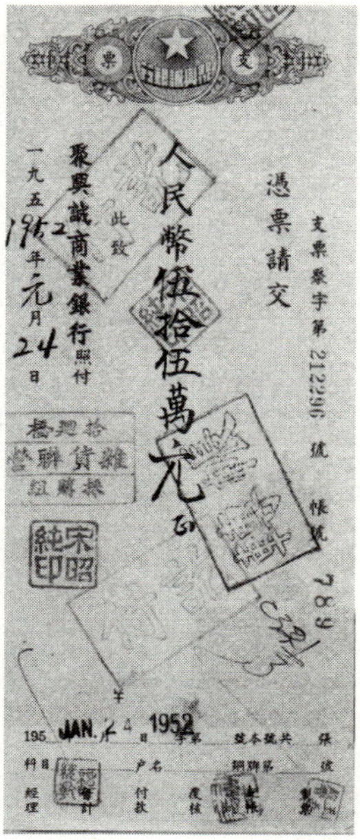

图4-17（3） 1952年1月24日支票

支票基本相同，应该是印制于民国时期，但签发时期都是在新中国成立之后。图是按客户签发日期排序的，细读这三张支票，可以清晰看出新旧时代变革的印记。

一、标识

这三张支票的最上方，都印有聚兴诚银行圆形标识，并有花纹装饰于左右。其中第一张、第二张支票圆形标识的图案，中间为“聚兴诚”三个变形汉字，外环上方环绕着“聚兴诚（商业）银行”的隶体（篆体）中文名称，下方环绕着英文名称。这两张支票上的标识，应该是该行在新中国成立前后使用的。第三张支票的圆形标识取消了外环的中英文名称，在双线圆形中，为五角星光芒照耀下的“聚兴诚银行”五个美术字，这五个美术字还排列成对五星的拱卫型，寓意十分明显，这张支票上的标识，应该是该行公私合营前后使用的。该行标识的改动，反映了聚兴诚银行从新中国成立前的私营银行迈入新中国成立后公私合营行列的事实；新标识的设计，也寄托了私营银行对新时代的憧憬。

二、纪年

第一张支票的左侧和下边印有“中华民国　　年　月　日”的年号和日期，说明这张支票是新中国成立前印制的。第二张支票的该行标识虽然是原来的，但左边和下边的纪年与日期已没有了“中华民国”字样，改为“195　年　月　日”的公元纪年，表明这张支票是新中国成立后至该行公私合营前印制的。第三张支票则是包括该行标识、纪年与日期在内都是新的了，肯定是该行公私合营后印制的。这三张支票虽然都是新中国成立后签发的，但支票上的纪年与日期反映了时代的变迁，即使是第一张支票，虽印有“中华民国”字样，但客户也不再使用民国年号纪年，而是填写了“1951”的公元纪年，这表明，“中华民国”已经成为了历史。

三、货币名称

民国时期币制混乱、币种众多、贬值严重，银行不得不在支票上印有货币名称，如“国币”“金元”“银元”“市洋”“渝钞”等，标明该支票支付的货币是法币、或金元券、或银元券、或银元、或重庆地方纸币，以避免汇兑损失。第一张支票的中间上方，就印有“国币”的货币名称，但加盖了“人民币”的红色戳记。而第二张、第三张支票已改印为“人民币”。这同样表明，在办理这几笔业务时，中华人民共和国已经成立，人民币已是新中国的法定货币，支票尚能代用，货币已属人民。当然，那时的人民币还是旧币值，1955年3月发行新版（第二套）人民币时，旧币以1：10000的比价兑换新币。

四、用语

第一张、第二张支票右侧，印有“凭票祈交”的字样，而第三张支票将“祈”字改为“请”字，这一字之改，也透着新时代的气息。

五、其他

在第二张支票上加盖有“此票在解放东路11号、民权路18号、中山三路398号均可支取”的红色戳记，这就是重庆市解放初期街道的名称。第三张支票上盖有一个蓝色方形客户章，文为“拾廻桥杂货联营采购组”，这可能已是公私合营的商业组织了。

新中国不予清偿的民国节约建国储蓄券

1940年，抗日战争进入了第三个年头。是年，日寇的侵略破坏了中国的经济，加之国民政府开支浩繁，造成财政赤字巨大，货币急剧贬值，市面物价飞涨。迁都重庆的国民政府为了平衡财政收支、充裕抗战资金，颁布了《节约建国储蓄条例》，号召民众节约储蓄、支持抗战。根据《条例》规定，财政部委托中央信托局、中国银行和交通银行发行了节约建国储蓄券，该券分为甲种和乙种两大类，计有5、10、50、100、500、1000、5000、10000元八种面额，由政府提供担保，储蓄券到期可到原购券机构或当地邮局兑付。国民政府为了实现预期目标，还发出了《节约建国储蓄券宣传提纲》。节约建国储蓄券主要在重庆、四川、西安、陕西等大后方投放，由于地方各级政府大力宣传造势，公私团体和民众踊跃认购，还确实筹集了不少资金。鉴于节约建国储蓄在筹集民间资金中发挥了重要作用，使之在抗战胜利后还继续开办，节约建国储蓄券发行范围不断扩大，品种不断增加，一直延续到国民党政权的消亡。

甲种节约建国储蓄券除个别的为整存整取以外，多为整存零取（乙种券另述），主要有以下品种：

一、节约建国储蓄券

该品种储蓄券按发行机构不同，可分为三种：

一是由中央信托局、中国银行和交通银行联合发行的节约建国储蓄券。它是当年节约建国储蓄券的主体，特点是券别面额全、发行规模大，延续时间长。

该品种储蓄券由三行（局）统一印制，横式，左边带有存根

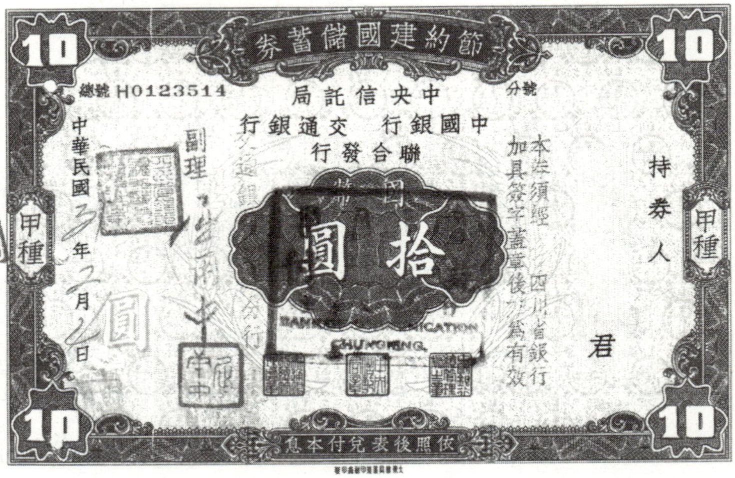

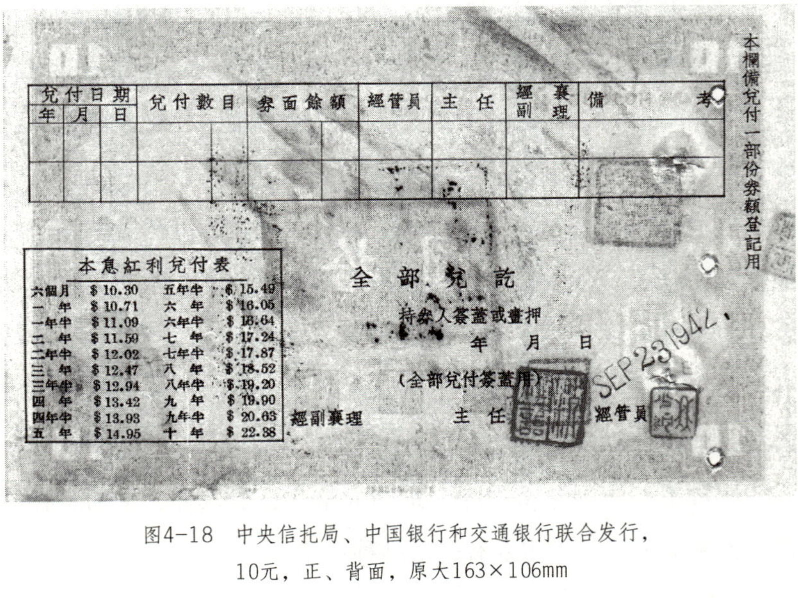

图4-18 中央信托局、中国银行和交通银行联合发行，10元，正、背面，原大163×106mm

（有的右边带有副券）。储蓄券正面为四框式构图，带有面额和花卉组成的底纹，四角为阿拉伯数字的面额，左右两边印有“甲种”字样；中间自上而下印有储蓄券名称、发行机构名称、汉字面额、发行机构印章等；左边印有编号、分销机构名称和负责人签章、日期，并在正券与存根连接处盖有骑缝章等；右边填写持券人，加盖一些说明性的戳记。背面印有兑付“一部分券额”的登记表、“本息（红利）兑付表”和兑付时的日期、双方签章等栏目。

该券由三行（局）联合发行，各自分销，并委托一些地方银行或其他机构为其代销、经销，如图4–18就加盖了“本券须经四川省银行加具签字盖章后方为有效”的说明戳记。该券的币种为国币（法币），八种面额的储蓄券用票幅大小和颜色不同加以区别。该券存期以6个月为一个档次，从6个月至10年共20个档次，存期另有约定的，则在券右加盖说明戳记，如“期限最低一年”、“购券人申请定期二年”等。该券利率为周利率，初为八厘，后为鼓励认购，又将利率提高到一分二厘。购券人可以是个人，也可以是团体；可以记名，也可以不记名。

二是由中央信托局、中国银行、交通银行和中国农民银行联合发行的节约建国储蓄券。

中国农民银行于1941年加入到三行（局）储蓄券发行队伍，因此，在该品种储蓄券正面上方正中印有“四行联合发行”字样。该券右边一般加盖“购粮储券周息八厘×年到期兑付本息国币×元×角×分过期不续计息”的戳记。由此可见：一是该品种储蓄是专门为购粮而设；二是利率与三行（局）发行的储蓄券相同，以本金5元、存期4年为例，到期均为6.84元；三是该品种储蓄券背面没有兑付一部分券额的登记表、本息兑付表和兑付时双方的签章等栏目，而是印有金额和图案，表明该券只有4年期一个档次。这些储蓄券的其他式样、内容与三行（局）联合发行

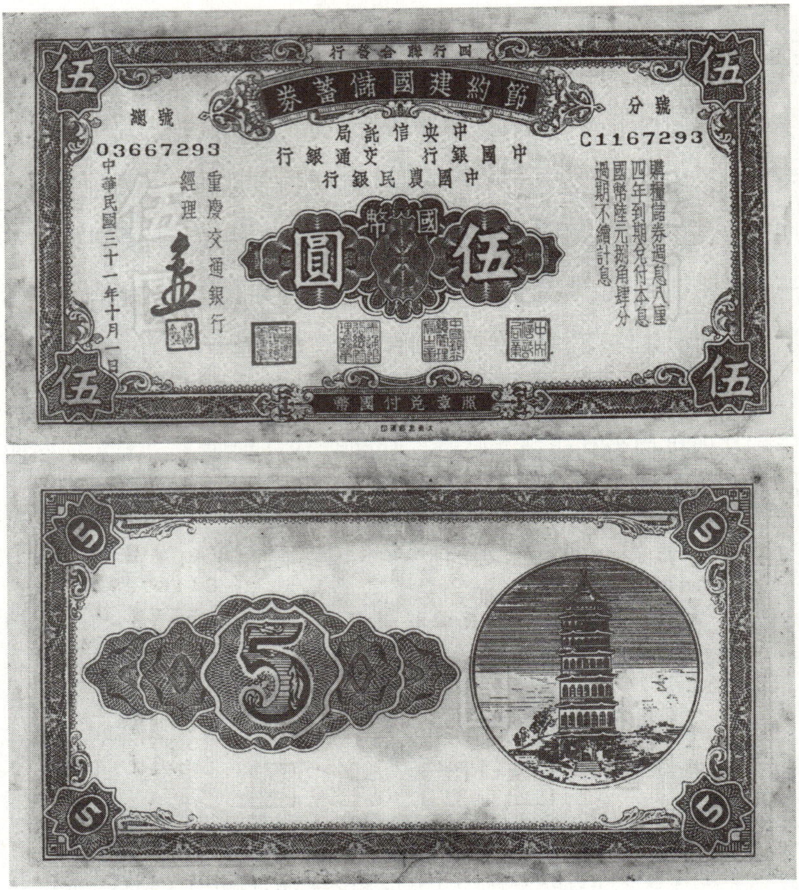

图4-19　中央信托局、中国银行、交通银行、
中国农民银行联合发行，5元，正、背面，原大151×82mm

的储蓄券基本相同。

三是中央信托局、中国农民银行、邮政储金汇业局等机构单独发行的节约建国储蓄券。

这些储蓄券在上方正中的券名下印有自己机构的名称和标识，各自独立发行，但可以相互代理兑付，图4-20（1）即盖有“奉节中国银行付讫”的戳记。邮政储金汇业局个别面额储蓄券的到期本息表印在正面，除此之外，这些储蓄券的式样、内容与三行（局）联合发行的储蓄券基本相同。

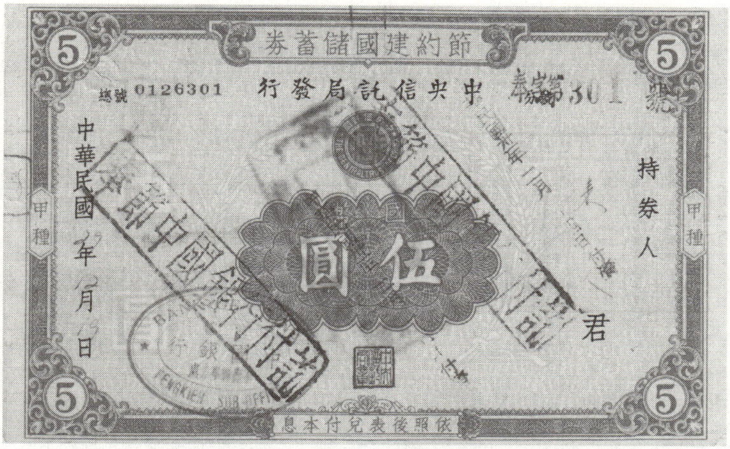

图4-20（1）　中央信托局发行，5元，原大160×109mm

图4-20（2）　中国农民银行发行，50元，原大127×77mm

图4-20（3）　邮政储金汇业局发行，10000元，原大173×101mm

二、乡镇公益储蓄券

该品种储蓄券或是由中央信托局、中国银行和交通银行联合发行，或是由邮政储金汇业局等机构单独发行。

其特点有三。一是专门由“乡镇公益储蓄推进委员会”负责发行工作。二是定期三年，并在券右原印或加盖一段说明：“乡镇公益储蓄三年满期兑付本息×百×拾×元另×分期满不续计息”、“至少须存满三年”等。三是背面无内容。其余式样、内容与节约建国储蓄券基本相同。

图4-21　中央信托局、中国银行和交通银行联合发行，100元，原大135×76mm

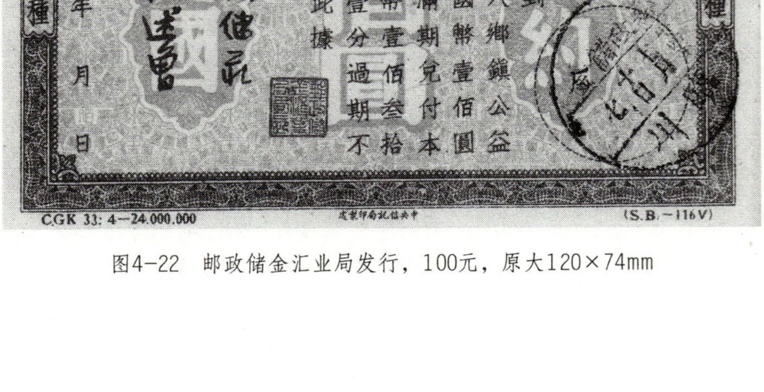

图4-22　邮政储金汇业局发行，100元，原大120×74mm

三、美金节约建国储蓄券

这个品种的储蓄券主要由交通银行、农民银行、邮政储金汇业局等机构发行，币种是美金，可“以国币折存”，“兑取时照付美金本息”。从邮政储金汇业局储蓄券的存根可见，当时国币与美金的比价是20∶1。这种储蓄券有定额和不定额的两种，多为定期储蓄，但“存满一年后得随时兑付本息”。该券背面无内容，其他与三行（局）发行的储蓄券大致相同。

从有关资料可知，当年民国金融机构除开办了上述三种储蓄外，还开办了“节约建国储金”“特种有奖储蓄”等，并印制了

图4-23　交通银行发行，30美元，原大148×103mm

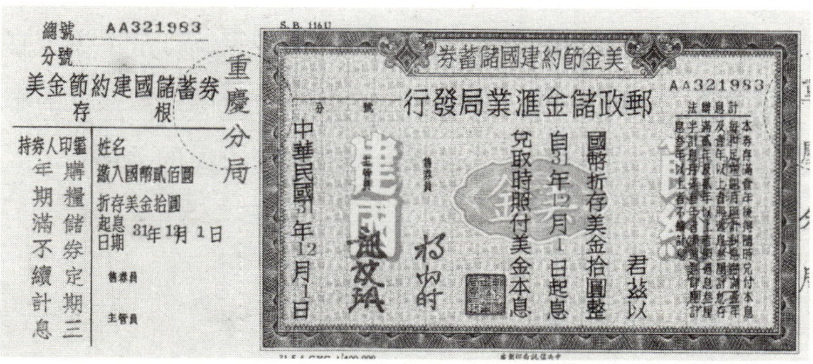

图4-24　邮政储金汇业局发行，国币折存10美元，原大（不含存根）130×87mm

相应的储蓄券。这些储蓄券虽为金融机构开办储蓄业务的凭证，但在当时特定的历史条件下，实际上已成为政府发行的准货币，在四川的一些地方，有些储蓄券曾视同法币周转流通，已经改变了储蓄券的性质。

新中国成立后，人民政府没收或改造了官僚资本金融机构，他们发行的各种储蓄券也停止兑付。

1953年1月9日，政务院召开第166次政务会议，通过了《关于解放前银钱业未清偿存款给付办法》，随后，周恩来总理签署命令，公布实施。该办法将“解放前时期”界定为“国民党反动政府统治时期”，并根据这个时期的金融变化情况，划分为三个阶段：第一阶段为1937年12月31日以前，第二阶段为1938年1月1日至1948年8月18日，第三阶段为1948年8月19日至解放。该办法还对“解放前银钱业”的范围、可以清偿给付存款的对象、三个阶段存款的给付折算、给付手续等作了具体规定，并责成中国人民银行监督执行。

该办法明确指出，国民党反动政府通过伪行、局、会发行的节约建国储蓄券、节约建国储金、特种有奖储蓄券、美金节约建国储蓄券、乡镇公益储蓄券等，属于公债性质，一律不予清偿。

《人民日报》于同年2月2日发布了题为《拥护政务院关于解放前银钱业未清偿存款给付办法》的短评，指出：解放前银钱业未清偿的存款涉及1000万人，该办法的规定，打击了少数官僚资本和剥削阶级的利益，保护了80%靠劳动所得积蓄存款的小存款户的切身利益，体现了人民政府对各阶层人民的关怀。

中国人民银行早期单证收藏中几个问题的探讨

近年来，在钱币集藏爱好者中，又兴起了集藏中国人民银行早期单证的热潮，有方家还将这类收藏开拓为“人民币系列收藏”。但从有关论述文章看，这类收藏还存在着命名多样、定义不一、范围不等的问题，在一定程度上影响了收藏爱好者之间的交流。如果能逐步统一起来，必将有利于此类收藏的发展和扩大，有利于对人民银行早期单证的深入研究。

一、关于命名

从1948年12月 1 日到1983年 9 月11日的近35年间，中国人民银行既是管理全国金融事业的国家机关，又是办理具体业务的银行机构。因此，曾经印制和使用过大量的支票、汇票、期票、储蓄存单等业务凭证，有方家将此统称为中国人民银行“票券”，且不分时期，这种命名混淆了人民币与业务凭证的不同性质，似不可取。如果将其命名为“中国人民银行早期单证”，则更准确：

一是储蓄存单本为单，而支票、汇票等是资金支付结算的凭证，将它们统称为“单证”，可使名实相符。

二是人民币相关用语中有“钞票”“票子”“损伤券”“券别”等称谓，如将支票、汇票、期票及储蓄存单等命名为“单证”，可使其与人民币区别开来。

三是考虑到这些单证已经成为收藏品，为使其不与现在仍然使用的单证混淆，在“单证”一词前加上“早期”二字，将更为妥当。至于早期的划段，似以1949年10月新中国成立，至1957年12月国民经济“一五”时期结束为宜。

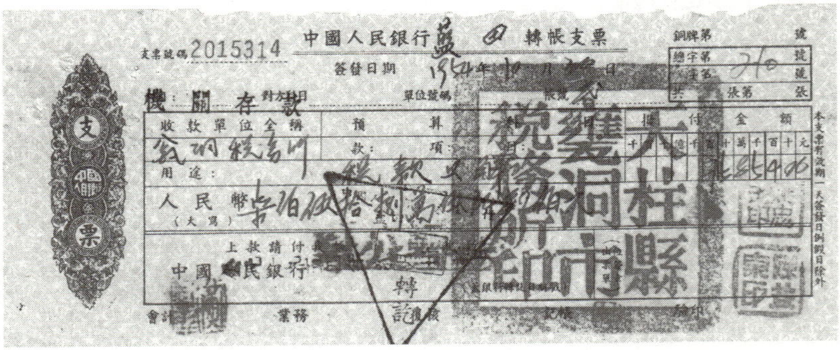

图4-25（1） 中国人民银行1954年使用的转账支票，原大179×74mm

图4-25（2） 中国人民银行山西省分行1961年发行的期票，原大158×74mm

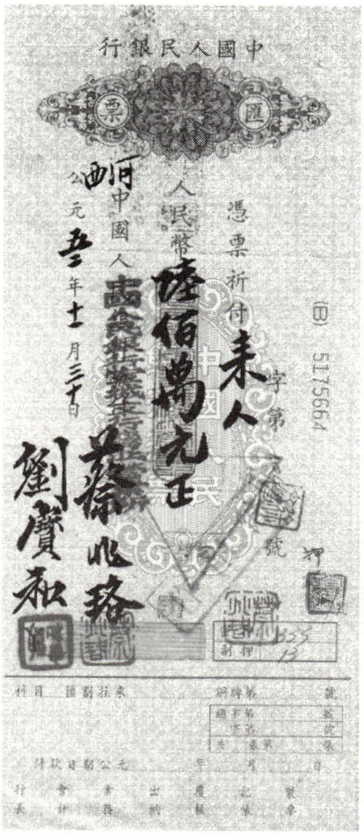

图4-25（3）　中国人民银行1952年使用的汇票，原大210×91mm

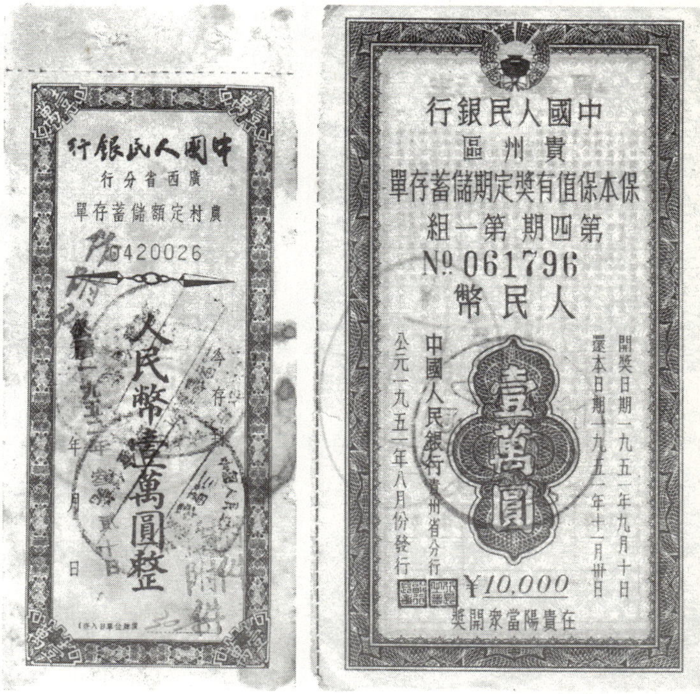

图4-25（4）　左为1952年广西省分行发行的农村定额储蓄存单，原大154×64mm；右为1952年贵州省分行发行的保本保值有奖定期储蓄存单，原大115×65mm

二、关于定义

有方家将这类收藏品概括定义为“以中国人民银行及其所属分支机构名义印制的带有人民币面额的票券”，似不妥当。按照这个定义，可将人民币也囊括其中。如果以“中国人民银行早期单证”为这类收藏品命名，则可将其定义为“中国人民银行及其分支机构在新中国建立初期印制和使用的，不能流通和抵现的有价单证”。

三、关于范围

有方家认为，除支票、汇票、期票及储蓄存单以外，“中国人民银行票券还包括点钞练功券、集资股票、融资债券，等等”。将这些东西作为收藏品无可厚非，但将其包括在中国人民

图4-26 中国银行使用的出纳点钞专用券

银行早期单证中则不妥。因为点钞练功券只是银行员工练习点钞的一种工具，并没有社会功能，不能与那些单证相提并论。而集资股票和融资债券的发行主体是企业，并不是中国人民银行，应将其另划一类。

另外，在市场上出现的储蓄存单（折）中，有很大一部分是当年农村信用社印行的。农村信用社是当年中国人民银行领导下的农村合作金融组织，曾一度成为中国人民银行在农村的基层机构，将其印行的储蓄存单（折）包括在中国人民银行印行的早期单证中无可厚非；如果另分为一类，也无不可，但凭收藏者根据藏品多寡，自行斟酌。

图4-27 20世纪50年代，山西省忻县西张乡信用合作社发行的定期储蓄存单

四、关于来源

有方家在分析市场上这些单证的来源时讲到，其多数来源于中国人民银行的清仓处理，另外也与中国人民银行1998年的体制改革及机构撤并有关。这种分析似显牵强。这些单证来源于中国人民银行是有道理的，因为它们本来就属于中国人民银行所有，但从中国人民银行流出的原因并不是清仓处理或机构撤并，而是因为这些单证作为银行会计档案中的会计凭证及附件，已到规定的保管期限（现行的规定是保管15年），只是在按期陆续销毁时，由于管理不严而有所流出罢了。

从华北银行支票说开去

图4-28是一张华北银行的支票。细读凝固在支票上的信息，探索尘封在背后的历史，60年前那波澜壮阔的战斗与胜利场景又跃然眼前。

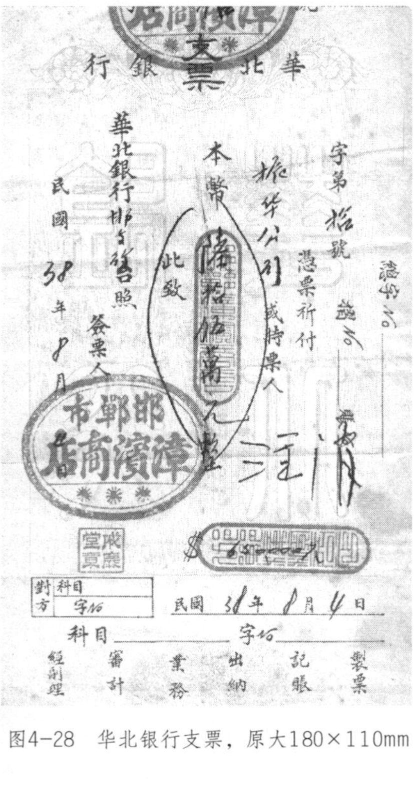

图4-28　华北银行支票，原大180×110mm

一、华北银行支票——弥足珍贵的实物

这张支票纸张已泛黄，横竖叠痕明显，背面还有曲别针留下的锈斑。该支票为竖式，纸张较厚，带有浅蓝色篆书“华北银行”四字和花纹组成的底纹。支票的文字为蓝色，上方中央为竖排隶书“支票”二字，两边自右至左横排楷书“华北银行”行名。支票上钤有“邯郸市漳滨商店”楷书椭圆印章和九叠篆长圆印章（两处）各一枚，上方还有钤在骑缝上的“邯郸市漳滨商店”半个印章，下方钤有一枚“成庆堂章”的私章。支票上有客户用蓝墨水笔填写的内容。

华北银行是1948年 7 月22日由解放区的冀南银行与晋察冀边区银行合并组建的，后于同年12月 1 日与北海银行、西北农民银行合并为中国人民银行，仅存在了四个多月。华北银行没有发行过货币，除了文书档案以外，存世的实物资料很少，因此，这张支票就显得弥足珍贵了。

二、华北银行——短暂而光辉的新银行

1947年11月12日，华北重镇石家庄市解放，使得晋冀鲁豫解放区与晋察冀解放区完全连成一片，民商往来、货币流通日益增加。但由于两解放区货币不统一，经济活动多有不便。为此，经上级批准，隶属于晋冀鲁豫解放区的冀南银行与隶属于晋察冀解放区的晋察冀边区银行联合发出通知，于1948年4月12日迁至石家庄市中华北大街联合办公。三天后，晋冀鲁豫边区政府与晋察冀边区行政委员会联合发布命令：从4月15日起，冀南银行币（当时简称“冀钞”）与晋察冀边区银行币（当时简称“边币”）准许在两解放区混合流通，比价为1∶10。同年5月9日，中共中央和中央军委决定将晋冀鲁豫和晋察冀两大解放区及其领导机关合并。7月22日，冀南银行与晋察冀边区银行即奉命合并，组成了华北银行，总行设在石家庄市，南汉宸为总经理，胡景沄、关学文为副总经理。10月3日，华北银行发出了启用印信的通知，通知称，冀南银行与晋察冀边区银行已经于1948年7月22日合并为华北银行，华北人民政府颁发的“华北银行”钤记（方形印章）和长戳（长方形印章）已于10月1日启用，各分行应即启用总行颁发的新印信，并立即制发所属分支机构的新印信。

华北银行成立后，一是奉命开展统一华北各解放区货币工作，以促进经济发展，支持人民解放战争胜利；二是由南汉宸负责，着手筹建中国人民银行；三是开展人民币的设计、印刷工作，为在全国发行统一的货币做准备。华北银行为此于11月25日发出了《关于发行中国人民银行钞票的指示》，指示要求：一是

在内部组织学习，使干部了解发行新币的重大意义；二是配合政权部门张贴发行新币的布告，向群众进行广泛的宣传解释；三是在新币发行之初，向公营企业介绍新币票样，以利使用新币；四是向群众说明旧币仍然流通，以后按比价逐步收兑；五是说明发行新币的对象，重点是公营企业及合作社。

1948年12月 1 日，中国人民银行在石家庄市成立，并由华北人民政府和中国人民银行分别发布通告和布告，宣告华北银行、北海银行和西北农民银行合并，成立中国人民银行，以华北银行总行为中国人民银行总行。至此，华北银行工作了短短的133天，结束了它的光荣使命。

三、本币——建立新中国的信息

该支票标明的货币名称，既不是民国时期各银行支票所标明的“银元”“法币”“金元券”等货币名称，也不是解放初期在各旧银行支票的原货币名称上加盖的“人民币”，而是“本币”。从有关资料的记载分析可知，本币既不是民国时期的货币，也不是新中国的人民币，而是解放区银行发行的货币，即冀南银行发行的冀钞。对本币的理解，还可以有以下两个层次。

一是比价固定的冀钞与边币。早在1947年11月，为了逐步减少解放区市场流通的货币种类，尽快统一解放区货币，中共中

图4-29　冀南银行发行的冀钞，500元，原大141×68mm

央和华北财办决定，晋察冀边区银行的边币停止发行，冀南银行的冀钞作为华北解放区的本位币继续发行；晋察冀边区印制局亦同时停止了边币的印制，转而印制冀钞。嗣后，从1948年4月15日起，冀钞与边币在两解放区以固定比价混合流通。因此，华北银行的本币亦可以理解为比价固定的、冀钞与边币混合的概念货币。

二是比价固定的华北各解放区货币。华北银行成立后，为发行人民币做了大量的准备工作，其中之一就是用固定比价的办法逐步统一各解放区的货币。到中国人民银行组建前，除冀钞与边币以1：10的比价固定外，冀钞分别与山东解放区北海银行发行的北海币以1：1的比价、与晋绥根据地西北农民银行发行的西农币以1：20的比价，边币与北海币以10：1的比价、与西农币以1：2的比价固定，并混合流通。因此，华北银行所称的“本币”还可理解为包括固定比价的北海币、西农币在内的各解放区货币混合的概念货币。

“本币”这个货币名称的出现，透出了新中国和新中国银行诞生的信息。

四、邯郸市漳滨商店——边区生产自给的缩影

签发支票的单位是邯郸市漳滨商店。据河北省磁县政协主办的《磁州文史资料》记载，邯郸市漳滨商店是边区政府领导下由漳滨中学开办的国营商店。

漳滨中学于1946年3月在磁县（现隶属于河北省邯郸市）县城南关成立，隶属于晋冀鲁豫边区政府太行行署第五专署，是一所以培养干部和教师为重点的综合性公立学校。学校为响应边区政府“挤出经费，保证战争，开展生产自给”的号召，派干部班学员成庆堂（磁县人，磁县抗日政府三区干部）专司生产自给工作。

成庆堂在学校、边区政府和边区银行的支持下，积极开展工作，创办各种企业，受命接管敌伪财产，先后在邯郸、邢台（已是解放区）等地办起了20多家商号，并迅速扩展市场，将买卖做到了当时还是敌占区的石家庄、天津、济南等地。随着经营规模的不断扩大，成庆堂在邢台市打出了“漳滨商店”的旗号，不久又在邯郸市设立了漳滨商店总店，后发展为漳滨商店总经理处。漳滨商店的发展壮大，为保障学校开支、发展解放区经济、支援解放战争胜利发挥了重要的作用。1949年以后，上级决定学校不再搞生产，于是，成庆堂将各地的商号交给了当地政府，回到了学校，又随学校迁到武安①。此后，轰轰烈烈的漳滨商店又经营了一年才宣告结束，但是，它作为边区生产自给的缩影，将永彪史册。

五、支票签发日期——革命迅猛发展的见证

该支票签发于1949年8月4日，此时中国人民银行已经成立8个多月了，客户本不该再使用华北银行的支票。之所以出现这个情况，可能是因为中国人民银行新印制的支票还没有发到基层客户手中，故而客户仍填写了华北银行支票。但从票面看，客户填写的内容和印鉴齐全，而需要银行填写的内容和印鉴却一律空白，且划掉了金额、批注了“注销”字样，这可能是客户持华北银行支票到人民银行机构办理业务时，人民银行注销了该支票，另填新支票的缘故。上述分析是否准确并不重要，重要的是，它见证了新中国成立在即、新旧机构迅速交替的胜利形势。

另外，需要说明的是，该支票签发于1949年8月4日，而此时已经发行了人民币，所以该支票填写的金额“六十五万元”应不是冀钞而是人民币了。至于支票上印的“本币”，应该加盖“人民币”字样，不过，支票既已注销，也就无所谓了。

① 现隶属于河北省邯郸市。漳滨中学亦更名为“太行第六联合中学”。

细说中国人民银行曾经发行过的储蓄存单

在中国人民银行曾经使用过的单证中，发行机构最多、数量最大、品种最全，且纯属银行业务的，当属储蓄存单了。翻看这些面目陌生的印刷品，细读那些繁体文字，新中国建立初期朝气蓬勃的社会政治经济面貌可见一斑。

一、储蓄存单的发行机构和发行年代

从储蓄存单实物可以看出，当年人民银行的各大区行、各省市分行、各专区中心支行、各城市支行和县支行都发行了各类各种储蓄存单，以大力开展储蓄业务，为新中国的革命和建设筹集资金。

有的基层县支行来不及使用正式印刷的储蓄存单，就按照统一的样式自行刻版油印。图4-30就是中国人民银行玉屏（现贵州省玉屏侗族自治县）支行1954年自制的优待售粮储蓄定期定额临时存单，存单注明“正式存单到后即通知领取”。从这张自制的储蓄存单上，可以想象出银行机构当年努力工作的精神风貌和昂扬斗志。

在西藏自治区成立以前，人民银行西藏分行在驻藏部队中也开展了储蓄工作，印制了部队专用的定活两便定额存单。

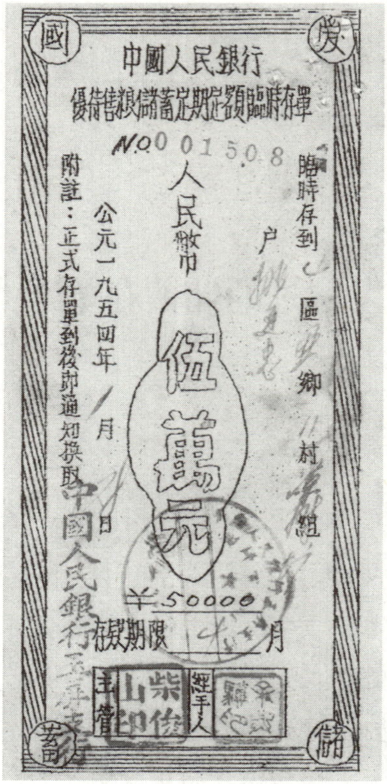

图4-30　中国人民银行玉屏支行1954年自制的储蓄存单

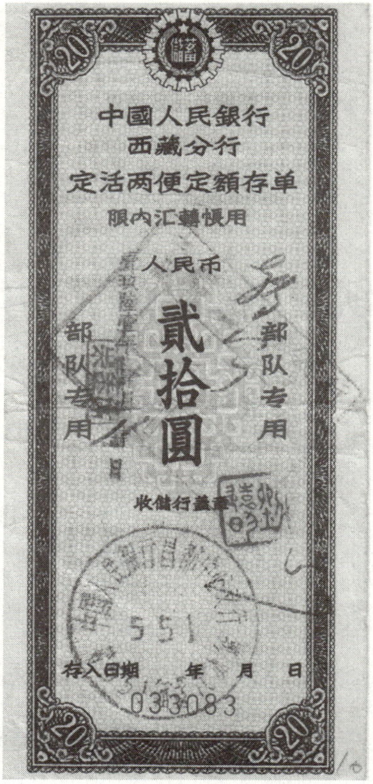

图4-31　西藏分行发行的部队专用定活两便定额储蓄存单

值得一提的是，当时的一些私营银行和邮局也积极加入到筹集资金的行列，代理人民银行办理储蓄。如人民银行贵州省分行1951年发行的保本保值定额储蓄存单上加盖有“代理中国人民银行储蓄”“和成银行代收”的戳记；湖南省分行1951年发行的定额保本保值储蓄存单上加盖了“代理中国人民银行储蓄”和“芷江邮局”两个戳记，真实地记录了这个史实。

从储蓄存单上填写的日期看，其发行年代为1951—1960年之间，尤其集中在1952—1954年这三年。这三年正是我国恢复国民经济、进行抗美援朝战争和开始实施第一个“五年计划”期间，国家需要大量的资金。在这种情况下，人民银行组织开展了大规

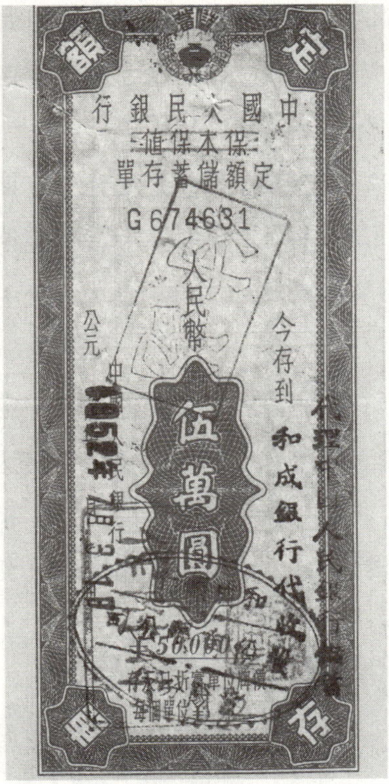

图4-32　加盖“和成银行”戳记的储蓄存单

图4-33　加盖“芷江邮局”戳记的储蓄存单

模的储蓄活动，为积聚社会闲散资金，支持战争和建设的需要做出了巨大的贡献。

二、储蓄存单的样式和品种

人民银行各级分支机构发行的储蓄存单，以竖式居多，也有少量横式的，票幅大小不一，但都印制精到，且基本要素一致：一是都标明存单种类名称，如定额储蓄存单、定期定额储蓄存款存单、保本保值有奖定期储蓄存单等；二是都注明发行日期、编号，并带有存根；三是都有“禁止流通，不准抵现”的提示；四是背面都有发行说明或章程、利率表；五是都有齐全的业务签章。由此可见，人民银行虽然刚刚“进城”不久，但各级分支机构办理业务已相当规范和严密。

这些储蓄存单绝大多数是定额的，即票面印有金额，而且每一种储蓄存单都有几种金额，形成系列。按其用途，可分为两大类：

一类是单一的现金储蓄。在这类定额储蓄中，又分为定期的、不定期的、定期有奖的、保本保值的、保本保值有奖定期的。人民银行所以设计了种类繁多的储蓄品种，目的是为了吸引储户存款，积聚更多的建设资金。

在这类储蓄中，后来都增加了有奖的内容。有奖储蓄在一定程度上调动了群众参与储蓄的热情。但也有不同看法，主要是认为有奖储蓄有物质刺激作用，与党开展共产主义教育的方针不相适应。为此，人民银行于1960年6月4日，向国务院报送了《关

图4-34 定额储蓄存单，左为新疆分行发行，右为河北省分行发行

于办理有奖储蓄情况的报告》，汇报了有关问题，提出停止定期储蓄的有奖活动。报告提出，鉴于计息复杂的问题，拟暂时保留活期和零存整取储蓄的有奖活动。为此周恩来批示，今年暂行保留这两种有奖储蓄，但总要想出一个办法，如以简单计算机来解决这个计算利息的麻烦问题，决不能以技术原因来动摇政治原则。到11月11日，人民银行发出《关于停办有奖储蓄的通知》，彻底停办了各个档次的有奖储蓄。

另一类是储蓄与农民售粮挂钩的。1953年11月2日，中央财经委发出《关于配合购粮任务积极开展农村储蓄工作的指示》，要求人民银行在国家购粮期间，鼓励农民将售粮的现金所得，拿出一部分参加储蓄，以支持国家经济建设。人民银行根据中央财经委指示，于同年11月21日指示各级分支机构行立即开展优待售

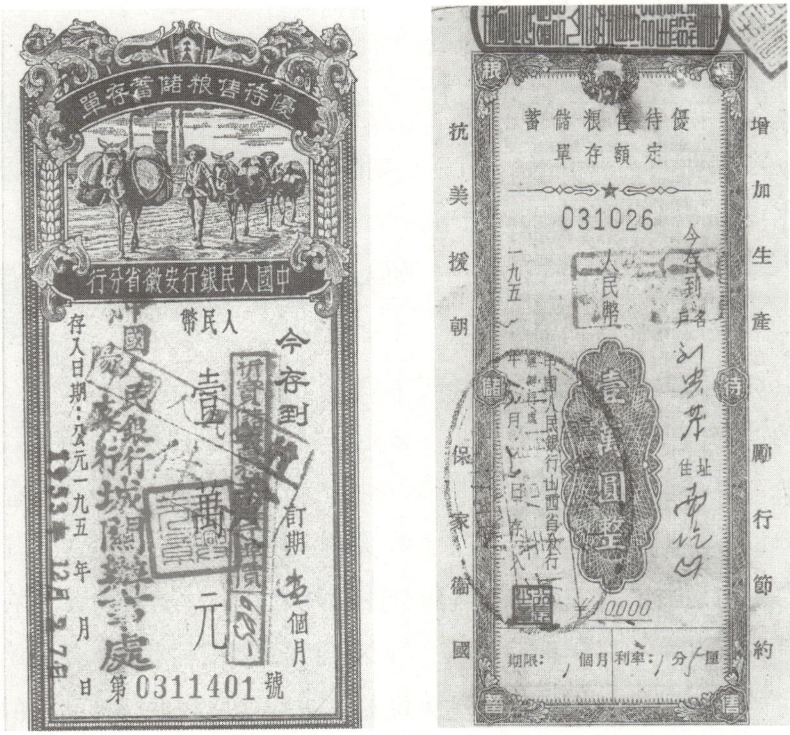

图4-35　优待售粮储蓄（定额）存单，左为安徽省分行发行，右为山西省分行发行

粮储蓄工作，并配套印制了优待售粮储蓄存单。从人民银行河北省、安徽省、湖南省等分行1954年发行的储蓄存单说明中可知，这类储蓄只限农村售粮户存储，其存期1—2月的，利率为月息 1分，高于同档次一般储蓄利率2.5厘（后又调整为存期1—3月的利率为月息1.5分），且“政府免纳利息所得税”。在农村开办优待售粮储蓄，使得国家支付给农民的售粮款，能有一部分实现现金回笼。

农村优待售粮储蓄开办了近两年后，发生了诸如账务错乱、挪用、搭发等流弊。此时，中国农业银行已经建立，农村优待售粮储蓄由其管理。中国农业银行根据中国人民银行“紧缩甚至停办”的方针，于1955年 9 月14日发出了《关于在农村停办优待储蓄的通知》，决定停办农村优待售粮储蓄，同时要求农业银行各级分支机构大力开展一般的定期和活期储蓄。

三、储蓄存单的特点

一是储蓄金额小，期限短。当年的储蓄存单，金额多在旧币1～50万元（为新币 1～50元），期限短则几天，长不过数月，以适应当时群众低下的收入水平。

二是实行保本保值措施。如人民银行东北区行1951年发行的有奖定期储蓄存单规定：“本存单期满，以原办行地区工薪分值，予以保本保值折算还付本金。”湖北省分行1954年发行的“定额保本保值储蓄存单”规定：“存入时注明当时折实牌价”，“如支取日牌价上升，本金按折实支付；牌价下落，按原存货币数支付”。这是国家保护广大储户利益的体现。

三是纳税。人民银行各级分支机构发行的储蓄存单都设有“扣所得税”“扣印花税”栏，证明当时的储蓄利息收入是要纳税的（上面提到的售粮储蓄免税），这可算是储蓄利息纳税的开端。

四、储蓄存单的宣传文字折射时代风貌

一是语言通俗直白。如“存款自愿不准扣，取款自由不准卡”“存单绝对不许当钱用，如买东西、入股、还债、缴税等”“存单不记名，支取时认票不认人”“存单应好好保存，不要遗失。万一遗失了就马上到存款的信用部登记，如登记前被人冒领了便不再负责”等。

二是提醒亲切实在。如“劳动收入要珍惜，计划开支巧安排，节省余钱多储蓄，建设资金汇成海”“日常节俭储蓄，生活永有保障”“整笔取出的钱，盼望很好运用，并请您再开个新户”等。

三是契合时事政治。如“勤俭建国是方针，勤俭治家也要紧，勤俭持身不可忘，社会主义好前程”“捐献飞机大炮，支援朝鲜前线”“大家来储蓄，建设新中国”“劝导亲友也来储蓄，为国家积累更多的建设资金”等。这些宣传口号，透露出浓浓的时代气息。

志愿军赡家汇款

从特种信汇到特种票汇的演变

1950年10月19日，中国人民志愿军跨过鸭绿江，开始了抗美援朝战争。为了适应战争的需要，中国人民解放军总后勤部和中国人民银行根据中央军委和中央财委的指示，决定组建中国人民志愿军随军银行（以下简称“随军银行”），随军银行遂于1953年2月9日正式成立，并立即开展了业务。

下图是随军银行于1954年4月19日签发的志愿军赡家汇款特

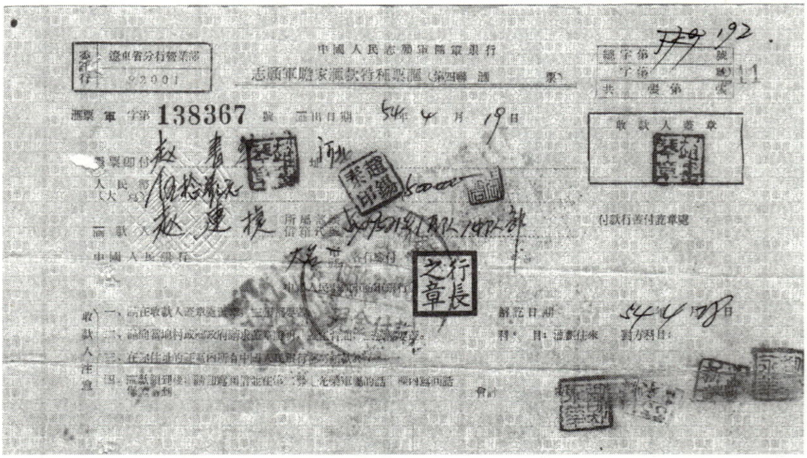

图4-36　志愿军赡家汇款特种票汇，原大188×105mm

种票汇凭证，办理的业务是志愿军战士给河北省邯郸专区大名县（现邯郸市大名县）的家人汇去赡家款。

下图是中国人民银行于1954年2月15日签发的志愿军特种信汇凭证，办理的业务也是志愿军赡家汇款。两者之间相隔两个多月，但方式却发生了变化，它们有何联系，又是如何演变的？现根据搜集到的有关文件作一些考察和分析。

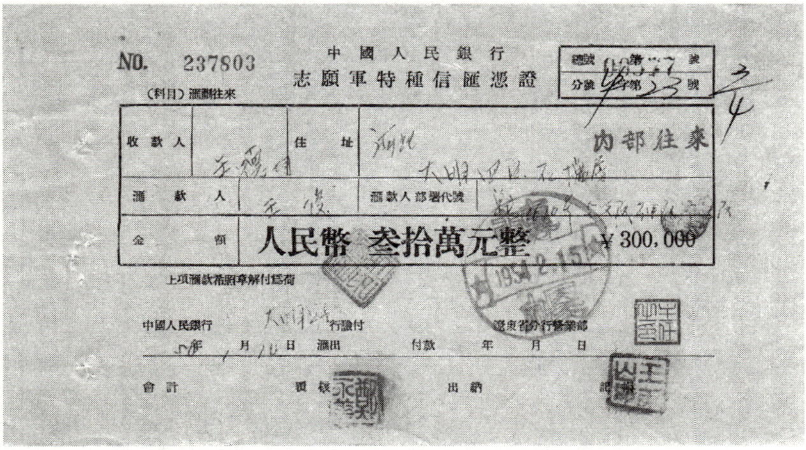

图4-37　志愿军特种信汇凭证，原大180×100mm

一、原先是用特种信汇办理志愿军赡家汇款业务

中央人民政府内务部、中央人民政府邮电部、中国人民银行总行于1954年4月5日向各地民政厅、邮电管理局和人民银行分行发出了《为从四月份起推广〈中国人民志愿军赡家汇款特种票汇办法〉对有关注意事项的指示希速转所属遵办由》的联合指示。

联合指示开头说道："自五三年四月人民银行施行中国人民志愿军赡家汇款特种信汇办法以来……"这段话告诉我们：一是此前的志愿军赡家汇款是由人民银行办理的，二是人民银行办理志愿军赡家汇款采用的是特种信汇方式，三是人民银行开办志愿军赡家汇款特种信汇业务是从1953年4月开始的。当然，这并不意味着在此以前人民银行未办理志愿军赡家汇款业务，只不过此

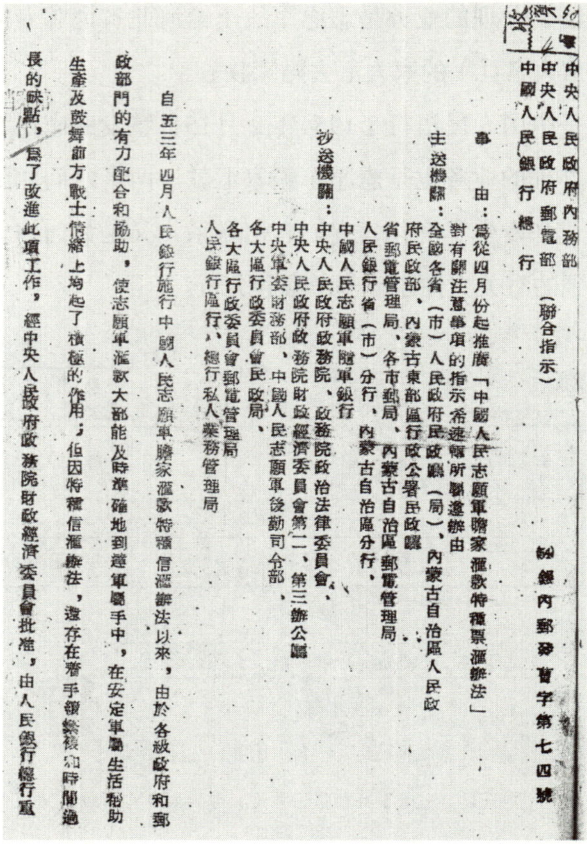

中央人民政府内務部
中央人民政府郵電部 （聯合指示）
中國人民銀行總行

銀内郵發晋字第七四號

事　由：爲從四月份起推廣「中國人民志願軍贍家滙款特種票滙辦法」對有關注意事項的指示希速轉所屬遵辦由

主送機關：全國各省（市）人民政府民政廳（局）、内蒙古自治區人民政府民政部、内蒙古東部區行政公署民政廳
省郵電管理局、各市郵局、内蒙古自治區郵電管理局
人民銀行省（市）分行，内蒙古自治區分行，
中國人民志願軍隨軍銀行

抄送機關：中央人民政府政務院、政務院政治法律委員會、
中央人民政府政務院財政經濟委員會第二、第三辦公廳
中央軍委財務部、中國人民志願軍後勤司令部、
各大區行政委員會民政局、
各大區行政委員會郵電管理局
人民銀行區行、總行私人業務管理局

自五三年四月人民銀行施行中國人民志願軍贍家滙款特種信滙辦法以來，由於各級政府和郵政部門的有力配合和協助，使志願軍滙款大部能及時准確地到達軍屬手中，在安定軍屬生活幫助生產及鼓舞前方戰士情緒上均起了積極的作用；但因特種信滙辦法，還存在着手續繁複和時間過長的缺點，爲了改進此項工作，經中央人民政府政務院財政經濟委員會批准，由人民銀行總行直

图4-38　中央人民政府内务部、中央人民政府邮电部、中国人民银行总行联合指示

前办理的是普通的银行汇兑业务罢了。

需要说明的是，特种信汇（也包括后来的特种票汇）的“特种”一词，是人民银行办理部队业务时，对部队的代称，特种信汇就是人民银行专门为部队办理的信汇。另外，特种信汇凭证有两种格式，图4-37所示的是将大小写汇款金额印在票面上的定额式凭证，还有一种是手工填写大小写汇款金额的不定额式凭证。

二、特种票汇为解决特种信汇存在的问题而产生

在志愿军赡家汇款施行特种信汇办法不久，即被发现存在着“手续繁复和时间过长”的问题。信汇是银行汇兑业务的方式

之一。信汇的办理流程是：汇款人委托汇出银行异地汇款，汇出银行将汇款凭证通过邮局寄给异地汇入银行，汇入银行收妥款项后，通知收款人到本行取款。这种方式要经过汇出银行向汇入银行邮寄汇款凭证、汇入银行通知收款人取款这两个接续的过程，在当时通讯落后的情况下，显得繁复且废时。

人民银行针对特种信汇办法存在的问题，立即着手研究解决，后“经中央人民政府政务院财政经济委员会批准，由人民银行总行重新制订了新的特种票汇办法，并于五三年十一月份起开始试行”。人民银行遂于1953年10月21日发出了《关于改变志愿军汇款办法的指示》。新的志愿军赡家汇款办法经过半年多的试行，取得了良好的效果，于是志愿军方面向中央汇报，中央批复道：“近接志愿军后勤司令部及志愿军随军银行来电，对特种票汇办法决定于五四年四月起，在全军全面推广。”于是，才有了上述中央人民政府内务部、中央人民政府邮电部、中国人民银行总行的联合指示。

票汇也是银行汇兑业务的方式之一。票汇的办理流程是：汇款人将款项交给汇出银行，汇出银行签发汇票（票汇的第四联）给汇款人，由汇款人将汇票自带或寄给异地收款人，收款人凭汇票到当地银行取款。这种方式使汇出银行向汇入银行邮寄汇款凭证与收款人获得汇票这两个过程同时进行，自然缩短了汇款时间，这就是志愿军赡家汇款由特种信汇改为特种票汇的原因所在。

从上述两种汇款凭证的办理机构看，特种信汇是由人民银行分支机构全程办理的，而特种票汇的办理行又增加了随军银行，但这并不意味着志愿军赡家汇款改变了银行汇兑的性质，而是由志愿军身边的专门银行办理赡家汇款会更方便、更快捷。

三、特种票汇办法仍然存在一些问题

联合指示在要求各地各部门立即施行新的志愿军赡家汇款

特种票汇办法时，也提醒各地各部门注意解决可能会遇到的新问题，主要是“该项汇款，笔数甚多，收款人又大多散居农村（百分之八五至九十以上），涉及面很广，而农村邮政条件较差”等。联合指示为此分别向各级政府、各级邮局和人民银行指出了应注意的事项。后来，人民银行于6月18日又发出指示，对票汇办法存在的不足，做了补充修订，这里不再详述。

在现代科学技术高度发达的今天，银行汇兑已经实现了即时清算，当年的情况和困难早已不复存在。我们翻出这些往事，无非是想从这些过去的事务中，了解那个逝去的时代，从而挖掘那个时代的精神，并感悟当今时代的进步。

复员建设军人生产资助金兑取现金券
——一种特殊的银行汇兑凭证

在中国人民银行早期发行的单证中，曾有一类是复员转业回乡建设军人生产资助金（粮）兑取现金券（以下简称“兑现券”），共有三个券别。收藏者对其性质和用途说法不一，认为它是人民币的代替品或是代金券的说法较占上风。通过查阅历史文件并深入分析可知，上述说法欠妥，该券的性质类似于银行汇兑凭证，而且是起着特殊作用的银行汇兑凭证。

一、兑现券发行背景

新中国成立后，为医治战争创伤，恢复国民经济，军队整编、军人复员转业被提上了日程。然而，由于抗美援朝战争的爆发，大规模的军人复员转业工作被迫暂缓，直到1952年春才开始启动。

当年，军人复员转业回乡时，人民政府是发给安家和生产资助金的（与现在的安置费性质和作用相同），但发放的不是现金，而是印制成票券形式的兑现券。复员转业军人回到家乡后，持券到当地的银行兑取现金。根据当时情况的不同，这类兑现券

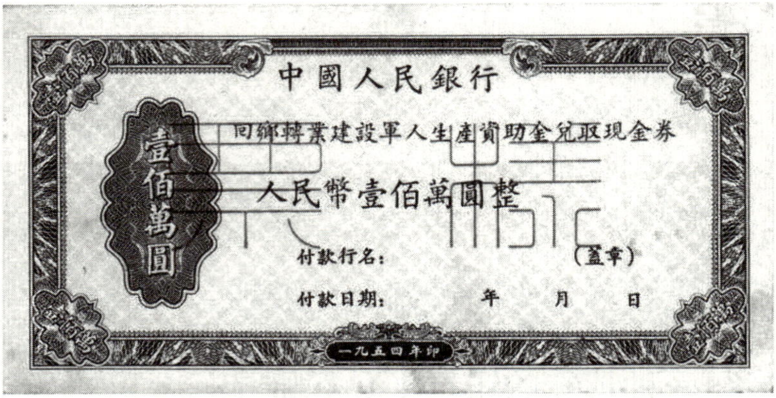

图4-39　1954年回乡转业建设军人资助金兑取现金券

的名称也有所不同，1952年的名称是“回乡转业建设军人资助粮兑换现金券”，发放的对象是回乡建设的转业军人，资助的是粮食；1954年的名称是“回乡转业建设军人资助金兑取现金券”，发放的对象仍然是回乡建设的转业军人，但资助的已由粮食改为现金；1956年的名称是“复员建设军人生产资助金兑取现金券”，资助的仍然是现金，但发放的对象已改成复员建设军人了。

图4-40　1956年复员建设军人生产资助金兑取现金券，原大140×70mm

1954年6月21日，中央转业建设委员会（当时简称“中央转委会”）、中央人民政府人民革命军事委员会总后方勤务部财务部（当时简称“中央军委财务部”）和中国人民银行总行向各大区及各省市财委、转委会、部队财务部和人民银行分行发出了《关于办理一九五四年度回乡转业建设军人资助金兑取现金券联合指示》，并随文附发了《中国人民银行办理一九五四年度回乡转业建设军人资助金兑取现金券办法及处理手续》。《联合指示》宣布，中央转委会自1954年6月底至12月底发放1954年度回乡转业建设军人资助金兑取现金券。从文件中可以看出：一是该类兑现券以两年为一个年度，本次是第二次发放，上次发放是1952年度；二是发放该类兑现券的主管部门是中央转委会，资助金则来源于中央军委财务部；三是该类兑

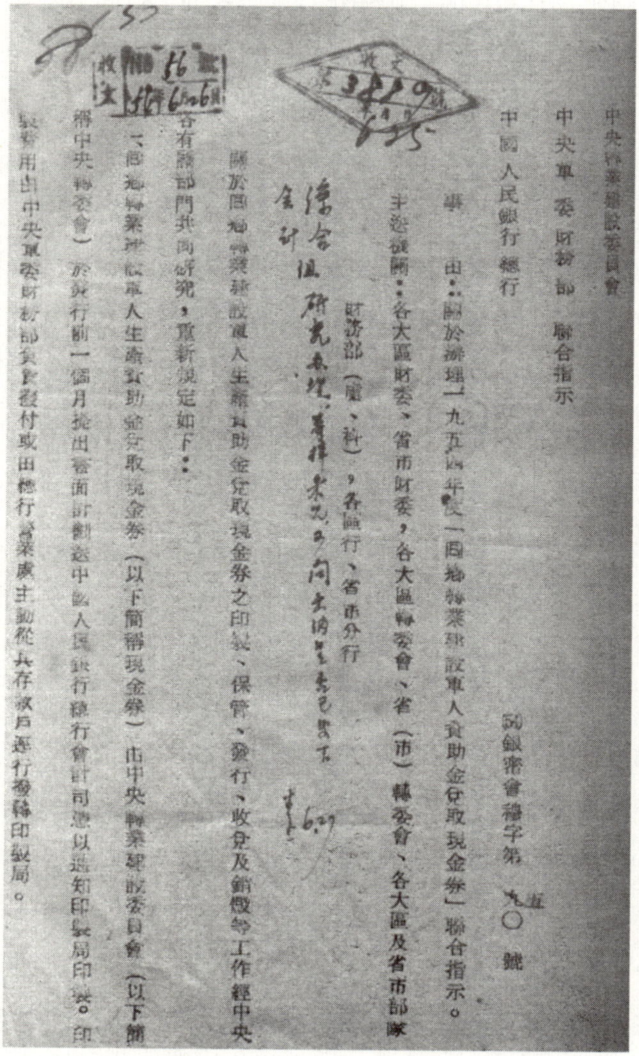
中央轉業建設委員會
中央軍委財務部　聯合指示
中國人民銀行總行　　54銀密會稿字第九五〇號
事由：關於辦理一九五四年度「回鄉轉業建設軍人資助金兌取現金券」聯合指示。
主送機關：各大區財委、省市財委，各大區轉委會、省（市）轉委會、各大區及省市部隊財務部（處、科），各區行、省市分行

關於回鄉轉業建設軍人生產資助金兌取現金券之印製、保管、發行、收兌及銷毀等工作經中央各有關部門共同研究，重新規定如下：

一、回鄉轉業建設軍人生產資助金兌取現金券（以下簡稱現金券）由中央轉業建設委員會（以下簡稱中央轉委會）於發行前一個月提出書面計劃送中國人民銀行總行會計司憑以通知印製局印製。印製費用由中央軍委財務部負責付或由總行營業處主動從其存款戶逕行撥轉印製局。

图4-41　中央转委会、中央军委财务部、中国人民银行总行《联合指示》

现券由中国人民银行办理并以其名义发行，所以券面冠以“中国人民银行”名称。1956年第三次发放的复员建设军人生产资助金兑取现金券（以下简称“1956年券”）到期收回后，就不再以兑现券的方式发给复员转业军人资助金了。由此，该类兑现券只有1952、1954、1956年三个券别。

二、兑现券的性质类似于银行汇兑凭证

1954年券是横式的，1956年券是竖式的，但同为定额式，即券面印有面额。1954年券有50万元和100万元两种面额，1956年券有50元和100元两种面额，前者是旧币，按10000：1的比率兑换成新币后，两年度兑现券的面额一样。两年度的兑现券背面都印有“兑取规则”，且内容一致，说明两者是一脉相承的。

兑现券虽然以票券的形式出现，但绝不是人民币的代替品或代金券。上述《联合指示》规定，1954年券由中央转委会于发放前一个月提出书面计划，送人民银行总行凭以印制，印制费用由中央军委财务部支付；印妥的兑现券由人民银行总行保管，需要发行时，中央军委或各大军区财务部持中央军委财务部的支票向人民银行总行领取；部队领取后，逐级分发给回乡转业军人；转业军人回到家乡后，由本人凭券向当地人民银行分支机构兑取现金，不得转让和流通；人民银行逐级将收兑的兑现券集中后，与中央军委财务部结算；兑付期满后，部队未发出的兑现券可向省级人民银行兑取现金等。从上述规定可以看出，兑现券的发行数量、资金来源和发行费用等都由部队负责，人民银行只是冠名、代印、代兑，并与部队结算。由此证明，以人民银行冠名发行的兑现券，只是起到了银行汇兑凭证的作用，其与人民币的性质与功能是全然不同的。

三、以兑现券的形式发放资助金是为了保证专款专用

从上述《联合指示》看，所以用兑现券的形式而不是以现金

的形式发给资助金，其目的，一是“为保证回乡转业建设军人所领取之资助金能用于生产，防止沿途挥霍、浪费”，二是“有利于货币市场的管理”。也就是说，以兑现券的形式发放资助金，是为了资助金专款专用，防止复员转业军人在回乡途中花掉，确保其回乡后有资金用于安置生活和开展生产。另外，以兑现券的形式发放资助金，还可以减少现金的投放，这在当年，是一项十分重要的政治和经济任务。

四、兑现券实券存世量稀少

从《联合指示》中可知，1954年券的发行期是1954年6月1日至12月31日，停止兑付期是1955年3月31日，后又因故延期到1956年3月31日停止兑付，流转全程不过22个月。从1956年券的兑取规则看，该券的流转全程最多也不超过24个月。由此可见，各年度兑现券在社会上的流转时间都很短；而各级人民银行收兑的兑现券要按月上缴，并由省级分行每三个月销毁一次，销毁时，同级部队财务部门和转委员会要派专人与人民银行的代表共同监销，并填制《现金券销毁报告表》分别向上级报告，手续极其严密，流失的可能性几乎为零。因此，我们现在在市场上能见到的多是各年度兑现券的票样，几乎见不到实券。当年，也有个别持券人因种种原因未兑取现金，其兑现券能够留存至今，也是十分罕见的了。

期票——延期支付退赔款的凭条

在20世纪60年代初，中国人民银行各省、市、自治区分行都发行过一种名为“期票”的单证。各分行的期票，除东北三省的

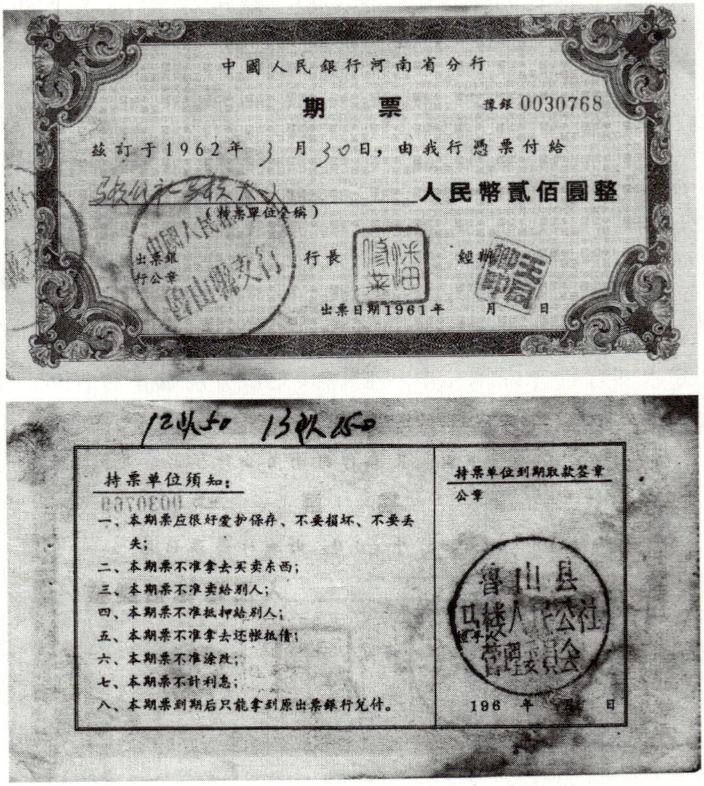

图4-42　人民银行河南省分行期票，200元，正、背面，原大165×90mm

为竖式外，其余为横式，四框式构图，左边带有存根。各分行期票的要素基本一致，正面都印有行名和“期票”字样、编号、兑付日期和领取人栏、金额、签发银行和负责人及经办人盖章栏，以及签发日期栏等；背面都印有“持券单位须知”及持券单位盖章栏等。各分行发行的期票都有1、3、5、10、20、50元几个面额，个别的还有100、200、500元面额的。从搜集到的实物和有关文件资料看，当年发行的期票并不是金融产品，而是由人民银行代国家发放的、延期支付“一平二调”退赔款的凭条。

一、发行期票是国家对“一平二调”予以退赔的方式之一

1958年，全国农村掀起了人民公社化运动，并发生了平均主义供给制和食堂制（“一平”）、对生产队的劳力及财物无偿调拨（“二调”）的“一平二调”严重错误。党中央及时发现了这个错误，决定立即纠正并予以全部退赔，一是退还“一平二调”的实物，二是不能退还实物的由国家支付退赔款。当时中央决定拿出25亿元作退赔款，其中15亿元给付现金，由财政部在1961年上半年的财政预算中列支；另外10亿元由人民银行发行期票，延期给付，计划到1962年全部给付完毕。

根据党中央的部署，财政部党组和人民银行党组于1961年2月4日向党中央报送了关于发行期票的报告，党中央于2月11日批准了这个报告，并发各中央局，各省、市、自治区党委按照执行。当年，除西藏之外，全国其他省、市、自治区都发行了期票。由于退赔对象是受到“一平二调”侵害的农村生产队和社员个人，因此，期票只在农村发行，从未在城镇发行过。当时的一些文件将期票直接称为“退赔期票”，由此证明，期票是国家对“一平二调”予以退赔的方式之一，是以人民银行名义代国家发行的延期支付退赔款的凭条。

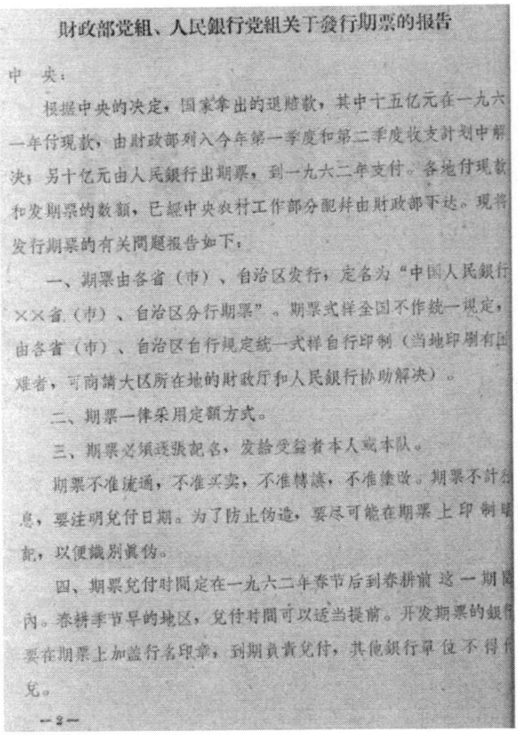

财政部党組、人民銀行党組关于發行期票的报告

中　央：

根据中央的决定，国家拿出的退赔款，其中十五亿元在一九六一年付现款，由財政部列入今年第一季度和第二季度收支计划中解决；另十亿元由人民銀行出期票，到一九六二年支付。各地付现款和发期票的数额，已經中央农村工作部分配并由財政部下达。现将发行期票的有关問題报告如下：

一、期票由各省（市）、自治区发行，定名为“中国人民銀行××省（市）、自治区分行期票”。期票式样全国不作統一規定，由各省（市）、自治区自行規定統一式样自行印制（当地印刷有困难者，可商請大区所在地的財政厅和人民銀行协助解决）。

二、期票一律采用定额方式。

三、期票必须逐张記名，发給受益者本人或本队。

期票不准流通，不准买卖，不准轉讓，不准塗改。期票不計利息，要注明兌付日期。为了防止伪造，要尽可能在期票上印制暗記，以便識别眞伪。

四、期票兌付时間定在一九六二年春节后到春耕前这一期間内。春耕季节早的地区，兌付时間可以适当提前。开发期票的銀行要在期票上加盖行名印章，到期負責兌付，其他銀行单位不得付兌。

—2—

图4-43　财政部党组、
人民银行党组关于发行期票的报告

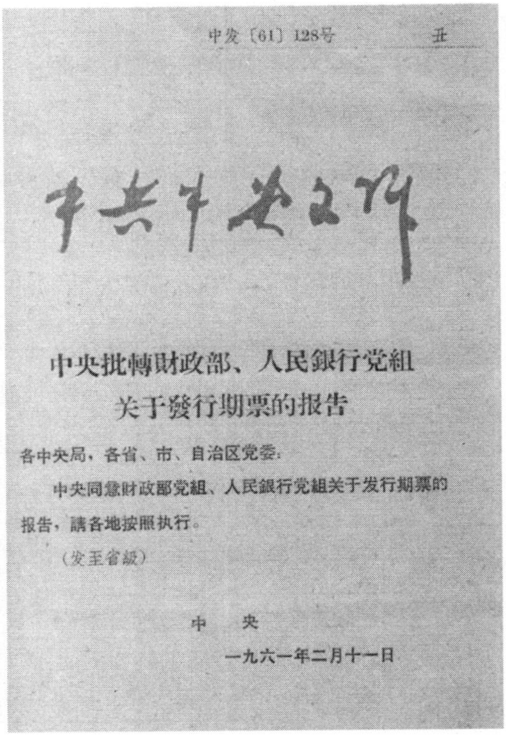

中发〔61〕128号　　丑

中共中央文件

中央批轉財政部、人民銀行党組
关于發行期票的报告

各中央局，各省、市、自治区党委：

中央同意財政部党組、人民銀行党組关于发行期票的报告，請各地按照执行。

（发至省級）

中　央

一九六一年二月十一日

图4-44　中央批转财政部、
人民银行党组关于发行期票的报告

二、发行期票是为了防止“分光吃净”退赔款

当年，国家在安排“一平二调”退赔款时，为什么决定发行一部分期票？一些人民银行分行的宣传解释材料中说到一些原因，“主要是从有利于生产和有利于受益人的积蓄等方面考虑的”。在退赔款中发放给一部分期票，便于生产队“储存这部分资金，用于明年的春耕生产”，“也能更好地帮助社员勤俭持家，避免浪费”[①]。也就是说，发行期票以延期支付退赔款，是为了防止“分净吃光”。但事实上，国家用发行期票的方式延期支付退赔款，还有减少现金集中投放、减轻国家财政支出压力和平衡物资供应的考虑。

①《关于发行期票的宣传解释工作的通知》，人民银行河北省分行1961年 4 月26日。

三、期票的印制、发行、发行对象与金额都有严格规定

财政部党组和人民银行党组在关于发行期票的报告中提出，期票可定名为“中国人民银行×××分行期票”，其式样全国不作统一规定，由各省、市、自治区分行自行设计、自行印刷、自行发行。报告提出：期票一律采用定额方式；期票必须逐张记名，发放到受益人本人或本队；期票不准流通、不准买卖、不准转让、不准涂改；期票不计利息，要注明兑付日期；要尽可能在期票上印制暗记，以便于识别真伪；开出期票的银行要在期票上加盖行名印章，到期负责兑付，其他行不得兑付等。我们现在所能见到的期票虽然版式各异，但都是根据上述规定印制发行的。

作为延期支付退赔款凭条的期票，虽然是由人民银行设计印制发行，但发给谁、发多少是由各级党委严格管理的。从当时的文件看，各省、市、自治区退赔款的总额以及支付现金与发行期票的数额，由中共中央农村工作部分配并由财政部下达，再由各地层层下达到县，严格控制，严禁突破。为了确保退赔款到达退赔对象手里，期票的受益人和金额由县（市）党委审查确定，并“出榜公布，以便社员了解和监督”。签发期票的工作由人民银行县（市）支行负责办理，各支行必须根据县（市）党委批准的

图4-45（1）　河北省分行期票，50元，原大131×66mm

图4-45（2） 内蒙古自治区分行期票，10元，原大155×80mm

图4-45（3） 浙江省分行期票，1元，原大123×61mm

图4-45（4） 福建省分行期票，3元，原大112×63mm

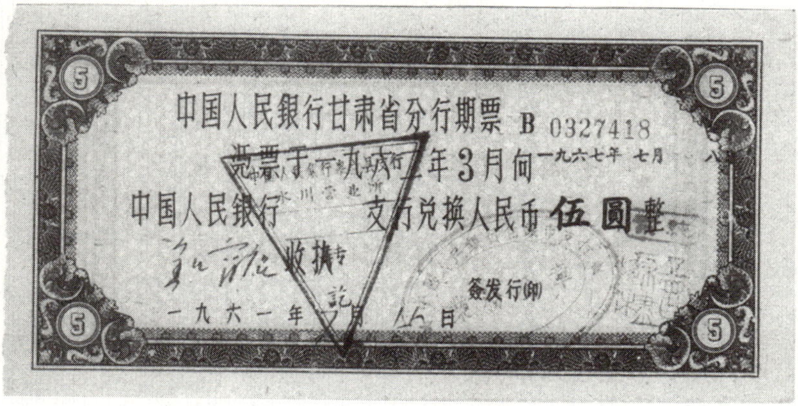

图4-45（5） 甘肃省分行期票，5元，原大150×75mm

名单和金额签发期票，并“亲自交给被平调的生产队和个人”。期票必须记名、编号，加盖出票行的公章和经办人私章。各支行在签发期票时，应由受益人在留底上签收等[1]。上述规定都能在现存的期票实物上看到。

四、期票的发行和收兑一波三折

各地自1961年1、2月份陆续发行期票以后，由于种种原因，发行进度不快。据有的省统计，到7月底仅发行了21%左右。但是，到12月中旬，各省、市、自治区财政厅和人民银行分行却向下属发出了暂时停止发放期票的通知。通知说：“中央指示：关于发行期票工作，由于今年各方面货币投放已经过多，而物资供应不足，因此各地除继续抓紧把尚有的实物坚决退还以外，暂时停止退赔期票的发放”，“以利市场物价的稳定”。通知还说：“至于期票到期的兑付办法和明年如何发行等问题，俟中央指示后再行通知。”[2]事实上，中央早在11月中旬即已电话通知各地暂停了期票发行。由此算来，期票仅发行了九个月。

按照财政部党组和人民银行党组向党中央报告时的计划，“期票兑付时间定在一九六二年春节后到春耕前这一时期内”。但随着期票的陆续发行，国家的兑付压力逐渐增加，主要是兑付

① 《对发行期票工作中有关处理手续的几项规定》，中国人民银行1961年2月21日。

② 《关于退赔期票暂时停止发放的指示》，河北省财政厅、人民银行河北省分行1961年12月18日。

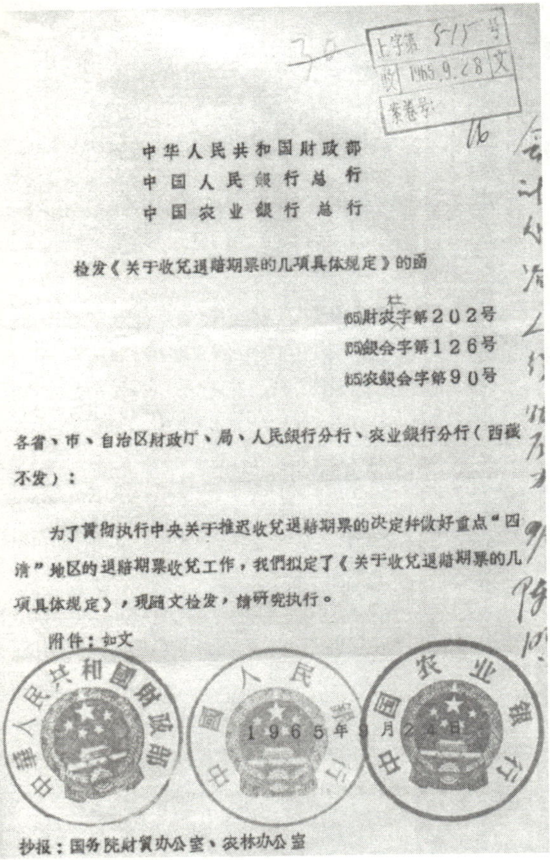

中华人民共和国财政部
中国人民银行总行
中国农业银行总行

检发《关于收兑退赔期票的几项具体规定》的函

(65)财农字第202号
(65)银会字第126号
(65)农银会字第90号

各省、市、自治区财政厅、局、人民银行分行、农业银行分行（西藏不发）：

为了贯彻执行中央关于推迟收兑退赔期票的决定并做好重点"四清"地区的退赔期票收兑工作，我们拟定了《关于收兑退赔期票的几项具体规定》，现随文检发，请研究执行。

附件：如文

1965年9月24日

抄报：国务院财贸办公室、农林办公室

图4-46　财政部、中国人民银行和中国农业银行联合发文

期票相应的物资准备不足，因此，期票的兑付期也递次顺延。到了1964年前后，又出现了新情况，即国家对社员拖欠银行贷款等“四项欠款”实行了豁免，而与此同时，国家对社员的退赔却由于期票的兑付仍在继续，这种现象显然不合理。为此，党中央作出了推迟收兑期票的决定，财政部、人民银行和农业银行据此于1965年9月24日联合发出了《检发〈关于收兑退赔期票的几项具体规定〉的函》，文件规定：一是期票的收兑，只限于经过重点“四清”的地区，其他地区暂不收兑；二是凡国家对持票人豁免了“四项欠款”的，应由负责豁免的单位收回持券人相应的期票；三是国家机关、团体、学校和全民所有制企事业单位以各种方式持有的期票，公社、大队留存的没有具体发放对象的期票，要无偿收回，不予兑现；等等。

期票的兑付工作是于何时结束的，尚未找到准确的文件依据，但从涉及兑付工作的文件到1966年底还陆陆续续出现来判断，最早也是在1967年全国普遍开展“文化大革命”才结束了期票兑付工作。

五、期票因兑付后即行销毁而存世极少

自1961年开始发行期票后，人民银行即对未发行的、损坏作废的和兑讫的期票处理问题作出了规定。规定要求各收兑银行在

核对无误后，由行长亲自或指定专人监督，立即销毁。1965年下半年，在完成“四清”的地区继续兑付期票后，人民银行再一次要求下属，对兑讫收回和无偿收回的期票以及尚未发行的空白期票，按照销毁残损钞票的办法即行销毁。因此，现在存世的期票已为数不多了。

侨汇物资供应证与外汇兑换券

在20世纪50年代末，我国曾发放过侨汇物资供应证，有的地方称“侨汇商品供应证”（以下简称“侨汇证”）；80年代初，我国还发行过外汇兑换券（以下简称“外汇券”）。这两种证券是当年大多数人可望而不可及的。在那个物资短缺的年代，持有这两种证券，就意味着可以买到更多一些、更好一些的食品、生活日用品，甚至是当时的奢侈品。

这两种证券虽然都与外汇有关，都有人民币面额，都可以在国内购买短缺的商品，但却是性质完全不同的两种单证。侨汇证是为鼓励或者说是奖励华侨由境外向境内的眷属汇款而附赠的购物券，其票面所载的侨汇人民币金额是华侨汇款的金额，而不是侨汇证的金额。外汇券则不然，外汇券是为了禁止外币在国内市场计价流通，维护社会主义金融秩序而依法收兑外币，并兑换给外币持有人的准货币，其票面所载的人民币金额，是由外币按照当时牌价折算而来的，与人民币等值。

一、侨汇证

侨汇是华侨汇款的简称。华侨是指旅居国外的中国公民。中国人移居海外历史悠久，早在秦汉时期，就有中国人通过丝绸之路前往西域或者乘船东渡日本而留居当地的，这可以说是中国历史上华侨产生的萌芽。进入盛唐，开始有较多的中国人留居海外，是为中国华侨史的开端。经过1300多年的时光，到1949年，中国华侨人数达到1200多万人，形成了中国华侨遍布世界各地的局面。华侨素有爱国、爱乡、爱家的传统和情怀，这就是产生侨汇——华侨由境外向境内的眷属汇款的原因。

新中国成立后，人民政府对华侨、归侨、侨眷的利益和财产采取了保护政策。1953年1月9日，政务院第166次政务会议通过的《关于解放前银钱业未清偿存款给付办法》规定：凡属官僚资本、战犯、汉奸反革命分子所有的银行存款，经由法院核定，予以没收，汇缴国库，其余存款人的存款以一年为限，只给付本金，不计利息；但对解放前汇入境内但银行尚未解付的侨汇，以及国内收款人尚未支取的侨汇，则规定了优待办法。当年，囿于各种原因，侨汇的清偿迟迟不能完成，政府为保护华侨的合法利益，将侨汇存款登记期限一再延长。到1956年9月29日，经国务院批准，人民银行发出了《关于解放前存款清偿问题的通告》，决定将境外华侨存户的登记期限再延长一年，到1957年10月31日止，逾期不再受理，境外华侨存款登记清偿工作共办理了四年零十个月，比国内人员存款登记时间长了近四倍，充分体现了人民政府对华侨、归侨和侨眷的关怀。

人民政府在妥善处理华侨存款的同时，还十分重视保护和鼓励华侨汇款、切实照顾侨眷生活的工作。1955年1月3日，中共华侨事务委员会党组和中国人民银行党组向中共中央报送了《关于侨汇问题的请示报告》，针对当时存在的一些问题，建议采取大张旗鼓地宣传侨汇政策、承认侨眷依靠侨汇生活是合法的、对侨眷生活消费品供应适当照顾等措施，以切实落实侨汇政策。中共中央于2月10日批转了上述报告，同意报告所提建议，要求各省市区党委研究执行。同年2月23日，国务院又发布了《关于贯彻保护侨汇政策的命令》，强调保护侨汇政策是国家的长远政策，凡是侵犯侨汇的事情必须依法制裁，侨眷有使用侨汇的自由，鼓励侨眷用侨汇兴办家乡公益事业等。人民银行据此，也于4月9日发出了《为执行〈国务院关于贯彻保护侨汇政策的命令〉应即深入检查并切实改进侨汇工作定期上报的指示》，对在银行工作中贯彻侨汇政策的有关问题做了部署。

落实国家保护侨汇的政策，重点是对侨眷的生活给予适当照顾。当年，国家物资缺乏，又实行“统购统销”政策，几乎所有的食品、日用消费品和工业品都凭证供应。所以华侨从境外给境内的眷属汇款（归侨在境外的眷属给归侨汇款）贴补日用，但侨汇解付为人民币后，侨眷虽然有钱了，但没有购物的票证，仍然买不到东西，从而影响了华侨汇款的积极性。为了解决这个问题，国家实行了按侨汇金额的一定比例发给购物证、侨眷持证购买紧俏商品的办法。在华侨比较多的广东，从1957年就实行了侨眷凭银行开出的侨汇证明书到华侨商店领取购物证，国家按侨汇额的15%供应商品的办法，取得了很好的效果。这个办法1959年在全国得到推广。1960年全国统一印发了侨汇证。

在华侨同样较多的福建、海南等地，更出现了一种独具特色的方式——侨批封。“批”即闽南话的信，“侨批封”即华侨家信的信封。新中国成立初期，福建、海南籍的华侨从海外汇款，多通过国内外民间的信局（一种信、汇合一的特殊邮传机构）办理。他们在信封里放进家书，同时夹寄汇票，并在信封上注明汇款金额。国内的眷属接到信函后，持信封到当地的侨汇管理部门申领购物证。经侨汇管理部门核实后，就在侨批封上加贴侨汇购物登记单或加盖侨汇购物登记章，列有可购商品名称，已购商品在相应栏内勾销。1960年全国统一印发侨汇证后，侨批封

图4-47　天津市的侨汇物资供应证

的方式才停用。

“文革”十年动乱中，侨汇证政策受到了严重冲击。1978年3月25日，商业部、人民银行、国务院侨务办公室在北京召开侨汇物资供应工作座谈会，标志着侨汇物资供应工作全面恢复。会议决定，对侨汇要发放相应的购物票证，并确定每百元人民币侨汇供应商品30元，其中由地方供应粮油、副食品10元，由商业部专项拨给适销工业品20元，银行在解付侨汇时发给等值的侨汇物资供应证，商业部门凭证供应商品。上述决定从1978年4月1日起实行。根据会议决定，人民银行于同年7月3日，发出了《关于发放侨汇物资供应票的通知》，对侨汇物资供应票的发放对象、范围、票证版面额度、发票办法作了具体规定。

侨汇证以各省、市、自治区为单位自行印制，薄纸套色印刷，有侨汇人民币5、10、50、100元四个面额。华侨较多的城市比如广州市等也准许印制侨汇证，且有30元面额的。一张完整的侨汇证由两部分组成：

一是证，即正券。一般印在侨汇证中间（个别的印在左侧），竖式（个别为横式），内容包括证券名称“××省（市、自治区）侨汇物资供应证”，侨汇人民币大、小写面额（有的还印有汉语拼音），使用（发放）起止日期或有效期，主管部门戳记[①]，有的还印有当地名胜的图案、使用说明、印制单位、印制日期、编号等。黑龙江省的侨汇证还印有发放银行栏，并在证的两侧印有“无银行章无效　不准买卖”和“票券自行剪下无效　不准翻印”的字样，从而显示了由银行在解付侨汇的同时发放侨汇证的具体做法。

二是券，即副券。分为粮票券、油票券、副食品券和工业品券（购物券）四类，横竖有序地印在侨汇证正券的左右、上下，每张券都印有券名、购物数量（或相当于当地同类券的数量）和主管部门戳记。各券可购买的商品，以侨汇人民币50元供应证为例，粮票券 1 张，可买粮食10市斤；油票券 1 张，可买食油7.5市两；副食品券 2 张，相当于当地副食品券2.5张；工业品券（购物券）4 张，相当于当地工业品券（购物券）10张。由于各地侨汇数量和购物偏好的不同，各券可购买商品数量略有不同，但总体上符合商业部、人民银行、国务院侨办规定的标准。

侨汇证的使用方法是：持券人到华侨商店或专柜购买专供商品时，需当场剪下相应的副券购买相应的商品。一张侨汇证的所有副券剪完时，只剩下正券，就不能购买商品了。

侨汇证的有效期是两年，因此大部分地方发放的侨汇证每

① 主管部门：大部分地方的主管部门是商业厅局，有的地方如黑龙江省的主管部门是商业厅、粮食局、供销合作社，湖北省的主管部门是商业厅、粮食局，天津市的主管部门是第一商业局，广州市的主管部门是华侨商品供应公司。它们在侨汇证及相关的副券上都印有戳记。

两年重印一次。在重印时，有的改变了版面设计，有的印上了年号，也有个别地方不重印，用手写或戳记载明本券的起止日期，节省了不少成本。

1960年6月，人民银行发布了《优待华侨外币存款章程》，华侨从境外汇入或携入境内的外汇，除了侨汇以外，又有了在境内使用方便、存取自由的第二条通道。1980年我国发行外汇券后，由于外汇券涵盖了侨汇证的绝大部分功能，于是侨汇证渐渐“失宠”。尽管如此，国家还是从争取更多侨汇的角度出发，不断完善侨汇物资供应工作。1987年9月18日，商业部、国务院侨办、国家计委、国家经委、财政部、国家外汇管理局、对外经贸部、中国银行、海关总署、中国烟草总公司联合印发了《关于改善赡家侨汇物资供应几项规定的通知》，通知中一是提高了除广东、福建以外其他省市区的赡家侨汇留成比例，二是规定侨汇留成必须全部用于组织侨汇物资供应，三是增加了名烟名酒的供应。不过，随着外汇券使用范围的迅速扩大，侨汇都涌向了外汇券，侨汇证不可避免地淡出市场，约于20世纪80年代末自然而然地消失了。

二、外汇券

1978年12月，党的十一届三中全会作出了党的工作重心转移的历史性决策，改革开放的号角吹响了中国大地。随着对外开放的不断扩大，来华观光旅游的外国人，回国投资探亲的华侨、港澳同胞，驻华的外交、民间机构和国际组织及其常驻人员等日益增多，他们在华使用货币的问题被提上议事日程。

为了满足他们在华的消费需求，也为了加强外汇管理，禁止外币在国内市场计价流通，维护社会主义金融秩序，国家外汇管理总局于1980年3月19日发出了《关于中国银行发行“外汇兑换券”的通知》。通知称，国务院授权中国银行从1980年4月1

图4-48　中国银行发行的1979年版外汇兑换券

日起发行外汇兑换券（以下简称“外汇券”）；凡持有可自由兑换的外币现钞、能立即付款的外汇票据、外币支付凭证和汇入款等，均可到当地的中国银行或其指定的兑换点兑换成外汇券，外汇券与人民币等值；外汇券只限于短期来华的外国人，短期回来的华侨、港澳同胞，驻华外交、民间机构、国际组织及其常驻人员等，在中国境内指定的范围内使用，不准挂失；在六个月内，可凭本人的“兑换证明”，将持有的外汇券向中国银行办理转存人民币特种存款、外币存款，或兑回外币、或携出汇出境外；外汇券不得私自买卖，严禁投机倒把和伪造，违者按中华人民共和国刑法第三章关于破坏社会主义经济秩序罪论处。通知还附发了《中国银行外汇兑换券暂行管理办法》。

中国银行发行的外汇券，按照人民币的标准印制。1979年版有100元、50元、10元、5元、1元、5角、1角共七个券别，其中1角券有五星水印和五星火炬水印两个版别；1988年版有100元、50元两个券别。全套为九张（1角券按一张计算），总面值316.60元。各个券别、版别的外汇券均为四框式构图，正面中央上方有“中国银行”行名和“外汇兑换券”券名，中间印有万里长城、桂林象鼻山、漓江春色、长江三峡、黄山风光、杭州西湖等图案，左右印有大小写面值和花纹，钤有圆形“行长之章”，下边中央印有年号。背面印有英文行名、券名、面值和中英文说明等，整套外汇券主题鲜明，色调明快，印制精美。

“从外汇券发行一年来的情况看，有利有弊，议论纷纷，大家都很关注”，为此，国家计委、国家进出口委、中国人民银行、国家外汇管理总局于1981年6月12日向国务院呈报了《关于加强外汇兑换券管理工作的报告》。报告说，在没有新的更好的办法前，有必要以现行办法为基础，加强管理，堵塞漏洞，克服因工作跟不上而产生的问题，尽可能将外汇券流通中的一些不利因素限制在最小范围。一是各省市区人民政府要开展一次外汇券使用情况检查，发现问题，及时处理。二是要从商品价格上保证外汇券与人民币等值，不得为了多得外汇券擅自降低商品销价。三是一切有外汇券收入的单位，应同人民币现金一样，一律在当天将收入的外汇券交存银行，不得留用、坐支。四是供货部门向对外供应部门供应商品，除经营外贸的部门专供出口商品可以收取外汇券外，其他内销商品一律不得用外汇券计价、结算；各单位、各部门之间也不得相互用外汇券买卖、交换和支付货款。五是外汇券只许入境的外宾、华侨、港澳台同胞和持有银行证明的国内居民使用，对某些紧缺商品，要规定限购数量。六是各级工商管理部门要会同有关部门定期检查商店的供应价格，外汇券使用情况。国务院很快就同意并批转了国家计委等四部门的报告，要求各地于1981年7月15日起实行。

外汇券的极大诱惑力，使得方方面面都在打它的主意。针对外汇券在使用中不断出现的问题，国家外汇管理局、中国人民银行、国家计委、对外经贸部、商业部、中国银行、中国工商银行、中国农业银行于1984年11月8日发出《关于加强外汇兑换券管理工作的联合通知》。通知有针对性地提出，要严格控制外汇券使用范围和使用对象，尽快调整和缩小两种价格商品的范围和差价，立即清理整顿现有的收券网点，认真执行外汇券回笼和结汇制度，切实加强市场管理，以正确发挥外汇券的作用。

为了防止外汇券持有人可能发生的套汇行为，国家外汇管理局于1989年10月30日又发出了《关于外币兑换若干问题的规定》：一是各国驻华各类机构和国际机构从其外币存款账户提取外汇券后，不得兑回外币，只能在中国境内继续使用；二是上述机构所属人员离境，如要求将外汇券兑换成外币汇出或携出境，必须凭规定的证明和兑换水单兑换50%的外币，不离境不能兑回外币；三是短期来华人员如要求将外汇券兑换外币汇出或携出境，必须凭规定的证明和兑换水单兑换50%的外币。上述规定从1990年10月30日起执行。

在外汇券发行和流通13年后，国务院于1993年12月先后颁布了《关于金融体制改革的决定》和《关于进一步改革外汇管理体制的通知》，在这两个具有历史意义的文件中，国务院对金融体制改革和外汇管理体制作了全面部署，其中很重要的一条是宣布停止发行并逐步收回外汇券，取消任何形式的境内外币计价结算。根据国务院的决定，人民银行立即于同年12月28日发布了《关于进一步改革外汇管理体制的公告》，决定从1994年 1 月 1 日起停止发行外汇券，但已经发行流通的外汇券，可继续使用，逐步收回。到了当年的11月末，以前发行的外汇券已在流通中逐步收回，社会存量已经很少。人民银行认为已有条件按原定计划完成停止外汇券流通、在境内机构与境外来华人员支付结算中统一使用人民币的改革任务，遂于1994年11月22日发布了《关于外汇兑换券停止流通和限期兑换的公告》，宣布从1995年 1 月 1 日起，外汇兑换券停止在市场上流通，所有持有外汇券的机构和个人应在1995年6月30日前，到中国银行或其他指定的兑换点，按1993年12月31日公布的国家外汇牌价折成美元，或结汇，或存入外汇账户，或兑换成美元现钞，或兑换成人民币。这个公告标志外汇券完成了历史使命。

侨汇证和外汇券虽然已经先后退出了历史舞台，但它们在我国特定历史时期所起的重要作用是不可磨灭的。出于对它们的回忆和纪念，也由于现在存世量很少，侨汇证和外汇券已成为收藏界的珍品而受到追捧。

第五辑

旧档中翻出的故事

元朝县支行——冀南银行的缩影

下图是冀南银行元朝县支行1948年 2 月份月报表的封面。该报表为竖式，长224mm，宽140mm。

该报表的封面纸张较厚，松脆泛黄，显出岁月的沧桑。封面顶部可见纸捻做成的装订线。按照银行账表的装订规矩，账表的封面应该是两张纸，装订后，将第一张纸沿着装订线翻上去，包住装订线和顶端，再折到后面粘在封底上，并在折返处盖上戳记。这样做的目的，一是防止非正常拆卸，保证账表的完整性；二是为了美观，遮住顶端参差不齐的页边；三是还可以像书籍的书脊一样写上标识。这册报表的顶部露出了装订线，其下有几个半截字和两处半截戳记，表明第一张封面纸已缺失了。

图5-1　冀南银行元朝县支行
1948年 2 月份月报表的封面

该报表封面上方，毛笔横书

“后补月报表”，封面上油印着“元朝县支行二月份报表”，下面钢笔填写“37年 2 月29日”，并加盖“冀南银行元朝县支行”印章。接下来是油印的表格，表格第一行印有“报表名称”“张数”“号数”“备考”等栏目名称，在报表名称列，用钢笔手写了六种报表名称。张数列，用钢笔手写了各报表的张数。在右侧备考列位置，用毛笔竖书“前造的那份被老鼠咬怀（坏）今又重造一份于五月十二日”，表格的最后一行是合计。在表格下面，印有“经理”“复核”“会计”“制表”字样，在“经理”后盖有“雷成”的名章，在“制表”后盖有“马凤至”的名章。纵观该报表封面制作和报表内容，可以说，虽然简单，但仍然规范，这在当时的环境下是很难得的，尤其是备考栏中写的几句话，道出了当时环境的艰苦。

当年的冀南银行，是晋冀鲁豫边区领导下的金融机构[①]。在中国共产党领导下，冀南抗日民主政权——冀南行政主任公署于1938年 8 月成立，杨秀峰任主任、宋任穷任副主任。1946至1948年间，晋冀鲁豫边区的范围包括山西、河北、河南和山东四省之间交界的广大地区，西达同蒲铁路，北到正太、德石铁路，东至津浦铁路，南抵陇海铁路和黄河北岸，面积约61万平方千米，人口约2500万。边区下辖太岳、太行、冀南、冀鲁豫 4 个行政区（军区）、19个专署区（军分区）以及约200个县。元朝县属于冀南行政区第一专区，辖 6 个区58个村，现在已经没有元朝县的建制了。从当年的地图看，元朝县县城在现今河北省大名县与山东省莘县之间，该县于1949年 8 月撤销，所辖各区分别划归现河北大名县和山东莘县。

冀南行政主任公署成立伊始，就计划成立自己的银行，发行自己的货币，以自己的货币替换民国政府的法币，一方面将法币作为建立自己银行的基金，另一方面抵制日伪用敌伪币换取法

①《冀南银行》：中国人民银行河北省分行编，河北人民出版社出版，1989年12月第 1 版。

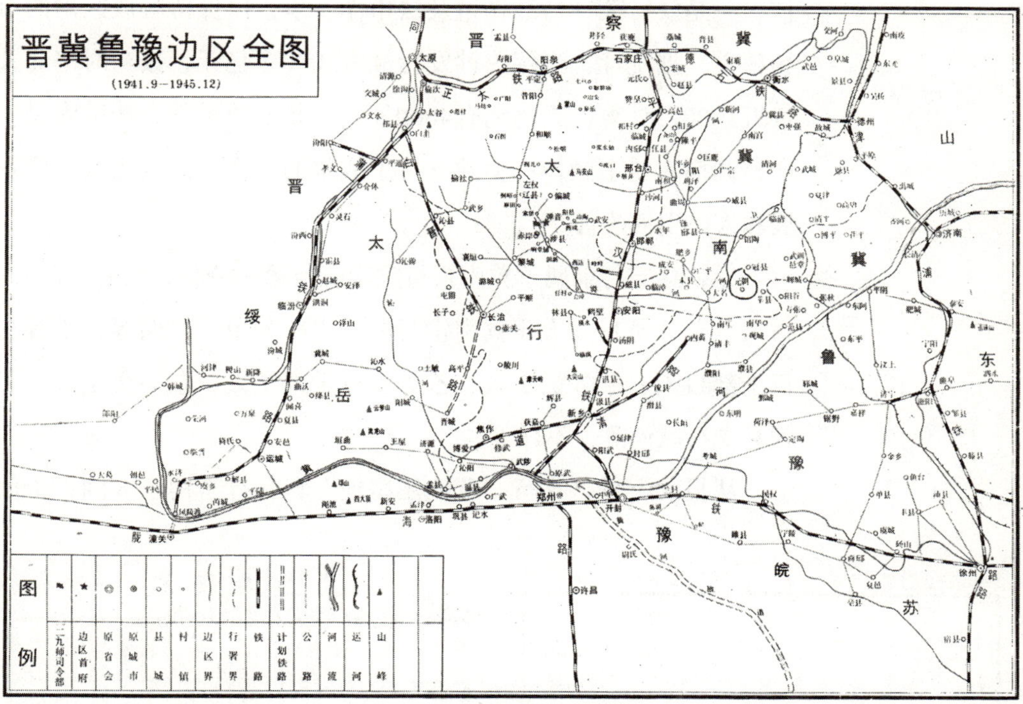

图5-2 晋冀鲁豫边区局部图

币的行径。于是于1939年6月公署在边区太行区（山西）黎城县西井，开始筹建冀南银行，首要的工作是筹备发行货币。经过几个月的努力，冀南银行于10月15日正式成立，并立即宣布发行冀南银行币，即冀钞。

图5-3 冀南银行徽章

1945年11月10日，中共晋冀鲁豫中央局在河北邯郸的峰峰矿务局召开会议，会议对银行工作作了重要决议。晋冀鲁豫边区政府根据这个决议，于12月1日发出通知，宣布冀南银行为整个边区的银行，对全区货币实行统一发行、统一管理。至此，冀南银行成为了晋冀鲁豫边区的“中央银行”。冀南银行成立以来努力开展两大工作，一是发行冀钞与敌伪币及法币作斗争，以保持解放区内的市场独立。据统计，当年冀钞发行额有2000多亿元，按当时华北人口近5000万计算，人均约合4000元。二是发放贷款，扶助农民生产，调剂农村金融，有力地支持了战争的需要，以及边区经济发展和人民生活改善。

元朝县支行隶属于冀南银行冀南区行第一分行，约有干部7—11人，杂务员1—2人（冀南银行的县支行分甲、乙两等，甲等支行干部11人，杂务员 2 人；乙等支行干部 7 人，杂务员 1 人，元朝县支行属何等，不详）。

从报表上看，支行“营业用房地”科目计有房子 8 间，价值

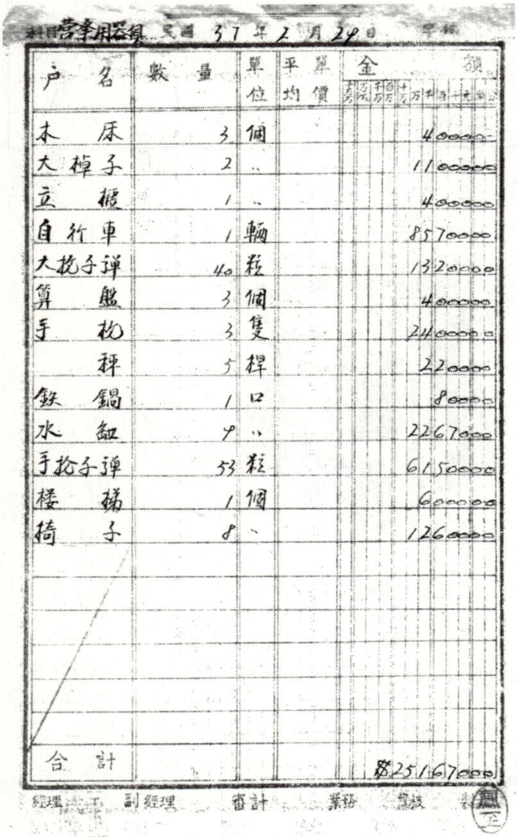

科目营業用器具　民國 37 年 2 月 24 日　字No

户名	數量	單位	平均單價	金額
木床	3	個		4000000
大棹子	2	〃		11000000
立櫃	1	〃		4000000
自行車	1	輛		8570000
大拡子弾	40	粒		1320000
算盤	3	個		400000
手枪	3	隻		24000000
秤	5	桿		220000
鉄鍋	1	口		80000
水缸	4	〃		2267000
手拡子弾	53	粒		6150000
楼梯	1	個		600000
椅子	8	〃		1260000
合計				$25167000

經理　副經理　審計　業務　覆核　製表

图5-4　“营业用器具”科目（乙种）余额表

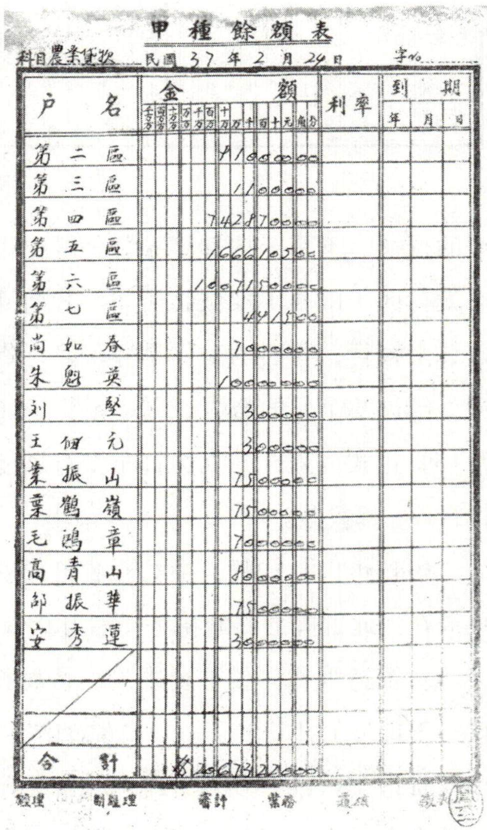

甲種餘額表

科目農業貸款　民國 37 年 2 月 24 日　字No

户名	金額	利率	到期 年	月	日
第二區	9100000				
第三區	1100000				
第四區	74287000				
第五區	16661050				
第六區	100715000				
第七區	4415000				
尚如春	7000000				
朱魁英	10000000				
刘堅	3000000				
王佃元	3000000				
業振山	7500000				
葉鶴嶺	7500000				
毛鴻章	7000000				
高青山	8000000				
郜振華	7500000				
安秀蓮	3000000				
合計	$1466732200				

經理　副經理　審計　業務　覆核　製表

图5-5　“农业贷款”科目（甲种）余额表

9万元（冀钞，下同），“营业用器具”科目计有木床3个、大桌子2个、立柜1个、自行车1辆、大枪子弹40粒、算盘3个、手枪3支、秤5杆、铁锅1口、水缸9口、手枪子弹53粒、楼梯（梯子）1个、椅子8个，共计价值25.167万元，这些就是当年冀南银行元朝县支行的家当了。

从该报表上看，该支行1948年2月末有上级行拨付的资本金4900万元、基金300万元，还有暂时存款3笔共359.425万元（存款单位为县财办处、供给部和财经科），这就是该支行的资金来源了。该支行的资金运用有农业贷款16笔共2067.322万元、投资经营2笔共56.54万元、副业贷款5笔共759.637万元、合作贷款2笔共20.061万元，还有金库占款、银元占款等，从中可以看出，农业贷款是该支行资金运用的主体。从“农业贷款”科目余额表看，贷给县辖各区2009.222万元，占97.2%；贷给个人10户共58.1万元，占2.8%，这体现了冀南银行的经营方针和服务方向。

随着解放战争的节节胜利，革命根据地不断扩大并迅速连成了片，统一行政和统一经济工作提上了日程。按照中央的部署，冀南银行于1948年7月与晋察冀边区银行合并，组成了华北银行，并成为不久之后成立的中国人民银行的重要基础。冀南银行存在了九年，功彪史册。1989年中国人民银行河北省分行编写《冀南银行》一书时，邓小平同志题写了书名。

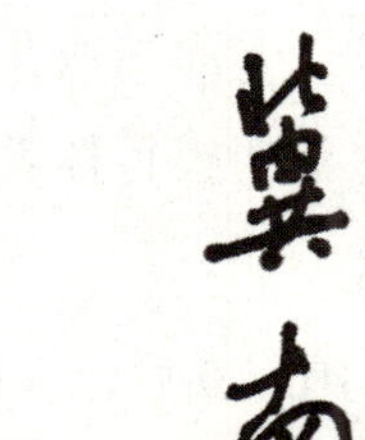

图5-6　邓小平题写的“冀南银行”

中国人民银行早期的管理体制

中国人民银行于1948年12月 1 日在河北省石家庄市成立时，解放全中国的战斗还在继续，各个解放区的人民政权还在独立开展工作，银行和货币还没有完全统一。在这种形势下，人民银行不负党中央的重托，以华北一区之力，一方面全力拓展业务，积极筹措资金，支持解放战争的全面胜利和迎接大规模经济建设的到来；另一方面加快步伐，开展了统一解放区货币、发行人民币和建立新的银行体系等工作，为新中国的金融事业奠定了坚实的基础。

新中国成立后，人民银行为迅速担负起国家银行的职能，努力加强内部建设，历经两个阶段，初步建立和完善了早期的管理体制[①]。

第一阶段从1948年12月开始。经过繁杂艰辛的初创，人民银行的管理体制已初现端倪。1950年 2 月21日，人民银行召开了有各个银行总行参加的第一届全国金融工作会议，会议在部署1950年工作时，对加快自身管理体制建设作了原则安排。会后，即于 3 月25日发出了《关于调整机构的决定》。《决定》要求，人民银行的机构设置要尽可能地与行政系统求得一致，逐步建立总

① 本文所说的早期，为1949年新中国成立至1957年“一五”时期结束。

行、区行、分行和支行四级管理体制，从而确立了人民银行初期的管理体制构架。此后，人民银行于8月25日发出了《关于调整机构问题的决定》，于11月21日又发出了《中央人民政府中国人民银行试行组织条例》，于12月20日再次发出了《关于机构设置问题的决定》，一年内发出四个文件，通过密集的微调和修改，进一步完善了人民银行四级管理体制。这个体制到1954年撤销区行为止，运行了五个年头。

第二个阶段从1954年开始。1954年撤销了区行后，人民银行对管理体制重新做了调整，于1955年5月9日发出了《关于人民银行机构设置等问题的通知》，从12个方面详细规定了人民银行的机构层级、隶属关系、职责重点等。概括起来看，就是构建起了总行、分行、中心支行和支行的新四级管理体制。这个体制经过不断地调整，一直延续到1998年新一轮的管理体制改革。

一、人民银行总行

新中国诞生前夜，华北人民政府于1948年11月18日召开第三次政务会议，作出了"发行统一货币，现已刻不容缓，应即成立中国人民银行，并任命南汉宸为中国人民银行总经理，一面电告各区，一面加速准备"的决议，预告了新银行即将现世。

1948年12月1日，人民银行在石家庄成立，总行驻在石家庄市中心一幢灰色的二层小楼里。

1949年2月初，人民银行总行由石家庄陆续迁往北平，总行各个部门驻在西城区西交民巷（现西交民巷17号）原保商银行的大楼里办公。有的资料称，人民银行的领导同志驻在距此不远的原大清户部银行（现西交民巷甲25号）的平房里办公。总行作为人民银行的第一级，一直领导着全行（"文革"中的一段时间除外）为新中国的金融事业而努力奋斗。

图5-7　西交民巷17号，现为中国钱币博物馆

到1949年底，人民银行总行已经拥有华东、中南、西北、西南 4 个区行，40个省和大城市分行，1200多个县（市）支行和办事处[①]。但此时，人民银行的机构和业务还没有遍及全中国，且总行也不是唯一的，还有两个解放区分别存在着两个解放区银行总行，它们还不隶属于人民银行：

图5-8　西交民巷甲25号，原大清户部银行旧址，人民银行总行迁京后的办公地，现为民居

一是在东北解放区，还有解放区政权所属的东北银行总行，对于一些涉及东北的业务往来，人民银行总行还需要与东北银行总行协商。比如，为了便利关内外解放区的物资交流，人民银行总行于1949年 9 月26日与东北银行总行协商，在山海关建立联合办事处，

①《中华人民共和国金融大事记》：尚明、陈立、王成铭主编，中国金融出版社出版，1993年 6 月第 1 版。

专门办理关内外过境货币（人民币与东北币）兑换及汇兑结算转账业务。又如，1950年9月，人民银行总行发布《关于关内外解放区通汇办法的指示》时，仍称“经中国人民银行和东北银行两总行商定……”由此可见，东北银行总行与人民银行总行处于平等地位。

二是在内蒙古解放区（自治区），还有其所属的内蒙古人民银行总行。抗日战争胜利后，内蒙古东部地区光复，未及国民党染指，即在共产党领导下实行了民族区域自治，并于1947年4月成立了内蒙古自治区人民政府。自治区人民政府于1948年6月组建了内蒙古人民银行，其总行与人民银行总行也处于平等地位。

直到1951年3月22日，中央财经委员会发出《关于收回东北币及其有关问题的决定》和《关于收回内蒙古人民银行地方流通券及其有关问题的决定》时，才将东北银行总行改为人民银行东北区行，将内蒙古人民银行总行改为人民银行内蒙古自治区分行。至此，人民银行才真正成为领导全国（除西藏和港澳台以外）金融事业的国家银行。为此，《人民日报》于同年4月1日发表了题为《统一币制，进一步沟通关内外物资交流》的社论，评论了此举的重大意义。

新中国成立初期，人民银行总行为政务院直属机构。1962年6月13日，中共中央、国务院发出《关于改变中国人民银行在国家组织中地位的通知》，决定将人民银行总行改为同国务院所属部委同等的地位。

有一个关于人民银行总行的细节问题值得提一下。新中国成立初期以至以后很长一段时间，不论是在人民银行的公文上，还是对外自称上，都有“总行”二字，人民银行总行向下级行发文时，称自己为“总行”，称下级行为“你行”或“各行”等。但是，人民银行总行的印章自始就没有“总行”二字，论证起来，印章的表述是正确的，因为“中国人民银行”即是指总行，“中国人民银行总行”的说法形成了两个相同称谓的叠加，是没有必要的。随着国家机关运转的规范化，现在，人民银行对外或是用“中国人民银行”的全称，或是自称“我行”，不再称“总行”了；对下级行则称“你分行”、“各分行”，并要求下级行自称“我分行”，不得自称“我行”了。

二、人民银行区行

新中国建立初期，中央政府在全国设立了东北、华北、华东、中南、西北、西南六大行政区，除华北区直接隶属于中央政府、没有再设行政机关外，其他五大行政区都设有行政机关，称为区人民政府，或区军政委员会。人民银行的各区行是随着各大行政区行政机关的建立而逐步建立的，成为人民银行早期管理体制的第二级。

1948年12月1日，华北银行改为人民银行总行。与此同时，华东解放区的北海银行总行改为人民银行华东区行，西北解放区的西北农民银行总行改为人民银行西北区行。此后，随着中南、西南行政区的设立，人民银行又设立了中南、西南两个区行。1951年3月，东北银行总行亦改为人民银行东北区行。至此，除华北区以外，五个大行政区都设立了人民银行区行。人民银行总行在1950年8月25日发出的《关于调整机构问题的决定》中，明确区行设在大行政区人民政府（军政委员会）所在地，为本行政区的管辖行，受人民银行总行领导，并受区人民政府（军政委员会）指导，领导本行政区内各分行。

1954年，中央决定撤销大区级党政机构。人民银行于同年6月14日召开全国区、分行长会议，根据中央《关于撤销大区级党政机构问题的决议》和《中财委执行中央决议的指示》精神，决定同步撤销区行，至迟到10月底完成。人民银行的区行作为老四级管理体制中的第二级，存在了近六年。

三、人民银行分行

随着华北各省和北平、天津等大城市的陆续解放，华北人民政府决定将解放区的行政区划，恢复为省制的行政区划。为与新的行政区划相一致，华北银行于1949年 8 月 1 日决定，将华北银行在各地的分支机构按省制调整，在各省和平津等大城市建立分行。人民银行成立后，这些分行立即改为人民银行的分行。此后，随着北海银行总行、西北农民银行总行改为人民银行区行，其所辖的各分行也改为人民银行的各分行。

根据1950年人民银行四个关于机构设置的文件的规定，人民银行分行分为两大类。一类是省、自治区分行。人民银行省、自治区分行设在省、自治区人民政府所在地，为本省、本自治区的管辖行，受区行领导，并受省、自治区人民政府指导，领导辖内各中心支行和支行。因华北区未设区行，所以，华北各省分行和内蒙古自治区分行由总行直接领导，总行文件在发各区行的同时，直发华北各分行和内蒙古自治区分行。另一类是大城市分行。设于中央及大行政区直辖市，为具体经营银行业务并实施金融行政管理的分行，受总行和区行的领导，并受同级人民政府指导，领导城市内的办事处。这两类分行是为老四级管理体制的第三级。

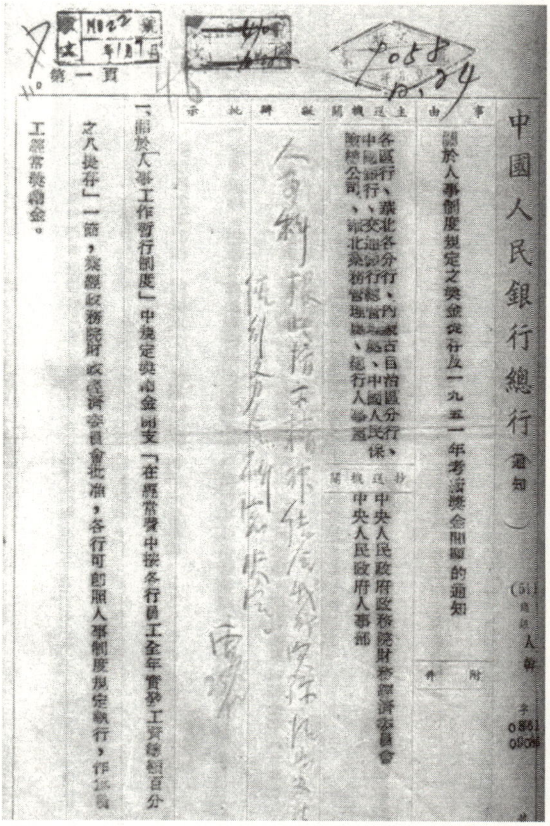
中國人民銀行總行通知

第一頁

事由：關於人事制度規定之獎金發行及一九五一年考核獎金問題的通知

抄送機關：中央人民政府政務院財政經濟委員會　中央人民政府人事部

一、關於人事工作暫行制度」中規定獎勵金開支「在經常費中按各行員工全年實發工資總額百分之八提存」一節，業經政務院財政經濟委員會批准，各行可即照人事制度規定執行，作為員工經常獎勵金。

图5-9　人民银行总行1951年12月22日文件

1954年撤销大行政区行政机关及

区行后，人民银行根据行政区划和行政机关的调整，于1955年对分行的设置做了调整：一是在省、自治区和中央直辖市设分行；二是由于原大行政区直辖市改为了省会城市，原设置的分行亦改为了城市支行，只有少数特大省会城市保留了分行称谓。调整后的分行都在一个级别上（特大省会城市分行除外），成为新四级管理体制的第二级。

四、人民银行中心支行

解放初期，人民银行在省、自治区分行以下设支行，为分支机构性质（即会计单位独立）。当年的支行有两个称谓：设在各专区专员公署所在地（一般是省内的中等城市）和较大县城的支行称“中心支行”，设在一般县的称“支行”。它们之间只有业务量大小的区别，不存在领导关系。

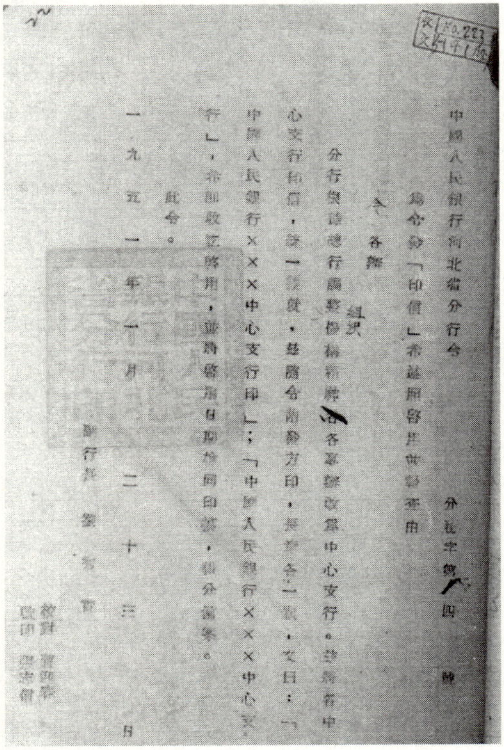
中国人民银行河北省分行令　分秘字第四号

为令发「印信」希遵照启用并报查由

令 各办

分行奉总行调整机构组织[illegible]各专办改为中心支行。兹将新中心支行印信，统一发放，并随令附发方印，长戳各一枚，文曰：「中国人民银行×××中心支行印」；「中国人民银行×××中心支行」，希即启用，并将启用日期印模，报分行备案。

此令。

一九五一年一月二十三日

行长 [illegible]

图5-10　1951年1月23日，人民银行河北省分行发给“各办”的命令

按照人民银行1950年3月《关于调整机构的决定》，各专区专员公署所在地的中心支行开始改称“中国人民银行×××办事处”，其性质也由分支机构改成派出机构（即会计单位不独立），但赋予办事处领导专区内各县支行的职责，同时还要设营业部，开办具体业务。时隔不久，总行于8月又发出了《关于调整机构问题的决定》，决定将“各专办改为中心支行”，并将办事处的营业部及驻在地的县支行合并起来，各中心支行仍然领导各县支行。人民银行河北省分行于1951年1月23日发给各专区办事处《为令发“印信”希遵照启用并报查由》的命令，反映的就是这件事。但此时的中心支行仍然是人民

银行老四级管理体制的第四级——支行级。

1955年人民银行重新调整机构设置后，明确在各省的专区、各民族自治区的州、盟等行政机关所在地设置中心支行（个别地方视需要，也可称“分行”“支行”或“办事处”）。从此，人民银行中心支行成为了新四级管理体制的第三级。

五、人民银行支行

自解放区创建银行起，就在辖内的各县设置支行。人民银行成立后更是如此，在县、民族自治区的自治县、旗设立县支行。县支行是人民银行在县（旗）域办理具体业务和管理金融事务的最基层分支机构，是人民银行最稳定的中坚力量，在老、新四级管理体制中都是第四级。

在支行级机构中，县（旗）支行是主体。除县（旗）支行以外，省辖城市及相当于县（旗）行政级别的矿区、林区、特区等，都设置支行。1955年以后，支行受中心支行领导，领导自己的派出机构——营业所（在县以下农村集镇）和办事处（在城市区；办事处以下还有分理处）。

六、人民银行营业所

在人民银行成立前，各解放区银行都设有营业所。顾名思义，是直接办理业务的营业机构。人民银行成立后，在1950年发出的四个关于机构设置的文件中，都要求在县以下农村集镇设营业所，为县支行的派出机构。尤其是在1950年12月20日第二届全国金融工作会议上，人民银行根据中央财经委员会关于“银行机构推下一层”的指示，再次作出了在县支行以下设立营业所的决定。1951年 7 月18日，河北省人民政府向省内“各专、市、县、镇政府，各支行”发出了《为中国人民银行河北省分行建设区村机构由》的文件，就是贯彻这个决定的行为。文件称：“根据华北财政经济委员会决定：为开展农村金融工作，银行机构需推下一

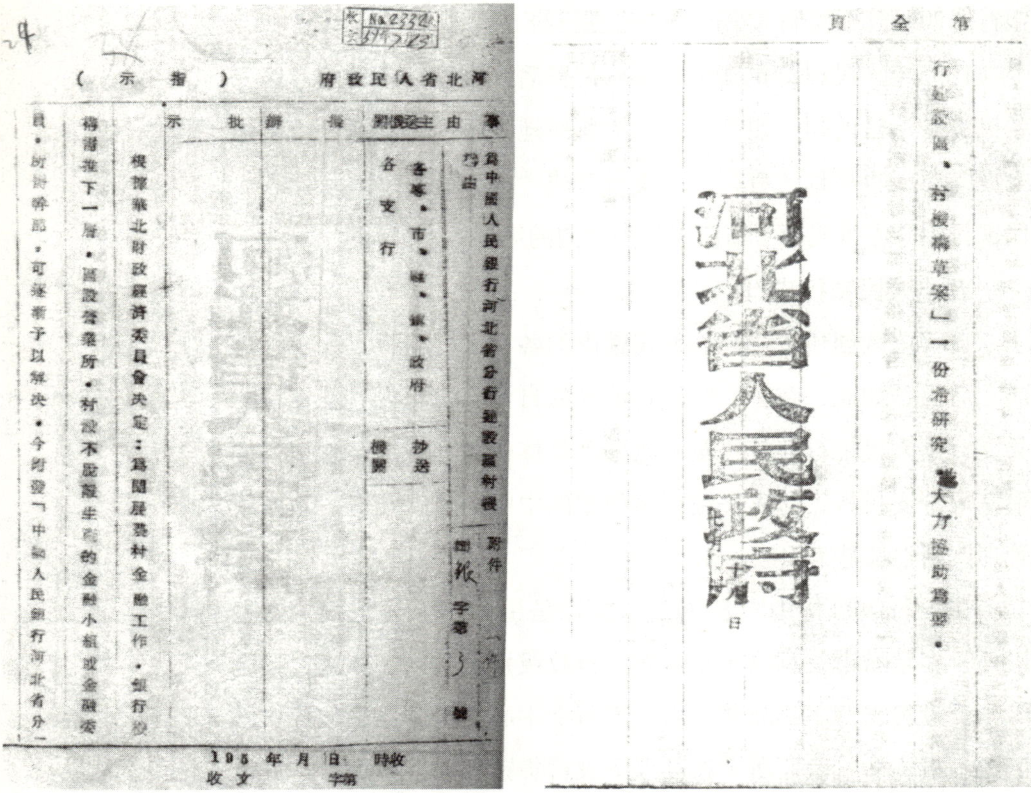
河北省人民政府（指示）

事由：為中國人民銀行河北省分行建設區村機構由

主送機關：各專、市、縣、旗、政府 各支行

抄送機關

根據華北財政經濟委員會決定：為開展農村金融工作，銀行機構須推下一層，區設營業所，村設不脫離生產的金融小組或金融委員，所需幹部，可逐漸予以解決。今附發「中國人民銀行河北省分行建設區、村機構草案」一份希研究，盡大力協助為要。

河北省人民政府

日

195 年 月 日 時收 收文 字第

图5-11 1951年7月18日，河北省人民政府关于银行机构下推一级的文件

层，区设营业所，村设不脱离生产的金融小组或金融委员……”1952年10月，人民银行在部署1953年农村金融工作中，强调要普遍设立营业所，做到一区一所。应该说，营业所是直接面向群众的一层很重要的机构，但其性质是县支行的派出机构，不是老、新四级管理体制中的一级。

在以后的岁月里，人民银行营业所命运多舛。在1958年全国城乡开展的人民公社化运动中，对农村财贸管理体制实行了“两放、三统、一包”①。国务院为此于1958年12月20日发出了《关于人民公社信用部工作中几个问题和国营企业流动资金问题的规定》，其中规定：国家在农村的信用机构必须下放到人民公社，

① 国家在农村的财贸机构、人员下放给人民公社；人民公社在政策执行、计划制订、流动资金管理上服从国家统一规定；财政任务包干。

人民公社的信用部既是人民公社的组成部分，又是人民银行在当地的营业所。此后，人民银行将营业所的人员、账务、财产全部移交给了人民公社。1959年6月22日，李先念提出了收回国家在农村的财贸机构的意见，到1962年3月10日中共中央、国务院作出《关于切实加强银行工作的集中统一，严格控制货币发行的决定》即“银行六条”后，人民银行才收回了营业所。

七、人民银行组建的银行学校

“为了适应国家经济建设情况，根据中央人民政府政务院关于整顿与发展中等技术教育的指示，和教育部召开全国第一次中等技术教育会议决定之原则，与我行业务发展的迫切需求”，人民银行于1951年8月22日发出了《为指示全国各区分行筹建银行学校由》的指示。指示强调：“培育银行技术人才，使其具有一般的文化科学基本知识，学会初步掌握银行业务技术，是我们当前重要政治任务之一。”指示要求：要立即成立正规的银行中学校，并要在1951年底全部成立起来。指示明确：原则上，区行负责建中级银行学校，分行负责建初级银行学校，但“在目前全国初中毕业生不敷分配的情况下，可首先着重成立初级的”。指示还对学校名称、学制、招生条件、课程设置、领导关系、待遇、校舍、经费等作出了详细规定。指示下达后，各区分行、省分行立即行动，到1951年底，在各大行政区政府驻地和省会城市都建立了中级或初级银行学校。

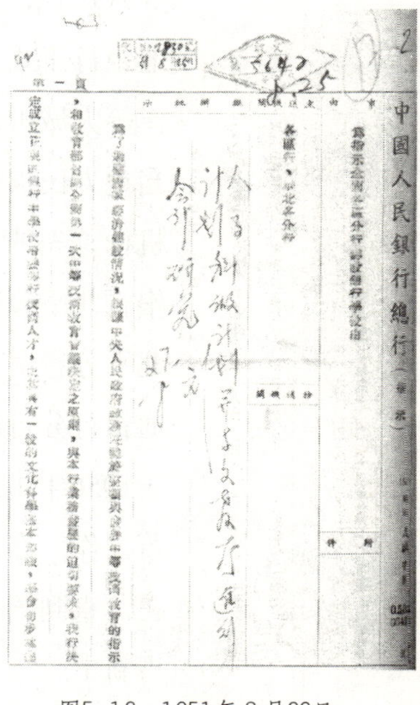
中國人民銀行總行

图5-12　1951年8月22日，人民银行关于全国各区分行筹建银行学校的指示

新中国成立不到两年的时间，国民经济刚刚开始恢复，中央政府就部署建学校、办教育，这是一个了不起的决策。人民银行积极响应，迅速落实，在全国建立起了一批银行中等专业学校，为金融事

业的发展培育了大批人才，输送了大批干部，功不可没！

八、人民银行领导的其他金融机构

在当时的“大一统”体制下，人民银行领导或管理着其他一些银行机构，这些银行或是对外保留名义、对内是人民银行的一个部门，或是设立时从人民银行分出、撤销时并入人民银行，这也是人民银行早期管理体制中的一个特点。比如：

（一）中国银行。1949年 5 月上海解放后，人民政府接管了在上海的中国银行总管理处，同年12月总管理处迁往北京，保留了中国银行名义，内部则是人民银行总行的国外业务管理局。1979年 3 月始从人民银行分出，成为外汇外贸专业银行。1979年党的十一届三中全会以后，才改造为真正的商业银行。

（二）交通银行。1949年 1 月16日，天津市军管会陆续接管了交通银行天津分行等官僚资本银行在天津的分支机构。同年 3 月15日，交通银行天津分行作为人民银行天津分行领导下的专业银行正式对外恢复营业。5 月25日，人民银行总行明确：在天津等大城市，交通银行可以原有名义继续营业，但在内部，应是当地人民银行分行的一个部。就这样，交通银行的一个主要分支机构首先纳入了人民银行体系。随后，北平市军管会接管了交通银行北平分行，人民银行决定，自1949年12月 1 日起，交通银行北平分行由人民银行总行直接领导。在天津、北京等大城市，交通银行分行成为人民银行一部分后，在上海的交通银行总管理处于1950年 1 月初迁到北京，在人民银行总行领导下，统一组织全行工作。在此后的几年里，交通银行体制几经变化，几乎名存实亡。直到国务院于1986年 7 月24日决定重新组建交通银行，才获得新生。

（三）农业合作银行。1950年12月20日第二届全国金融会议通过了《筹建农业合作银行提案》，1951年 7 月 2 日政务院批准成立，同年8月10日总行正式开业，是为人民银行总行领导下的专业银行。但其并未在下层建立机构，业务由人民银行分支机构代理。1952年5月，政务院作出决定，将其并入人民银行总行。以后再也没有恢复。

（四）中国农业银行。人民银行于1954年11月30日向国务院报送了《关于建立中国农业银行的请示报告》，国务院于1955年3月1日批复同意，并明确：农业银行由人民银行领导，作为人民银行总行的一个直辖行。农业银行总行于同年3月25日宣布正式建立。在1957年的厉行增产节约运动中，人民银行于同年2月23日，向国务院报送了《关于将农业银行重新和人民银行合并的请示报告》。4月12日，国务院发出《关于撤销中国农业银行的通知》，决定将农业银行各级机构合并到人民银行的同级机构。农业银行后来又经历了一轮设立和撤销，到1979年3月13日国务院批准恢复中国农业银行，才成为现在这个样子。

此外，社会主义改造后的公私合营银行、中国人民建设银行、中国人民保险公司，以及农村信用合作社等，都与人民银行有着这样那样的关系。人民银行早期的管理体制，适应了当时的行政和经济管理需要，发挥了巨大的作用，但也逐步形成了银行体系“大一统”的局面。直到1979年党的十一届三中全会以后，我国开展了深刻的金融体制改革，才打破了“大一统”的藩篱，走向现代。

1983年9月11日国务院作出决定，从1984年1月1日起，人民银行专门行使中央银行职责，成为银行的银行、货币发行的银行、政府的银行，不再办理工商信贷和城镇储蓄业务。这些业务交由新成立的中国工商银行办理。

1998年，人民银行又开展了新一轮的管理体制改革，成立了新的分行（口头称“大区行”）和总行营业管理部（正厅局级）；撤销了省、市、自治区分行，设立了省会城市中心支行、监管办事处（副厅局级）和其他城市中心支行（正处级）；保留了县级支行。又形成了总行、分行（总行营管部）、省会城市中心支行（其他城市中心支行、监管办）、支行的四级管理体制，但这是后话了。

对老区人民负责的地方币收兑安排

在中国共产党的英明领导下，中国人民经过几十年前赴后继、艰苦卓绝的斗争，取得了重大的胜利，在全国各地创建了稳固的革命根据地，开辟了众多的解放区。各个革命根据地和解放区在支持解放战争和开展经济建设上齐头并进，尤其是在金融领域，到1947年前后，已经建有银行约30多家，发行货币共257种，尽可能地适应了战争和建设的资金需要。各个革命根据地和解放区的广大人民群众充分信任自己的银行，踊跃使用自己的货币，为革命根据地和解放区稳定币值、扩大市场、繁荣贸易、支持战争做出了巨大的贡献。

进入1948年以后，华北、西北和华东的解放区几乎连成一片，全中国解放指日可待。在这种形势下，中国人民银行于1948年12月1日在石家庄成立，人民币亦同日在石家庄发行，从此开启了统一银行、统一货币的新时代。在以后的一段时间里，人民币一方面驱赶和消灭国民党货币，一方面兑换和收回各个革命根据地和解放区发行的地方货币，加快新中国货币统一的步伐。

华北人民政府在1948年12月1日发布的“金字第四号”布告中，宣布成立中国人民银行并发行人民币，同时公布了人民币对几种解放区货币的比价，这个比价主要是为了使人民币与各解放区货币、各解放区货币之间实现混合流通。比价是：

人民币 1 元：冀南币、北海币100元；

人民币 1 元：晋察冀边币1000元；

人民币 1 元：西农币2000元。

进入1949年，又有几种解放区货币加入到统一货币的行列中，为此，华北人民政府于 1 月15日再次公布了比价，这时的比价，主要是为了人民币收兑各解放区货币之用。比价是：

人民币 1 元：中州币 3 元；

人民币 1 元：冀南币、北海币、华中币100元；

人民币 1 元：长城币200元；

人民币 1 元：晋察冀边币、热河省银行币1000元；

人民币 1 元：西农币、陕甘宁贸易公司券2000元[①]；

人民币 1 元：冀热辽边币5000元。

到了1950年，新中国统一货币工作取得了决定性进展。为此，人民银行于 6 月10日发布了《各种地方币与人民币比价的通知》，宣布人民币与各地方币的比价“永远固定不变”。这时的地方币中，又增加了鲁西银行币[②]、南方人民银行券[③]、陕甘宁边币三种。通知还宣布：大连的关东币[④]由天津市分行随时挂牌公布比价；东北币、内蒙古人民币由人民银行和东北银行山海关联合办事处挂牌公布比价。

上述收兑的主要是抗日战争时期和第三次国内革命战争时期各革命根据地和解放区银行发行的货币。1950年 7 月13日，中央财经委员会决定，由人民银行收兑第二次国内革命战争时期民主政府发行的各种货币，这意味着新中国没有忘记第二次国内革命战争期间，苏区广大人民群众因使用民主政府货币对革命的支持和做出的牺牲。

① 陕甘宁贸易公司券：陕甘宁边区货币的一种。

② 鲁西银行币：鲁西行政专员公署所属鲁西银行1940年发行的货币。

③ 南方人民银行券：华南解放区所属南方人民银行1949年发行的货币。

④ 关东币：大连民主政府所属关东银行1948年发行的货币。

时至1953年，各个革命根据地、解放区和苏区发行的地方货币绝大部分已经收兑完毕。但是，不少地方的人民银行基层营业网点反映，仍有一些老百姓拿着苏维埃时期、抗日战争时期和解放战争时期的各种地方货币到银行询问兑换人民币的事情并要求兑换。人民银行总行对此十分重视，于同年4月9日发出了《关于人民币未统一前各革命根据地发行之地方币仍按原定比价收兑的通报》。同月14日，人民银行河北省分行为贯彻执行总行通报精神，发出了《为人民币未统一前各革命根据地发行之地方币仍按原定比价收兑由》的通报。传达了总行通报精神。

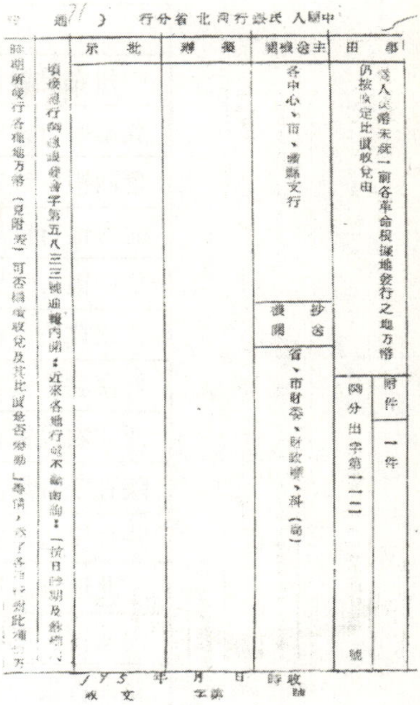
中國人民銀行河北省分行 通報
事由：為人民幣未統一前各革命根據地發行之地方幣仍按原定比價收兌由
主送機關：各中心、市、縣支行
抄送機關：省、市財委、財政廳、科（局）
附件：一件

图5-13 人民银行河北省分行贯彻执行总行通知精神的文件

总行通报指示：

一是“冀南、北海、中州、华中等币虽已停止流通但并未限期收兑，其比价亦未再作变动，因之凡来行要求兑换者，仍按原定比价收兑”。

二是“东北、内蒙、新疆银元券及豫鄂建设银行券虽收兑期已逾，但为照顾特殊情况（如有些志愿军携带出国未得兑换等）凡持有乡区政府或机关部队证明信件，并经鉴别确系真票者，亦应按原兑比价收兑”。

三是凡是已收兑过且有明确比价的地方币，收兑比价以后不再变动，照价收兑；个别尚未确定收兑比价的地方币，要在调查研究以后慎密确定，今后亦不再变动。

通报还附发了《人民币与各种地方币比价对照表》，这是官方公布的最权威、准确的比价了。

地 方 币 名 称	人民币比价	兑地方币
中州农民银行钞票	1	3
冀南银行钞票	1	100
鲁西银行钞票	1	100
北海银行钞票	1	100
华中银行钞票	1	100
晋察冀边区银行钞票	1	1000
晋察冀边区银行带冀热辽字样钞票	1	5000
西北农民银行钞票	1	2000
陕甘宁贸易流通券	1	2000
陕甘宁边区银行钞票	1	40000
东北地方流通券	1	9.5
内蒙古人民银行钞票	1	9.5
新疆省银行银元票	350	1
豫鄂建设银行钞票	15	1
南方银行钞票	250	1

图5-14 《人民币与各种地方币比价对照表》

由于持有上述地方货币的人员和情况极其复杂，人民银行不得不几次延后收兑截止期。直到1954年 9 月30日，人民银行发出通知，决定对地方币按原定比价作最后一次清理收兑，于1954年12月底截止收兑。

撤销中国人民银行察哈尔省、热河省分行建制点滴

1914年，北洋政府在内蒙古地界的中南部，设置了察哈尔、绥远、热河三个特别行政区，将蒙古族聚居的一些地方分割给了这三个特别行政区，使北洋政府的地盘深入到内蒙古地区。1928年，南京民国政府更是将这三个特别行政区改为行省，是为察哈尔省、绥远省、热河省。

中国共产党历来十分重视民族问题，很早就确立了民族区域自治思想。早在1935年12月20日，中华苏维埃中央政府就发表了《对内蒙古人民宣言》，作出了“取消热、察、绥三行省之名称与实际行政组织”的承诺。新中国成立以后，为了贯彻落实民族区域自治政策，恢复内蒙古历史上的原有疆域，改变聚居的蒙古民族被人为分割的状态，本着“既要尊重历史，又要照顾现实”的原则，做了大量工作：先于1952年撤销了察哈尔省建制，又于1954撤销了绥远省建制，最后于1955年 7 月30日撤销了热河省建制。察哈尔、绥远和热河省的撤销，对于内蒙古自治区实现统一的民族区域自治具有基础性的意义。随着省行政建制的撤销，这三个省的人民银行分行即行撤销。

一、撤销中国人民银行察哈尔省分行前后

在现今内蒙古自治区乌兰察布市中东部，有三个以“察哈尔”为名的旗——察哈尔右翼前旗、察哈尔右翼中旗和察哈尔右翼后旗，它们是蒙古察哈尔部族的后代，与后来的察哈尔省有着千丝万缕的关系。

关于“察哈尔”名称的源起和含义，中外学者有多种说法，比较主流的说法是：“察哈尔”源于古突厥语，意为“汗之宫殿的侍卫”，约出现于蒙古成吉思汗铁木真时代（1200年前后）；后来，这些“汗之宫殿的侍卫”们逐步演变形成了蒙古察哈尔部族，并在乌兰察布地区繁衍生息至今。

1675年，清廷以“察哈尔”为名，将察哈尔部编为察哈尔八旗，1761年设察哈尔都统。“察哈尔”即由部族名称演变为地域名称，并以此命名行政机构。

1914年，北洋政府以蒙古察哈尔部（八旗、四牧场群），直隶口北三厅（张家口厅、多伦诺尔厅、独石口厅），蒙古锡林郭勒盟（十旗）及新划入之丰镇、凉城等五县为疆土，设察哈尔特别行政区。1928年，国民政府将察哈尔特别行政区改为察哈尔省，其所辖地域相当于现今的河北省张家口市、北京市延庆县、内蒙古自治区锡林郭勒盟大部和乌兰察布市中东部。

1937年 8 月，日本侵略者占领张家口，察哈尔省沦陷。1945年 8 月，八路军晋察冀军区部队收复张家口，同年11月，在宣化成立了察哈尔省人民政府。次年10月，国民党军队一度占领张家口，并重组察哈尔省政府。1948年12月，张家口获得解放，察哈尔省得到新生。

1949年 1 月，经华北人民政府批准，恢复察哈尔省建制，辖雁北、察北、察南三个专区，以及张家口、大同、宣化三市。为了贯彻新中国的民族自治政策，中央人民政府政务院于1952年11

月15日召开19次会议，决定撤销察哈尔省建制。根据划分方案，原察哈尔省察北、察南专区共16个县合并为张家口专区，连同张家口市、宣化市归属河北省管辖（在此前的1950年，已将察北专区的宝昌、化德、多伦三县划归内蒙古自治区）；雁北专区和大同市归属山西省管辖。从此，结束了察哈尔作为省行政区划的历史。

察哈尔省撤消后，人民银行察哈尔分行即行撤销，并根据新的行政区划建立了新的机构。划归河北省的新建了三个同级机构（山西省的在此不叙述）：

一是中国人民银行张家口中心支行。根据人民银行总行的决定，人民银行河北省分行于1952年12月17日发出《为成立中国人民银行张家口中心支行由》的指示。指示决定撤销原察哈尔分行所属察南、察北两中心支行，成立张家口中心支行，行址设在张家口，管辖宣化、怀来、龙关（后撤销）、赤城、涿鹿、蔚县、怀安、延庆（后划归北京）、阳原、万全、张北、商都（后撤销）、康保、沽源、尚义、崇礼等16个县支行，及官厅支行。

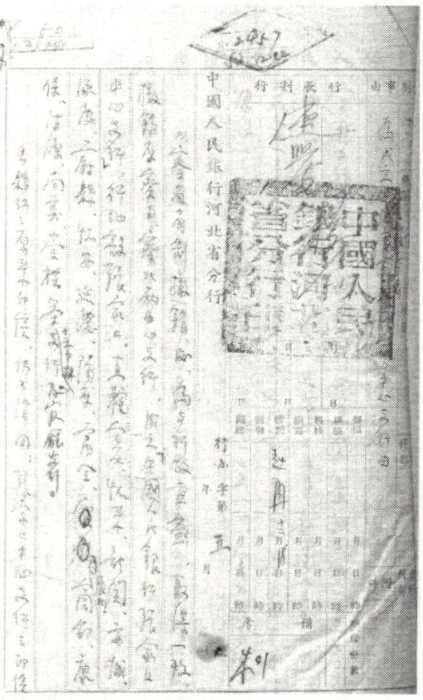

图5-15　人民银行河北省分行1952年12月17日发出的成立张家口中心支行的指示文稿

二是中国人民银行张家口市支行。张家口市是华北塞外的大城市，位居内地至西北之要津。据说，明代洪武年间，有张姓人家由山西迁来，在东、西太平山的山口定居，人们逐渐将这个地方称为“张家口”。到了明宣德四年（1429），朝廷在此修建城堡，人们又将这里称为“张家口堡”。清代以来，朝廷编察哈尔八旗、设张家口厅（雍正二年，1724）、设察哈尔都统，都将行政机构设在张家口堡。由此，也就取消带有军事味道的“堡”字，称为“张家口”了。民国时期的察哈尔特别行政区（省），衙署（省会）亦设在张家口。1939年，日军占领张家口两年后，正式设市，成为伪蒙疆自治政府的“首都”。1949年1月，华北人民政府恢复察哈尔省建制后，张家口市仍然作为省会，一直到1952年察哈尔省撤销。

人民银行察哈尔分行撤销后，为继续做好张家口城市业务，人民银行河北省分行于1952年12月17日发出了《为成立中国人民银行张家口支行由》的指示。指示明确：在原察哈尔分行营业部的基础上，成立张家口支行，受河北省分行直接领导，辖桥西、桥东、明德街三个办事处。

三是中国人民银行宣化市中心支行。当年，以“宣化”为名的，既有宣化县，也有宣化市。察哈尔省时期，宣化市与张家口市同为省辖市，宣化市辖内有大型煤炭和黑色金属企业，是塞外的重要工业基地。1945年8月日本投降后，9月2日，八路军晋察冀军区部队解放了宣化。根据晋察冀边区政府的决定，同年11月，在宣化召开了察哈尔省人民代表会议，选举产生了中国共产党领导下的、中国历史上第一个民主的行政省人民政府，并将宣化设为市，确定为察哈尔省省会。1946年10月国民党军队一度攻占张家口、宣化等城市，察哈尔省人民政府也随之撤离宣化，一年后解散。1949年恢复察哈尔省建制后，宣化市为察南专区行署驻地。

人民银行察哈尔分行撤消后，总行从实际出发，决定保留宣化市中心支行的地位。为此，人民银行河北省分行于1952年12月17日发出了《为原察省分行宣化市中心支行仍保持原名义由》的指示。指示明确：宣化市中心支行保留不变，受河北省分行直接领导，管辖下花园、庞家堡两个矿区支行。

现今，张家口市的行政区划又有了重大改变，中国人民银行在张家口的分支机构也有了重大的调整，这里不再叙述。

二、撤销中国人民银行热河省分行前后

“热河”的名称来源于流经承德市的武烈河，该河上中游有温泉注入，冬日清晨，河面上常有水蒸气遇冷而形成的雾，似乎是流淌着热水的河流，“热河”之名由此产生。清康熙四十二年（1703），康熙帝在热河名不见经传的小山村——上营，建造了避暑山庄，小山村从此成为清王朝的夏都。雍正元年（1723）设热河厅，雍正十一年（1733），雍正帝取“承受德泽”之意，将热河厅改为承德直隶州。从此，“承德”之名几乎取代了“热河”。乾隆四十三年（1778）改设承德府，直至清朝灭亡。1914年，民国北洋政府设热河特别行政区，1928年改设热河省。

热河省建立以后，省会设在承德，当时还没有“市”的称谓。1945年8月，共产党第一次解放了承德，设立了承德市，继续为热河省省会。次年，承德一度被国民党占领，到1947年末，热河省辖1市20县20旗，面积达17.998万平方千米，人口为619.697万人。

1948年5月，解放军发动晋热察战役，11月12日，承德第二次解放，随后热河全省解放。1949年1月10日热河省人民政府成立了，对行政区划作了调整后，热河省辖2市16县4旗，承德市仍为省会。

为落实新中国的民族区域自治政策，第一届全国人大第二次会议于1955年7月30日通过决议，决定撤销热河省建制。随后，热河省人民委员会召开第六次会议，通过了“拥护第一届全国人大第二次会议决议”的决议。按照决议制订的方案，热河省原辖

的承德市及承德、平泉、青龙、兴隆、滦平、丰宁、隆化、围场等八县划归河北省；建昌、凌源、建平、朝阳、北票等五县及喀左旗划归辽宁省；赤峰、乌丹、宁城三县及敖汉、喀喇沁、翁牛特三旗划归内蒙古自治区。1956年1月1日热河省正式撤销。

由于人民银行是“条条”管理体制，所以人民银行热河省分行的撤销工作，实行人民银行总行和热河省人委双重领导。人民银行总行于1955年9月29日向热河省分行发出了《关于撤销热河省建制银行移交工作的具体处理办法由》的指示（抄送给了河北省、辽宁省、内蒙古自治区分行）。指示称：总行在研究了热河省分行呈报的建议方案后，同意所提撤销和划转的具体办法。并强调：一是热河省分行在事先商得河北省、辽宁省、内蒙古自治区分行同意后，在移交前，将中心支行建立起来（例如，新建中国人民银行承德专区中心支行，管辖划转给河北的承德市支行、八个县支行和寿王坟办事处）；二是以1955年初为基期，分别按三个接收分行“划块”，将信贷计划及执行情况列表移交给接收分行；三是其他业务应尽量办结，在结束时编制报表报总行并抄送接收分行；四是热河省分行机关的房屋、器具、其他财产等物资先由承德市支行代管；五是文书资料等移交河北省分行保管，但属于档案范围的移交河北省档案部门等。

1955年11月24日，中国人民银行向全国各省、自治区、直辖市分行和西藏办事处发出了《热河省分行定本年十二月卅一日结束机构随行政机构划分由》的通报。通报依据热河省行政区划的划分移交方案，明确了热河省分行所辖支行的划分移交方案，即承德市支行和丰宁、滦平、平泉、隆化、兴隆、青龙、围场、承德八县支行以及寿王坟（铜矿）驻矿办事处划归河北省分行领导；赤峰、乌丹、宁城、敖汉、喀喇沁、翁牛特六县（旗）支行划归内蒙古自治区分行领导；建昌、凌源、建平、朝阳、北票、喀左六县（旗）支行划归辽宁省分行领导。

当年有关银行撤销和移交的文件，都是由人民银行总行和农业银行总行联合发出的。这是因为，1955年3月1日国务院批准建立农业银行时规定，农业银行由人民银行领导，作为人民银行总行的一个直辖行。所以农业银行热河省分行的撤销和移交与人民银行内容相同，由两总行共同部署，同步进行。

经过紧张的磋商和准备，中国人民银行承德专区中心支行等有关新机构（山西和辽宁省的情况另述）已经建立，并做好了接受准备。为此，人民银行热河省分行和农业银行热河省分行于1955年12月13日向中共热河省委办公厅发出了《报送移交工作方案》的联合请示。

人民银行热河省分行和农业银行热河省分行报送的移交工作方案经过热河省交接委员会核准后，人民银行热河省分行据此于1955年12月21日向所属各县、市、旗支行，寿王坟办事处，翁牛特蒙古族自治旗支行发出了《关于我省建制撤销银行工作移交中的注意事项》的通知。通知要求各行、处领导必须加强对干部的思想教育，安定情绪，克服波动，做好工作，切实做到业务、移交两不误。

七天以后，1955年12月28日，人民银行热河省分行和农业银行热河省分行向人民银行所属各市、县、旗支行，寿王坟办事处，农业银行各支行发出了最后一份通知——《关于宣布省分行撤

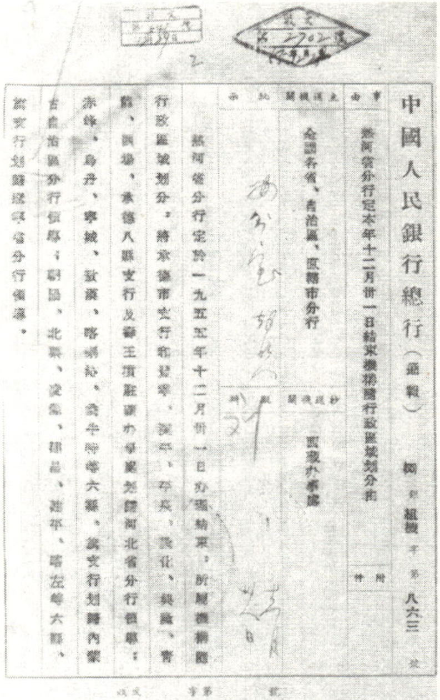
中國人民銀行總行（函報）
八六三
事由：熱河省分行定本年十二月卅一日結束撤銷隨行政區域劃分由
受文機關：全國各省、自治區、直轄市分行
抄送機關：西藏辦事處
熱河省分行定於一九五五年十二月卅一日办理結束，所屬機構隨行政區域劃分，將承德市支行和豐寧、灤平、平泉、隆化、興隆、青龍、圍場、承德八縣支行及壽王墳駐礦办事處劃歸河北省分行領導；赤峰、烏丹、寧城、敖漢、喀喇沁、翁牛特等六縣、旗支行劃歸內蒙古自治區分行領導；朝陽、北票、凌源、建昌、建平、喀左等六縣、旗支行劃歸遼寧省分行領導。

图5-16　中国人民银行1955年11月24日通报热河省分行所辖支行划分方案

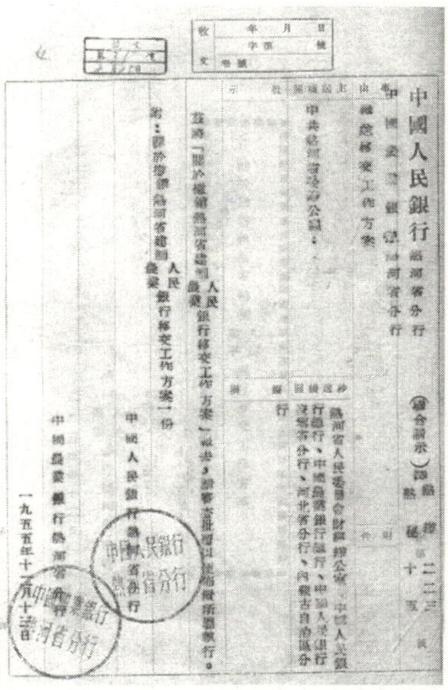
中國人民銀行熱河省分行
中國農業銀行熱河省分行（聯合請示）
事由：報送移交工作方案
受文機關：中共熱河省委办公廳
抄送機關：熱河省人民委員會財貿辦公室、中國人民銀行總行、中國農業銀行總行、遼寧省分行、河北省分行、內蒙古自治區分行
茲將「關於撤銷熱河省建制人民銀行移交工作方案」……
附：關於撤銷熱河省建制人民銀行移交工作方案一份
中國人民銀行熱河省分行
中國農業銀行熱河省分行
一九五五年十二月十三日

图5-17　人民银行热河省分行、农业银行热河省分行1955年12月13日联合请示

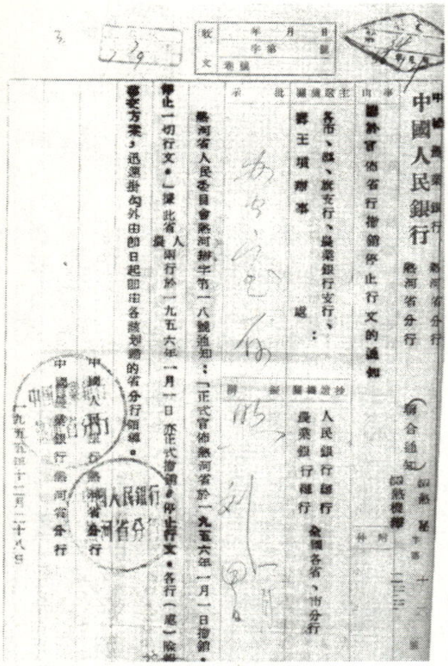
中國人民銀行 熱河省分行 聯合通知

事由：關於省佈省行撤銷停止行文的通知

主送機關：各市、縣、旗支行、農業銀行支行、營業所

抄送機關：人民銀行總行 農業銀行總行 全國各省、市分行

熱河省人民委員會熱河辦字第一八號通知：「正式宣佈熱河省於一九五六年一月一日撤銷，停止一切行文。」據此省人、農兩行於一九五六年一月一日亦正式撤銷，停止行文。各行（處）除按移交方案，迅速掛勾外由即日起即由各該划歸的省分行領導。

中國人民銀行熱河省分行 中國農業銀行熱河省分行

一九五五年十二月二十八日

图5-18　人民银行热河省分行和农业银行热河省分行1955年12月28日通知

销停止行文的通知》。通知称：“热河省人民委员会热河办字第十八号通知：‘正式宣布热河省于一九五六年一月一日撤销，停止一切行文。’据此，省人、农两行于一九五六年一月一日亦正式撤销，停止行文，各行（处）除按移交方案迅速挂钩外，由即日起即由各该划归的省分行领导。”从此，比新中国成立早九个月、为热河的解放和建设事业做了七年贡献的人民银行热河省分行，随着热河省的撤销结束了历史使命。这件通知除抄送报给了人民银行总行、农业银行总行外，还抄送给了全国各省、市分行，算是向全国各兄弟行“告别”了！

三年困难时期之一斑

1959年—1961年，我国发生了严重的自然灾害，形成了全国性的粮食短缺和饥荒，同时出现了以农产品为原料的其他物资全面短缺的局面，党政机关印发文件的纸张也不例外。

图5-19是中国人民银行河北省分行于1960年7月13日印发的《1960年第三季度工作安排》，这个文件是用未经漂白的草纸印制的，这样的纸张在当时已经是比较高级的了。

同样是中国人民银行河北省分行发出的文件——1960年7月5日分行党组《关于在城市人民公社化以后银行工作的新情况新任务向省委的调查报告（讨论稿）》，使用的则是紫色的

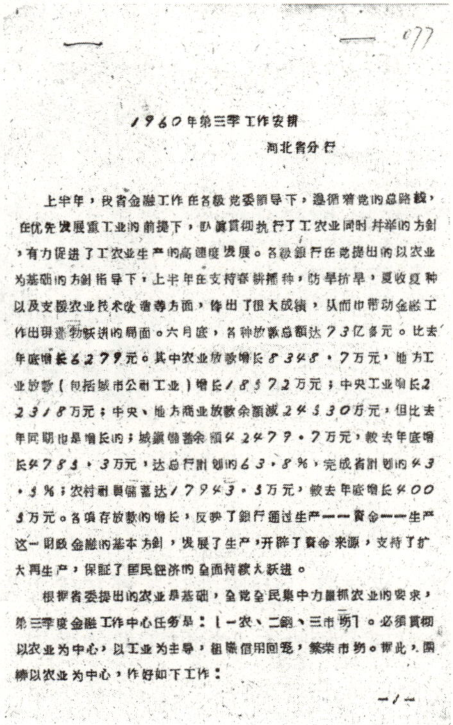

一　　　　一 077

1960年第三季工作安排

河北省分行

上半年，我省金融工作在各级党委领导下，遵循着党的总路线，在优先发展重工业的前提下，认真贯彻执行了工农业同时并举的方針，有力促进了工农业生产的高速度发展。各級銀行在党提出的以农业为基础的方針指导下，上半年在支持春耕播种，防旱抗旱，夏收夏种以及支援农业技术改革等方面，作出了很大成績，从而也带动金融工作出現蓬勃跃进的局面。六月底，各种放款总額达73亿多元。比去年底增长6279元。其中农业放款增长8348.7万元，地方工业放款（包括城市公社工业）增长18572万元；中央工业增长22318万元；中央、地方商业放款余額減24530万元，但比去年同期也是增长的；城鎮儲蓄余額42479.7万元，較去年底增长4783.3万元，达总行計划的63.8%，完成省計划的43.3%；农村社員儲蓄达17943.3万元，較去年底增长4005万元。各項存放款的增长，反映了銀行通过生产——資金——生产这一財政金融的基本方針，发展了生产，开辟了資金来源，支持了扩大再生产，保証了国民經济的全面持續大跃进。

根据省委提出的农业是基础，全党全民集中力量抓农业的要求，第三季度金融工作中心任务是：[一农、二鋼、三市场]。必須貫彻以农业为中心，以工业为主导，組織信用回笼，繁荣市场。据此，围繞以农业为中心，作好如下工作：

—1—

图5-19　人民银行河北省分行
1960年7月13日印发的文件

草纸，可见困难的严重程度。

更有甚者：当年的河北省承德专区平泉县南五十家子人民公社（现南五十家子镇）党委于1960年 7 月10日向县委的报告，使用的竟然是糊墙花纸的背面。在那个年代，公社党委找不到比较好的纸张印报告，只能使用糊墙的花纸了。

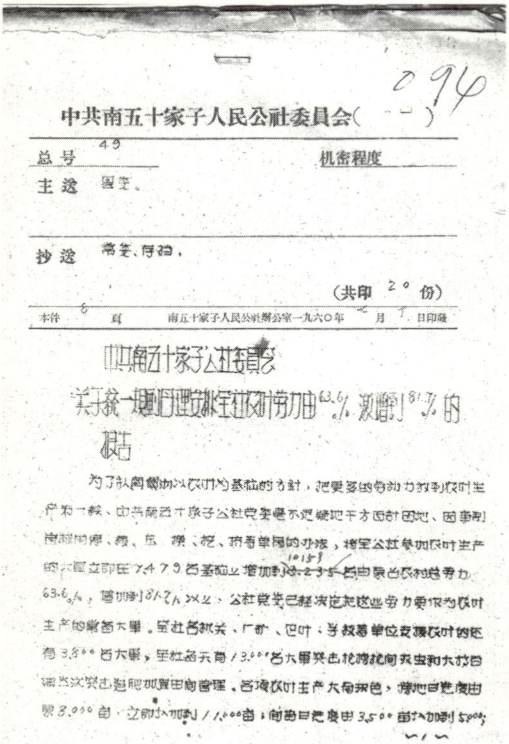
中共南五十家子人民公社委员会（ ）

总号 49　　机密程度

主送 县委。

抄送 常委、存档。

（共印 20 份）

本件 6 页　南五十家子人民公社办公室一九六〇年 7 月 1 日印发

中共南五十家子公社委员会

关于统一调配合理安排全社农村劳力由63.6%激增到81.7%的报告

图5-20　南五十家子人民公社党委1960年 7 月10日向县委报告的正背面

对于这段历史，现在有许多研究分析文章，比较一致的认识是：当年在“大跃进”运动和优先发展重工业的政策指导下，各地出现了牺牲农业发展工业的失误；加之人民公社化运动挫伤了农民生产的积极性，人为地放大了一些地方自然灾害的影响，即“三分天灾，七分人祸”，才酿成了严重的后果。

南五十家子人民公社党委用花纸背面印制的报告中，反映了当时的一些情况：

该公社1959年底有劳动力13819名，到1960年6月末，新增劳动力337名，但又新减少了2294名，其中“盲流”就有601名，实有11843名（原文如此）。在劳动力已经减少的情况下，现有劳动力才只有63.6%在“农业第一线”上，其余36.4%的劳动力没有干农活，大部分在社办企业中从事小作坊式的工业生产。到1960年时，中央已经发现了政策指导上存在的问题，强调了以农业为基础的方针。南五十家子人民公社党委紧跟形势，采用“停、缓、压、换、挖、挤等革命的办法”，将从事农业生产的劳动力提高到81.7%。于是，“各项农业生产大有起色”，“广大社员看到从领导到兵力大搞农业生产喜笑颜开”，一个名叫李花的社员说：“要早这么来一下子，何必荒好几百亩地！现在党采取这项英明措施还不晚。”

政策的调整反映了中央对这个时期认识的转变。现在将这三年称为“三年困难时期”，改变了当时的“三年自然灾害时期”的提法，体现了我们党对历史负责的精神。

第三套人民币10元券发行始末

中国人民银行于1966年初发行了新版的10元人民币，也就是人们俗称“大团结”的10元券。这次发行新版10元券是在比较复杂的背景下决定的，有着特殊的意义。

我国于1955年3月1日起，陆续发行了新版人民币，即现在所说的第二套人民币，并以1：10000的比例收兑旧版人民币。当时，由于国内的印制生产能力不足，遂委托苏联代印了第二套人民币中的3元、5元和10元券，史称苏联代印“三种券”。

进入20世纪60年代以后，根据国民经济发展和市场货币流通的需要，经国务院批准，中国人民银行决定从1962年4月15日开始，再次陆续发行新版人民币，也就是第三套人民币。由于当时还在流通着包括苏联代印“三种券”在内的第二套人民币，所以，第三套人民币首先面世的是1角券，暂时没有发行新版的10元券，市场上流通的仍然是苏联代印的10元券。

随着中苏关系的恶化和出于消除国家经济安全隐患的考虑，中央于1964年4月决定，将苏联代印“三种券”全部收回销毁，并要求各地、各部门作为一项政治任务，坚决、迅速地贯彻执行。

但是，收回苏联代印“三种券”后，市场上流通的货币出现了新情况。一是市场上没有10元券了，流通中的大票子只有我国自印的 5 元券，在正常情况下，市场上流通的大票子应占流通总量的60%左右，当时已减少到53%。二是即使是 5 元券，库存数量也很少了，当时只有21.8%。由于大票子少，给机关、团体、部队和企事业单位的经济往来带来诸多不便。因为当年非现金的支付结算手段很少，更没有现在大家都离不开的银行卡，社会上的支付结算主要靠现钞，而现钞中一旦没有了大面额票子，收付现钞的点钞量就会激增，由此产生的种种问题就可想而知了。面对这种新情况，中国人民银行于1965年 5 月27日向国务院报送了《中国人民银行关于发行新版人民币十元券和一角券的请示》。

《请示》在报告了当前的情况和困难后，提出几条意见。一是根据中央批准的发行新版（第三套）人民币计划，发行小面额的票子都已落实，但“新版十元券的版面、图样最近才确定下来”，预计1965年底只能生产一部分，今后要“抓紧进行生产，首先抓紧十元券的生产，争取明年上半年发行新版十元券，以解决大票子少的问题”。二是关于生产 5 元券的问题，“如果单纯为了解决市场上大票子少的问题，本可以在七、八月份发行新版五元券。但是考虑到目前流通的五元券（指正在流通的第二套人民币中的五元券，但已经不是苏联代印的，而是我国自行生产的）。发行时间还很短，最少还可使用四五年，为了避免市场上同时流通两种版面的五元券，新版五元券以暂不发行为宜”。三是“市场上流通的一角券已很破旧，库存数量也很少，拟在明年上半年公布发行新版十元券的同时公布发行新版一角券”。由

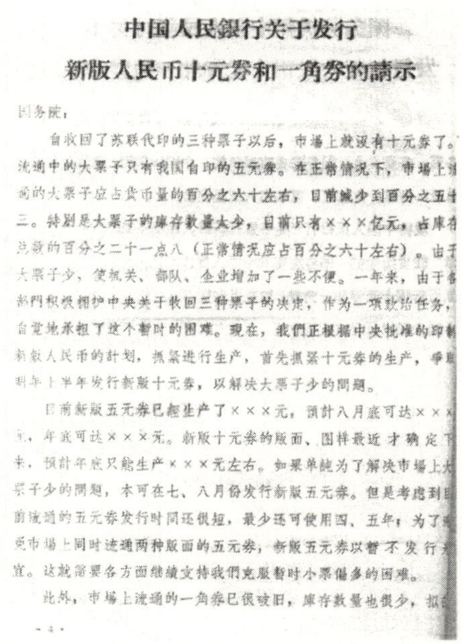

中国人民銀行关于发行
新版人民币十元劵和一角劵的請示

国务院：

自收回了苏联代印的三种票子以后，市場上就没有十元券了。
流通中的大票子只有我国自印的五元券。在正常情况下，市場上流
通的大票子应占货币量的百分之六十左右，目前减少到百分之五十
三。特别是大票子的庫存數量太少，目前只有×××亿元，占庫存
总數的百分之二十一点八（正常情况应占百分之六十左右）。由于
大票子少，使机关、部队、企业增加了一些不便。一年来，由于各
部門积极拥护中央关于收回三种票子的决定，作为一项政治任务，
自觉地承担了这个暂时的困难。現在，我們正根据中央批准的印制
新版人民币的計划，抓紧进行生产，首先抓紧十元券的生产，争取
明年上半年发行新版十元券，以解决大票子少的問題。

目前新版五元券已經生产了×××元，預計八月底可达×××
元，年底可达×××元。新版十元券的版面、图样最近才确定下
来，預計年底只能生产×××元左右。如果单純为了解决市場上大
票子少的問題，本可在七、八月份发行新版五元券。但是考虑到目
前流通的五元券发行时間还很短，最少还可使用四、五年，为了避
免市場上同时流通两种版面的五元券，新版五元券以暂不发行为
宜。这就需要各方面继續支持我們克服暂时小票偏多的困难。

此外，市場上流通的一角券已很破旧，庫存数量也很少，拟

· 3 ·

图5-21　中国人民银行的请示（河北省人委转发国务院文件的附件）

于钞票连系全社会、关系千万家，大票子短缺会造成“误解”，影响社会稳定。所以，人民银行请求国务院，“以上意见，如蒙批准，请转发各部门、各地区，以便向所属干部进行宣传解释工作”，使各方面能继续支持人民银行的工作，共同克服小票子偏多、大票子偏少的暂时困难。

1965年 6 月 5 日，国务院向各部、委员会，国务院各直属机构，中国科学院，全国供销合作总社，各省、自治区、直辖市人民委员会发文，批转了中国人民银行的请示，同意请示提出的几条意见，要求人民银行积极做好新版10元券的印制和发行准备工作，于1966年上半年发行新版10元券和 1 角券。

这个文件抄送分几大块：

一是领导机关，如国务院各办公室（各副总理的办公室）、人大常委会办公厅、最高人民法院、最高人民检察院、中共中央办公厅。

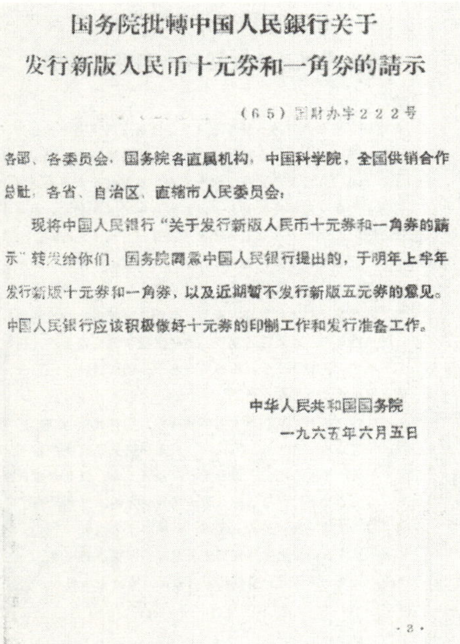

国务院批轉中国人民銀行关于
发行新版人民币十元券和一角券的請示

（65）国财办字222号

各部、各委员会，国务院各直属机构，中国科学院，全国供销合作总社，各省、自治区、直辖市人民委员会：

现将中国人民银行“关于发行新版人民币十元券和一角券的請示”转发给你们。国务院同意中国人民银行提出的，于明年上半年发行新版十元券和一角券，以及近期暂不发行新版五元券的意见。中国人民银行应该积极做好十元券的印制工作和发行准备工作。

中华人民共和国国务院
一九六五年六月五日

·2·

图5-22　国务院文件（河北省人委转发国务院文件的附件）

二是各系统的下级，如行政系统的各部委；党系统的各中央局，各省市区党委及西藏工委；解放军系统的两总政治部、后勤部。

三是群众团体，如工会、共青团、妇联。

国务院为发行两个新版别人民币而发出文件，而且文件发送给方方面面，是十分罕见的，这充分说明了此事在当时的特殊性和重要性。

人民银行根据国务院文件精神，一方面加紧生产新版10元券，一方面研究制定了解决当前困难应采取的措施，并于1965年 6 月16日向各省、自治区、直辖市分行以及驻西藏的机构（当时西藏尚未成立自治区人民委员会，人民银行也没有正式的分支机构）发出了《关于认真组织实现国务院批转总行〈关于发行新版人民币十元券和一角券的请示〉精神的通知》。《通知》指出，由于新版10元券暂时不能发行，5元券库存又较少，在当年（1965年）旺季期间，大票子不足的问题比较突出。为此，要求各分行努力做好发行基金（库存）的调拨工作，充分利用现有的5元券，尽可能满足旺季市场的需要。一是加强基层银行出纳人员的政治思想工作，改进工作方法，提高工作效率，克服小票子多带来的收付和清点压力。二是对机关、部队、团体和企事业单位做好宣传解释工作，协助银行做好大小票的搭配，共同克服小票子多的困难。三是有计划地使用5元券，对驻军、大工矿、大企业较多的地区多投放一些5元券，并及时清点回笼5元券，加快周转速度。四是做好角券的调剂工作，尽可能投放2角券和5分硬币，对回笼的1角券破票，能使用的要继续流通。

第三套人民币10元券从1966年1月10日发行，到2000年1月1日与其他券别一同停止流通，共使用了34个年头，是我国流通时间最长的人民币券别，其“大团结”的俗称几乎成了人民币或是财富的代名词。它作为人民币的标志性券别，将永载史册。

“可留多些票样”，“教育后代”

日寇侵华期间，一方面野蛮地军事占领，奴役人民，一方面疯狂地进行经济控制，掠夺资源，给中国人民带来了深重灾难。侵略者为了掌控占领区的金融，将日本横滨正金银行、朝鲜银行等本国银行发行的纸币大量投放我国[1]，同时还在我国发行了大量的军用票。

军用票是日寇在我国沦陷区强制发行的、无任何发行保证的证券。发行初期，主要是为了筹集军费，类似于军方的集资券。后经日本政府决定，当作一般通货在我国沦陷区全面流通。日本军用票在我国曾经发行了三次。第一次是1914年 8 月，日本在一

图5-23　日本军用票100元

① 当时朝鲜被日本占领。

战中强占山东半岛，随后在青岛发行，流通于山东境内的铁路沿线地区。第二次是1918年 8 月，日本强占东北北满后发行，流通于北满地区。第三次是1937年 7 月，日本全面侵华后，在沦陷区全面发行、强制使用。

1943年以后，日本政府改变策略，在我国沦陷区停止发行和使用军用票，但强令用伪银行——中央储备银行——发行的中储券兑换。日本军用票18元可兑换中储券100元。此举一方面扶持了伪银行，另一方面由伪银行替他们继续控制沦陷区金融、盘剥人民，实属可恶。

日寇在侵华期间，利用豢养的伪政权，成立伪银行，发行伪钞票，手段无所不用其极。据有关资料统计[①]，从1931年九一八事变到1945年“八一五”日本投降的14年间，日寇扶持伪政权相继成立了满洲中央银行（长春）、冀东银行（天津）、察南银行（张家口）、蒙疆银行（张家口）、中国联合准备银行（北京）、华兴商业银行（上海）、中央储备银行（南京）等7家伪银行（还有沦陷区的地方银行沦为伪银行的，另述）。这些伪银行发行了146种纸币和26种硬币，流通于各沦陷地区，成为当地的主

图5-24（1）　伪满洲中央银行券，1元

① 《日伪政权银行货币图鉴》：徐枫、赵隆业编著，中国社会科学出版社出版，1991年 1 月第 1 版。

图5-24（2） 伪蒙疆银行券，5元

图5-24（3） 伪中国联合准备银行券，1元

要流通货币。日伪货币是日本侵华、汉奸卖国的历史证据。

抗战胜利后，日寇在华库存的军用票和各种钞票被中国政府没收封存，新中国成立后，又被中国人民银行有关分行接管。1975年初，人民银行和外交部联合向国务院呈送报告，提出了对日本侵华期间所发行票币予以销毁的处理意见。周恩来总理批示："同意处理，可留多些票样，以便分在各图书馆装订成册，教育后代。"中国人民银行据此于1975年3月6日向各省、市、自治区分行（西北、西南地区分行不发）发出了《关于处理日本侵华期间发行票币的函》。

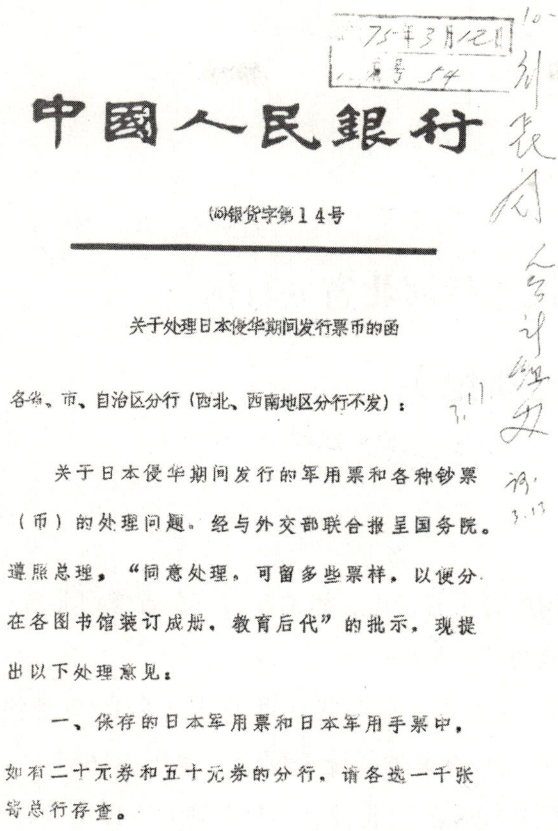

中國人民銀行

(75)银货字第14号

关于处理日本侵华期间发行票币的函

各省、市、自治区分行（西北、西南地区分行不发）：

关于日本侵华期间发行的军用票和各种钞票（币）的处理问题，经与外交部联合报呈国务院。遵照总理，"同意处理，可留多些票样，以便分在各图书馆装订成册，教育后代"的批示，现提出以下处理意见：

一、保存的日本军用票和日本军用手票中，如有二十元券和五十元券的分行，请各选一千张寄总行存查。

图5-25 中国人民银行1975年3月6日函

"可留多些票样"，"教育后代"，周恩来的批示具有深远的意义。前事不忘，后事之师，中国人民将牢记这段历史，时时教育后代。日本当局更必须深刻反省历史，以史为鉴，以免军国主义复活。

中国人民银行河北省分行保、津往返迁徙纪实

在全国的各个省份中，恐怕没有一个省像河北省一样频繁变换省会驻地的了。

现今的河北省，在明代叫北直隶（版图与清代以后的不同），到清代叫直隶省，设于顺治十六年（1659）。但当年的直隶省版图比现在的河北省小，只管辖北京以南的几个府[①]。当时的巡抚衙门驻大名府，即现在的河北省邯郸市大名县[②]。雍正八年（1730），直隶省设总督，总督衙署驻在保定。同治九年（1870）以后，由于直隶总督兼任三口（北洋）通商大臣，而其衙门设在天津，直隶总督兼北洋大臣经常往来于保定、天津之间，于是天津也有了半个河北省省会的味道。北洋政府时期，直隶督军常驻天津，天津又成为了河北省的省会。

1928年，国民政府将直隶省改名为河北省，是为其版图在黄河以北之故。河北省省府先是在北京办公，1930年迁到天津，1935年又迁往保定，省会由北京而天津，最终确立保定为河北省的省会。

① 现在的河北省版图包括了后来的热河省和察哈尔省的一些地方。

② 顺治十七年曾短暂移驻真定府，即现河北省石家庄市正定县。

抗日战争时期，河北沦陷，民国的河北省政府流亡在外，不断迁移办公地点。而共产党领导的武装力量不断建立抗日根据地，到了解放战争时期，各个解放区都有了自己相对固定的行政区划，并建立了人民政权，有了自己的行政中心，可以说是“省会”纷出。

1949年，华北地区大部分解放后，华北人民政府根据中央的决定，发出了调整行政区划的通令，撤销了根据地性质的行政区划，恢复了河北省的建制（管辖天津市），并决定省会驻保定。1949年7月12日和8月1日中共河北省委和河北省人民政府相继在保定成立，保定再次成为河北省省会。

1958年4月，河北省第一届人民代表大会第七次会议决定，将省会迁往天津，一年之后正式在天津办公，天津再次成为河北省省会。

当年的人民银行河北省分行随省会搬迁，由保定迁往天津，在原盐业银行天津分行大楼办公（现和平区赤峰道12号，工商银行天津市分行营业部）。据河北省分行的老同志们讲，原盐业银行大楼坚固气派自不必说了，其内部装饰也颇具特色，他们至今印象深刻的：一是一层大厅的穹顶，用灯饰构成“蓝天飞凤满天星”的场景，周末举行舞会时，打开灯光，如同真实的星空，美轮美奂；二是用彩色玻璃拼成盐滩晒盐图案的楼梯间窗户，阳光照射进来，室内五彩缤纷，能引起人们对盐业的无限遐想；三是各房间的家具，都是随房型而专制，形状各异，搁在本屋恰到好处，挪到别的房间就无法摆放了。后来河北省分行又迁回保定时，曾带走了一些家具，放到新的办公室后，如同鹤立鸡群。

到了1966年，由于战备吃紧，河北省省会又由天津迁回保定，从而使保定又复为河北省的省会。但这一次搬迁比较复杂。1966年4月24日，中共河北省委向天津市委，各地委、市委、县

图5-26　原盐业银行天津分行大楼

委，省委各部委、省直各党组发出了《河北省委关于省会由天津市迁往保定市的通知》。通知称：“美帝国主义正在把它的反革命全球战略重点，转移到亚洲，疯狂地扩大侵略越南的战争，并且把侵略的矛头指向我国”，“现代修正主义者卑鄙无耻地为美帝国主义效劳，更加剧了战争的危险”；“根据中央和华北局指示，为了进行备战和建立备战体制，省委决定将省委、省人委及其所属机关，由天津市迁往保定市和京汉路一线，同时将省会改设在保定市”；“经过前一段的准备工作，现在搬迁已基本就绪，省委、省人委于五月一日起，就在保定市办公”。也就是说，河北省省会由天津迁出后，虽然设在保定市，但直属机关除一部分驻在保定以外，大部分机关将散置在京汉铁路沿线的县城和农村。这样的安排，现在看来是不可思议的，但当时肯定是经过慎重考虑的。

鉴于这次搬迁动作大、涉及面广、思想问题多，中共河北省委于此前的2月1日先行发出了《河北省委关于作好省会搬迁宣传的通知》，并附发了省委宣传部编写的《“省会为什么由天津迁保定”宣传要点》。该宣传要点说明了河北省会由天津迁保定的意义：一是为了战备的需要，“保定地处我省中心，领导机关迁往保定，一旦打起仗来，可以更好地指挥全省人民进行战斗，比驻在天津主动得多”；二是为了更好地面向农村，狠抓农村的革命，尽快地把粮食生产搞上去；三是为了更好地面向基础，深入群众，精兵简政，改进领导，促进干部和机关的革命化。

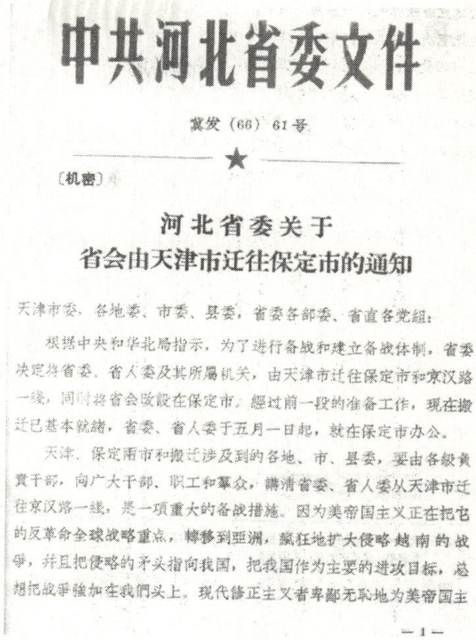

中共河北省委文件

冀发（66）61号

★

〔机密〕

河北省委关于
省会由天津市迁往保定市的通知

天津市委、各地委、市委、县委，省委各部委、省直各党組：

根据中央和华北局指示，为了进行备战和建立备战体制，省委决定将省委、省人委及其所属机关，由天津市迁往保定市和京汉路一綫，同时将省会改設在保定市。經过前一段的准备工作，现在搬迁已基本就緒，省委、省人委于五月一日起，就在保定市办公。

天津、保定兩市和搬迁涉及到的各地、市、县委，要由各級負責干部，向广大干部、职工和羣众，講清省委、省人委从天津市迁往京汉路一綫，是一項重大的备战措施。因为美帝国主义正在把它的反革命全球战略重点，轉移到亞洲，瘋狂地扩大侵略越南的战爭，并且把侵略的矛头指向我国，把我国作为主要的进攻目标，总想把战爭強加在我們头上。现代修正主义者卑鄙无耻地为美帝国主

—1—

图5-27　河北省委1966年4月24日通知

为了做好省会搬迁工作，时任国家主席的刘少奇于1966年3月2日专门作了指示，就搬迁中干部和家属对一些事情的“斤斤计较”、机关驻地的干群关系处理、河北及保定今后的发展等问题提出了意见和要求。

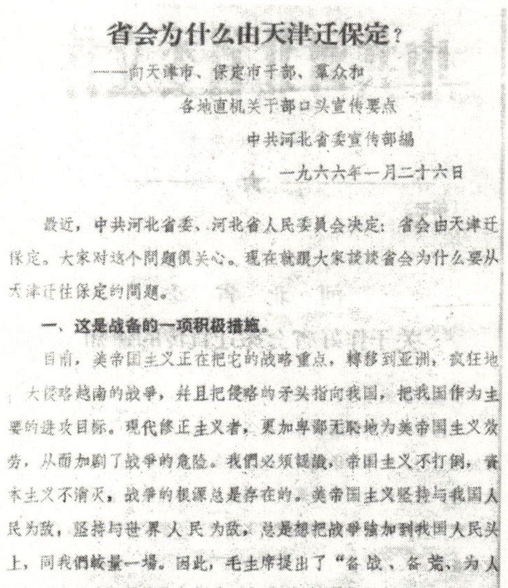

省会为什么由天津迁保定？

——向天津市、保定市干部、羣众和
各地直机关干部口头宣传要点

中共河北省委宣传部编

一九六六年一月二十六日

最近，中共河北省委、河北省人民委員会决定：省会由天津迁保定。大家对这个問題很关心。现在就跟大家談談省会为什么要从天津迁往保定的問題。

一、这是战备的一项积极措施。

目前，美帝国主义正在把它的战略重点，轉移到亚洲，疯狂地扩大侵略越南的战爭，并且把侵略的矛头指向我国，把我国作为主要的进攻目标。现代修正主义者，更加卑鄙无耻地为美帝国主义效劳，从而加剧了战爭的危险。我們必須認識，帝国主义不打倒，資本主义不消灭，战爭的根源总是存在的。美帝国主义坚持与我国人民为敌，坚持与世界人民为敌，总是想把战爭強加到我国人民头上，同我們較量一場。因此，毛主席提出了“备战、备荒、为人民”的有重大战略意义的指示。我們要坚决貫徹执行毛主席的指示，把全部工作的立脚点放在“打”字上，充分做好反对美帝国主义侵略战爭的一切准备，准备它早打、大打、打核战爭、打各种战

—2—

图5-28　《“省会为什么由天津迁保定”宣传要点》局部

随着省直机关由津迁保，人民银行河北省分行也搬回了保定，但金库、档案库等机构分散设在几个县里了。

保定成为河北省省会时“文化大革命”已经开始。1968年，全国“文化大革命”动乱达到了高潮，保定地区武斗也几近疯狂。成立不久的河北省革命委员会在保定站不住脚，经中央同意，被迫南移，

进驻石家庄市。石家庄市在“文化大革命”的动乱中意外地成为了河北省的现任省会了。

同年8月21日，河北省革命委员会发出《关于中国人民银行河北省分行迁往石家庄市的通知》。人民银行河北省分行奉命于8月31日迁往石家庄市，从此，就与省会一道常驻石家庄市了。

中国人民银行天津市分行与河北省分行“分家”回眸

1967年，“文化大革命”进入了第二个年头，“大鸣、大放、大字报、大辩论”势头正旺。这年1月，中央决定将天津市由河北省的省辖市升格为中央的直辖市。九个月前的1966年5月1日，河北省省会刚刚由天津市迁往保定市，河北省省直机关的人们似乎已预感到天津将有大事发生；而天津的红卫兵们则是在批判张淮三的大会上得到消息的。1月的某天，红卫兵聚集在天津体育馆举行批判张淮三大会，在批斗中，张淮三突然挣扎着抬起头来，高喊“报告大家一个好消息，中央批准天津为直辖市了”。话音未落，欢呼声抑或是批判声震耳欲聋，张淮三被按下头去，又挨了一顿拳脚。

“文革”正不断升温，天津市和河北省的“分家”开始了，人民银行也在其中。

1967年5月，人民银行天津市分行与河北省分行共同讨论了两家划分事宜，对若干具体问题提出了处理意见，经总行研究后，原则同意。随后，总行于8月14日向河北省分行和天津市分

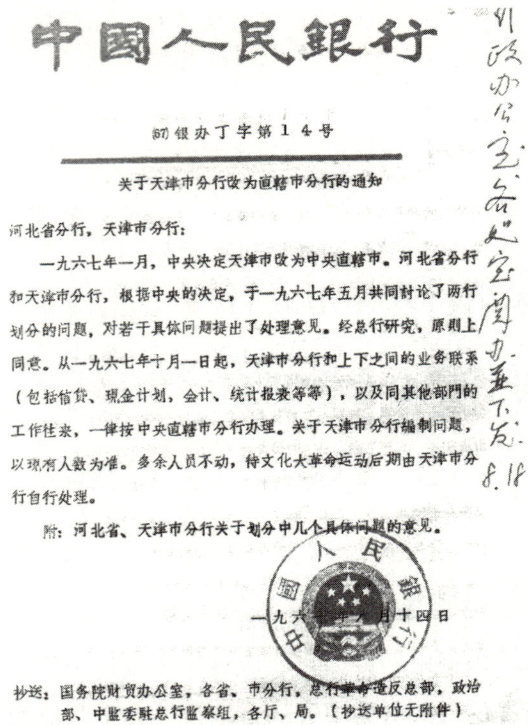

中國人民銀行

(67)银办丁字第14号

关于天津市分行改为直辖市分行的通知

河北省分行，天津市分行：

一九六七年一月，中央决定天津市改为中央直辖市。河北省分行和天津市分行，根据中央的决定，于一九六七年五月共同討论了两行划分的问题，对若干具体问题提出了处理意见。经总行研究，原则上同意。从一九六七年十月一日起，天津市分行和上下之间的业务联系（包括信贷、現金计划，会计、统计报表等等），以及同其他部門的工作往来，一律按中央直辖市分行办理。关于天津市分行编制问题，以現有人数为准。多余人员不动，待文化大革命运动后期由天津市分行自行处理。

附：河北省、天津市分行关于划分中几个具体问题的意见。

一九六七年八月十四日

抄送：国务院财贸办公室，各省、市分行，总行革命造反总部，政治部、中监委驻总行监察组，各厅、局。（抄送单位无附件）

图5-29　中国人民银行《关于天津市分行改为直辖市分行的通知》

行发出了《关于天津市分行改为直辖市分行的通知》，决定从1967年10月 1 日起，天津市分行对外的业务联系和工作往来，按中央直辖市分行办理。这个文件抄送给了国务院财贸办公室，各省、市分行等机关，在总行内部，抄送给了政治部、中监委驻总行监察组和各厅局，特别也抄送给了“总行革命造反总部”，当时的“造反”形势可见一斑。

这个通知附发了《河北省、天津市分行关于划分中几个具体问题的意见》。这个文件之冠，印有毛泽东的《最高指示》：“要提倡顾全大局，每一个党员，每一种局部工作，每一项言论或行动，都必须以全党利益为出发点，绝对不许可违反这个原则。”毛泽东的这条语录无论是在当时、还是现在看来，都是至理名言。

上述划分意见从会计与货币发行、人员编制、外汇与外汇信贷、农金与工商信贷、计划管理五个方面明确了一系列问题，并确定以1967年 1 月 1 日为划分时点，以保持会计年度的完整性。应该说，此前的天津市分行虽然隶属于河北省分行，但由于天津市在国家政治经济方面的重要地位，总行对天津市分行早已视同省级分行，其机构称谓也是“分行”，在诸如国际业务、信贷计划、财务等许多方面都是单列的，需要划分的事务原先就分得清，所以划分起来并不复杂费力。需要划分的主要是一些交叉事项：

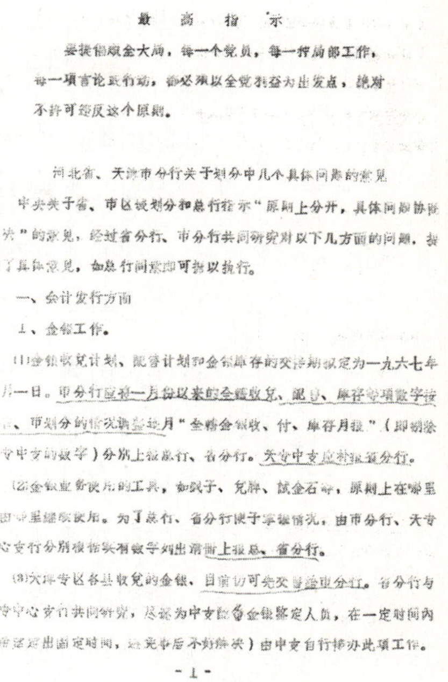

最　高　指　示

要提倡顾全大局，每一个党员，每一种局部工作，每一项言论或行动，都必须以全党利益为出发点，绝对不许可违反这个原则。

河北省、天津市分行关于划分中几个具体问题的意见

中央关于省、市区域划分和总行指示“原则上分开，具体问题协商解决”的意见，经过省分行、市分行共同研究对以下几方面的问题，提出了具体意见，如总行同意即可据以执行。

一、会计发行方面

1、金银工作。

(1)金银收兑计划、配售计划和金银库存的交接期拟定为一九六七年一月一日。市分行应将一月份以来的金银收兑、配售、库存专项数字按照省、市划分的情况填报逐月“全部金银收、付、库存月报”（即剔除天专中支的数字）分别上报总行、省分行。天专中支应补报省分行。

(2)金银业务使用的工具，如戥子、天平、试金石等，原则上在哪里就由哪里继续使用。为了总行、省分行便于掌握情况，由市分行、天专中心支行分别根据实有数字列出清册上报总、省分行。

(3)天津专区各县收兑的金银，目前仍可先交售给市分行。省分行与天专中心支行共同研究，尽速为中支配备金银鉴定人员，在一定时间内（希望定出固定时间，避免事后不好解决）由中支自行接办此项工作。

- 1 -

图5-30　河北省、天津市分行关于划分中几个具体问题的意见

一是天津专区中心支行（即后来的河北省廊坊地区中心支行，现演变为廊坊市中心支行）是河北省分行的下级行，但由于天津专区环绕天津市周围，所以在划分前，天津市分行还管辖（代理）着天津专区中心支行及其所辖县支行的货币发行、金银收兑等许多业务。划分后，这些业务从天津市分行划出，归河北省分行管辖，这是划分的主要事项。

二是秦皇岛支行是河北省唐山专区中心支行所辖的县级支行（1983年以后升格为地级分行，后演变为秦皇岛市中心支行），由于秦皇岛是沿海港口城市，所以秦皇岛支行以县级支行的级别经办着河北省的国际清算、国际保险以及侨汇、外汇收支等业务。划分前，秦皇岛支行的国际清算和国际保险业务由天津市分行领导。划分时，决定暂时维持这种行政和业务分别由两分行负责的格局。

三是天津市作为河北省省会时，天津专区和河北省的企业有

的设在天津市，而天津市的一些企业，则由于战备的需要设在河北省境内。因此，工商企业贷款互有交叉。划分时明确：天津专区和河北省在天津的工商企业，其贷款由天津市分行负责；天津市在河北省境内的工商企业，其贷款由河北省分行负责。

四是人民银行的各级金库应该隶属于各级行。但在划分前，河北省分行金库和天津市分行金库同在一处，天津专区中心支行金库又由天津市分行代理。划分后，库房和库款彻底分开。

另外值得一提的是人员编制问题。按照总行1965年核准的人员编制，划分前河北省分行全辖（包括天津市分行）人员不超编，而其中天津市分行人员超编。“天津市分行意见是在文化大革命中不好做压人工作，特别压了以后也不行，干部更新问题也无法解决。因此与省行研究能否与省行统一调剂”，意思是先占用河北省分行的人员编制。“省行认为关键在于总行，如总行认为在全河北省范围不变的前提下同意的差额，可以在省内解决时，省行问题不大”，意思是这个问题应由总行拍板。最后两分行决定向总行提出这个问题。总行在上述通知中答复：“关于天津市分行编制问题，以现有人数为准，多余人员不动，待文化大革命运动后期由天津市分行自行处理。”

人民银行河北省分行和天津市分行“分家”已有46年了。1998年人民银行管理体制改革后，河北省分行已不复存在，代之以石家庄中心支行（副厅局级），而天津市分行也改为天津分行（俗称“大区行”，正厅局级），各自在新的历史条件下，履行着自己的职责。

人民银行文件反映出的公文要素和印章形式的演变

公文是各级党的机关、国家机关、社会团体和企事业单位在处理公务或公务活动中相互往来联系事务的文书，具有法定性、工具性、规范性和时效性的特征。公文有命令（令）、决定、公告、通告、通知、通报、报告、请示、批复、意见、函等种类。公文要素包括眉首、主体和版记三部分，公文所用的印章也有严格的规定。现在的公文格式规范，尤其是公文要素和公章形式，较之新中国成立初期有了很大的改变，对比这些变化，可以形象地看到时代的进步和文化的发展。

一、关于公文的“红头”

我们现在常用“红头文件”来称呼公文。所谓的“红头”，就是现行公文格式规范所说的“发文机关标识”，其由发文机关的全称或规范简称，后面加“文件”二字（也可不加）组成。由于发文机关标识是用红色字体印在公文首页上方的，因此俗称“红头”。不过，这是20世纪70年代以后的形式了。

在新中国成立初期，即20世纪50年代，国家机关的公文首页也印有红色字体的发文机关标识。以人民银行的公文为例，发文机关标识有的是横排，印在顶端；有的是竖排，印在右侧；遇到国家机关联合发文时，就将几个发文机关标识用黑色油墨直接打印在文件右侧。总的来看，当年公文“红头”的地位并不像现在那样突出。究其原因，一是当时的公文首页，除印有发文机关标识外，还印有其他公文要素，很像是现在的发文稿纸首页，“红头”被淡化了；二是可能当年“红头”的意识，或者说是权力意识还不那么强烈，至少在1965年以前是这样的，这与当时的机关作风有关。

二、关于公文的标题

在人民银行早期的公文上，其首页印有“事由”一栏，按照现在的公文格式规范，事由就是标题。当时的事由写作规范，开头的一个字是“为”，末尾的一个字是“由”，比如《为保护具有历史价值的古金银器物由》，很有些古风。如果按现在的规范撰写上述标题，可以写为《关于保护具有历史价值古金银器物的通知》。

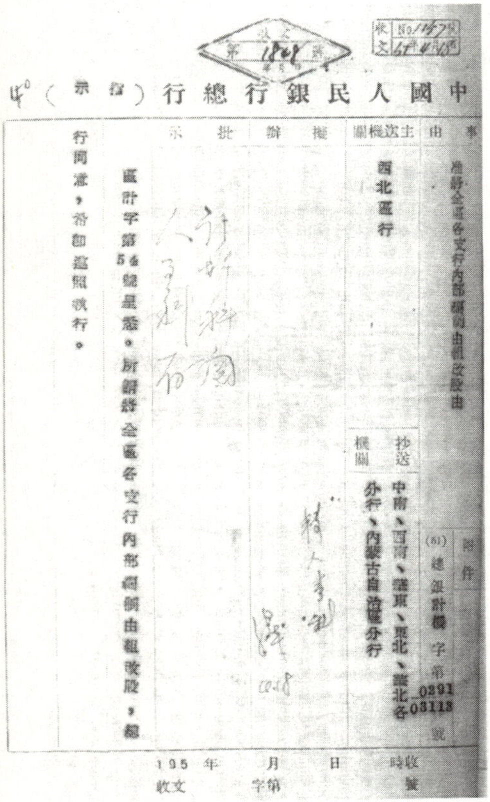
中國人民銀行總行（指示）
事由
主送機關 西北區行
抄送機關 中南、西南、華東、東北、華北各分行、內蒙古自治區分行
附件
(51)總稽計機字第03113號
擬辦
批示
區計字第56號呈悉。所請將全區各支行內部稽核由稽收股，……行同意，希即遵照執行。
195 年 月 日 時收
收文 字第 號

图5-31 发文机关标识在首页顶端横排，1951年4月

三、关于公文的日期

解放初期的公文都是竖排的，日期印在公文的末尾，其排版方式很特别。比如“一九五三年五月三十日”，其“一”字紧顶上边，“日”字紧抵下边，其余各字松散分布，使日期的10个字占满竖式的全行，看起来像是一条截止线，其用意可能是表示日期后面再无正文了。

到了1955年，随着印章形式的改变，日期排版方式也作了改变，竖排的公文文

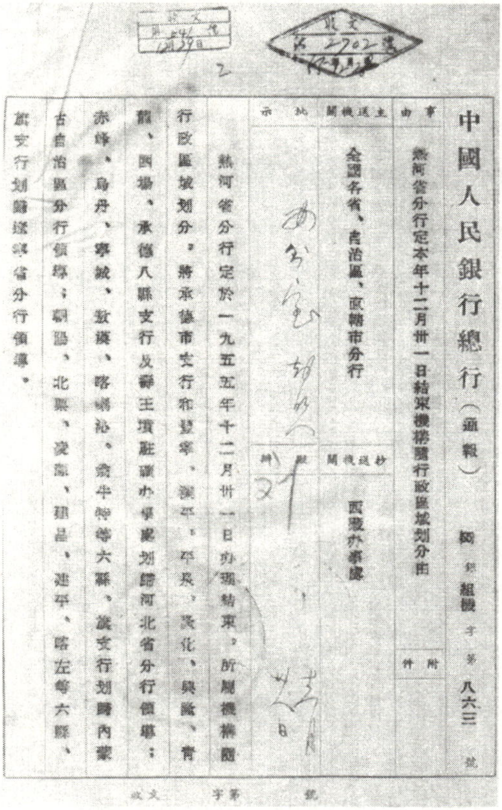

图5-32 发文机关标识在首页右侧竖排，1955年11月

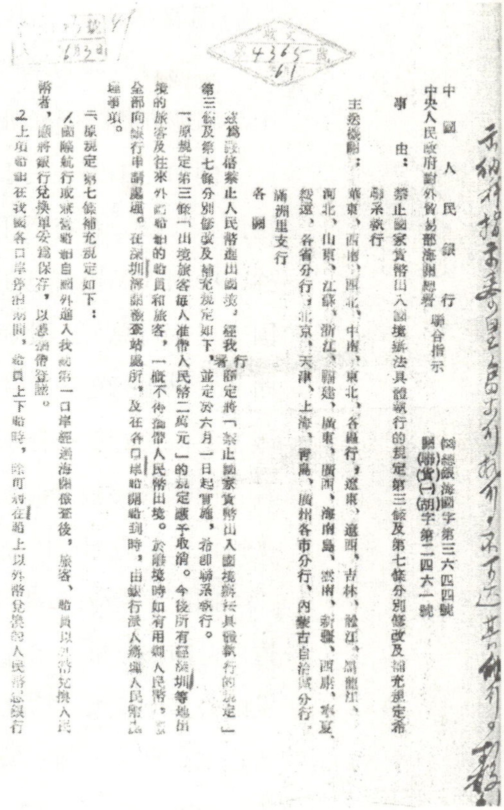

图5-33 联合发文的发文机关标识右侧竖排，1953年5月

尾“年月日不顶天写，只占公文纸的下一半（横写的为右一半）位置”，接近于我们现在的排版方式了。

四、关于公文的印章

在公文上盖的章，我们现在习惯叫“公章”。比如，前些时候一些媒体说的“一个项目的批文要盖××个公章”。称公文上盖的章为“公章”未尝不可，因为“公章”的解释是“机关、团体等使用的印章”。但在法律条文中，此物称为“印章”，词典上的解释是：“印章：印和章的总称，取信之物，代表权力。”

早期国家机关的“取信之物”不叫“印章”，而是称为“印信”，而且有印与章两种，即钤记（印的一种）和长戳。当年，中央和地方各级国家机关的印信都是如此。

例如，中国人民银行于1948年12月16日发布的《令发区分行钤记、长戳，希将启用日期及印模报总行备查》的命令。命令中称，中国人民银行已于12月 1 日成立，原华北银行总行已改为中国人民银行总行，北海银行总行已改为中国人民银行华东区行，西北农民银行已改为中国人民银行西北区行，各区分行钤记、长戳，已由总行统一制成，随令颁发，收到后立即启用。1950年 4 月，中国人民银行颁发了《中国人民银行使用印信规定》，规范了钤记、长戳的使用办法。

国家部委级的“钤记”为铜质，正方形，边长为65×65mm，宽边框，印文竖排，在机关名称后有一“印”字，一般在行政首长签发的公文上使用。长戳为木质，长方形，长戳边长为110×30mm，无边框，印文竖排，只有机关名称，在批复、意见函等公文上使用。当年，国家机关都使用这种形式的印信，一直到1955年初。

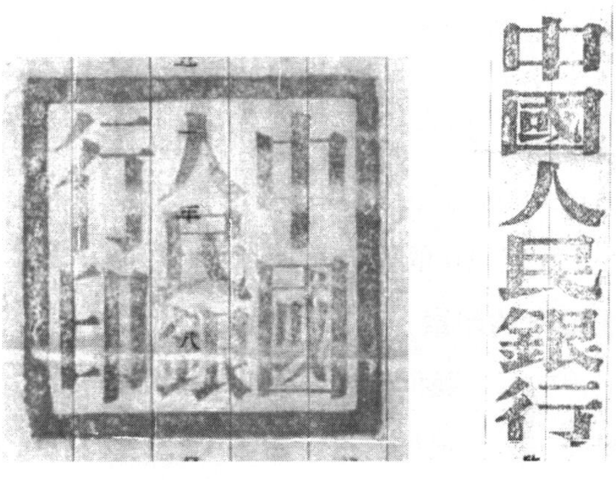

图5-34　中国人民银行钤记、长戳

1955年 1 月27日，国务院常务委员会议通过并颁发了《中华人民共和国国务院关于国家机关印章的规定》，规定明确印

图5-35 中国人民银行新印章（繁体字，原大直径50mm）

章的形式由方形（长方形）改为圆形，将二枚改为一枚，且中间刊国徽。据此人民银行和其他国家机关都停止使用旧印信，开始启用新印章，不过使用的是繁体字，后来才改成了简体字。

人民银行根据国务院的规定，立即发出了“（55）银办秘字三十四号”通知，发布了新的《中国人民银行印章的规定》，随后于1955年6月27、28日分别以“（55）银办秘字五十一号”函、“（55）银办秘字五十二号”通知，向各分行和总行各内设部门颁发了新印章。各分行和总行各内设部门都在同年7月10日左右启用了新印章。从河北省分行1955年5月12日下发的《为规定各级行新印章及机构命名由》的通知可以知道一些细节：一是新印章是圆形的，仅一枚，省行印章直径为40mm；二是印文为机构全称，自左至右两行横排；三是省级以上机构的印章为铜质，专、市级以下机构及内设部门的印章为木质。

图5-36 中国人民银行河北省分行印章，原大直径40mm 上为1955年起使用的印章，下为20世纪70年代以后至省级分行撤销前使用的印章

“各级银行要保持原来的系统”

1966年开始的“文化大革命”，干出了许多荒唐事。1969年7月底，经财政部军管会和中国人民银行军代表请示国务院批准，中国人民银行与财政部合署办公；1970年，更进一步将管理两类不同性质资金的机关合并了。随之，人民银行各级分支机构于1970年 7 月亦与当地同级财政局合并，组成了不伦不类的“财金局”，个别地方甚至将人民银行的分支机构单方面划归财政部门或者商业部门领导。

当时的人民银行，既是管理全国金融事业的国家机关，又是办理具体业务的银行机构。人民银行与财政部门合并后，有偿使用的信贷资金与无偿使用的预算资金极容易混淆在一起，尤其是在地方“革委会”的领导下，财政需求挤占银行信贷的问题屡见不鲜，银行对制止这类问题根本无能为力。在两年以后的有关官方文件中，对银行与财政合并后的情况作了分析，承认“银行机构不统一，影响了上下级的联系，削弱了银行的职能作用”。在当时的情况下，对银行与财政合并的危害不可能分析得十分到位，但还是说出了危害的事实。

1972年10月 3 日，国务院召开了全国银行工作会议，李先念副总理在会上作了讲话，提出要改变银行与财政合并的状况，《会议纪要》记载了他的讲话：“在党的一元化领导下，各级银行要保持原来的系统，要有省分行、支行，密切上下级的联系。”会议以后，各地立即贯彻执行会议精神。比如，河北省财金局党委即向河北省委提出了恢复人民银行和财政局建制的请示，河北省委也指出：“在社会主义历史阶段，银行有着重要作用。中国人民银行，是全国的信贷、结算和现金活动中心，又是全国唯一的货币发行机关。各地党委要加强对银行工作的领导，迅速把机构建立健全起来，充分发挥银行的职能作用，全面贯彻毛主席关于‘发展经济，保障供给’的财经工作总方针，更好地促进国民经济的发展。”

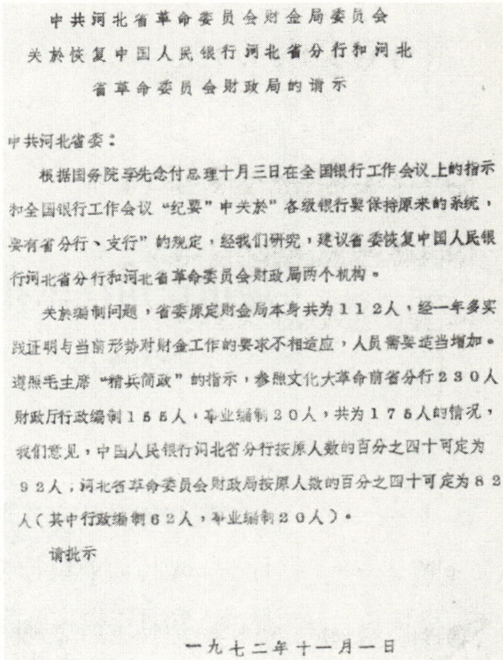

中共河北省革命委员会财金局委员会
关於恢复中国人民银行河北省分行和河北
省革命委员会财政局的请示

中共河北省委：

根据国务院李先念付总理十月三日在全国银行工作会议上的指示和全国银行工作会议“纪要”中关於“各级银行要保持原来的系统，要有省分行、支行”的规定，经我们研究，建议省委恢复中国人民银行河北省分行和河北省革命委员会财政局两个机构。

关於编制问题，省委原定财金局本身共为112人，经一年多实践证明与当前形势对财金工作的要求不相适应，人员需要适当增加。遵照毛主席“精兵简政”的指示，参照文化大革命前省分行230人财政厅行政编制155人，事业编制20人，共为175人的情况，我们意见，中国人民银行河北省分行按原人数的百分之四十可定为92人；河北省革命委员会财政局按原人数的百分之四十可定为82人（其中行政编制62人，事业编制20人）。

请批示

一九七二年十一月一日

图5-37　河北省财金局党委给河北省委的请示

到1972年11月底，各省、市、自治区基本完成了人民银行与财政部门分设工作，恢复了辖内各级人民银行机构。经过这次折腾，人民银行系统的人员编制比以前减少了近一半，意外地收到了“精兵简政”的效果，而财金局又改为财政局了。

人民银行总行与财政部分开办公，则是到1977年12月底才实现。是年，国务院作出了“关于人民银行作为国务院部委一级单位”的决定[①]。财政部、人民银行于1977年12月31日发出了《关于中国人民银行总行与财政部分设的通知》，宣布于1978年1月1日起分开办公。至此，这段公案才告结束。

① 1962年，国务院曾将人民银行总行由国务院直属机构改为同国务院所属部委同样的地位，以后一度降格。

城市信用合作社——从1979年到2003年

现在，几乎各个城市都有了以自己城市名称命名的商业银行——城市商业银行（以下简称“城商行”）。中国银监会年报显示，2011年末，全国有城商行144家，占全国银行业金融机构总数的3.79%，总资产达到9.98万亿元，占全国银行业金融机构总资产的8.8%。其中，北京银行、南京银行和宁波银行还是业绩不错的上市公司，城商行已经成为我国银行体系的重要组成部分。不过，现在大多数人已经不知道城商行是从城市信用社走来的。

城市信用社从产生到转制，走过了24个年头。在这个不算长也不算短的时期里，城市信用社始终围绕着整顿规范、防范风险和改造改革这三个主题转，经历了三次领导体制变化，有四次机构骤然膨胀，伴随着四次清理整顿，产生了五个规范性文件，在监管机构、地方政府和城市信用社从业者的共同努力下，终于浴火重生。回过头来梳理一下这个过程，可以让我们感受到社会的进步、发展的曲折和金融改革的艰辛。

一、在全国大办经济实体的浪潮中萌生了城市信用社的前身——金融服务所

1978年12月党的十一届三中全会以后，发展经济成为主旋

律，各种所有制的经济实体如雨后春笋般地出现，国家机关和事业单位也纷纷办起了经济实体。当时人民银行的各级分支行面临着两个问题：一是各种经济实体都盯着人民银行要贷款怎么办，二是人民银行自身的实体怎么办？那时，中国农业银行和中国银行才刚刚恢复设立，中国人民建设银行还没有改制，中国工商银行还没有组建，而人民银行还经办着工商信贷等城市金融业务，解决各种经济实体资金需求的压力自然落到了人民银行头上。但在当时的信贷资金管理体制下，人民银行不可能在信贷计划内解决这一问题，必须在体制外想办法。至于人民银行自身如何办实体，似乎容易得多，自然是在自己的专业领域打主意。于是解决这两个问题的办法产生了：兴办集体性质的金融组织。

1979年前后，一些地方的人民银行分、支行自发地试办了金融服务所（社、部、站、处），时间不长，就成了燎原之势。这些集体金融组织都由人民银行领导和管理，在办理工商登记时，名称前都冠以“中国人民银行”字样，出资单位是组建它的人民银行分、支行，经营范围是人民币存贷款。人民银行给这些金融服务所腾房子、置家具、分给业务、派干部管理，俨然是给自己的“亲儿子”办事。也难怪，这些金融服务所在体制外支持各种经济实体资金需求的同时，也安置了自己职工的待业子女。当然，从总体上看，金融服务所的出现，还是经济发展和金融改革的产物。

在以后的几年里，金融服务所的数量和业务量有了很大的发展，有的甚至可以与人民银行县级支行比肩了，“金融服务所”的称谓似乎罩不住其长大了的“身躯”。于是，一些地方出现了“城市信用社”（以下简称“城信社”）的名称。随着城信社的“成势”，人民银行总行注意到了它的存在、作用和可能造成的风险，并开始加强了管理，比如逐步将它的存贷款纳入信贷计划之中。但是，至少在1983年以前，它们是被当作各级人民银行的经济实体或附属机构看待的，并没有意识到其金融机构的本质，管理不到位的现象可想而知。直到1984年10月17日，人民银行颁布了《关于金融机构设置和撤并管理的暂行规定》，始将城信社纳入金融机构范畴，并作为金融机构来管理。

二、划转给工商银行管理，统一定名为城市信用社，并开展第一次整顿

1983年9月17日，国务院决定中国人民银行专门行使中央银行职能，同时设立中国工商银行。此后，各级人民银行与工商银行分设，人民银行经办的工商信贷等城市金融业务划归工商银行办理。与此同时，同样做着工商信贷等业务的城信社（还有金融服务所等，统称为“城市集体金融组织”）也划归工商银行管理。工商银行为此在内部层层设立了个体信贷部门管理城信社事务，还于1984年7月与人民银行联合召开了银行改革座谈会，探讨了城信社问题。经过这次划转，到1985年底，各级人民银行名下已经基本没有城信社了。

工商银行接手城信社后，于1985年4月2日发出了《关于抓紧整顿城市集体金融组织的通知》，部署城信社的整顿工作，这是第一次整顿。整顿的基本要求是将各种名称的城市集体金融组织统一定名为“城市信用合作社”，在业务上接受工商银行的领导和管理，存贷款计划纳入工商银行信贷计划内，向工商银行交存存款准备金，领导干部民主选举产生，原组建单位派干逐步退出等。通知要求：整顿工作要于1985年10月底结束，整顿合格的，向当地人民银行补办审批手续，领取《经营金融业务许可证》；整顿不合格的，应予停办。现在看来，这个通知在管理思路上还嫌不清晰，似乎是将城信社当成了自己的分支机构，抑或是有行使中央银行职权之嫌。但无论如何，通过这次整顿，产生了一批持有《经营金融业务许可证》的城信社，为城信社今后的健康发展奠定了基础。

三、定性为“合作金融组织”，整顿、暂停审批新建金融机构和发布规范性文件三管齐下

1986年1月3日，国务院颁布了《中华人民共和国银行管理暂行条例》，对城信社的身份、地位和管理作了原则规定。据此，人民银行于1986年7月15日发布了第一个有关城信社的规范性文件——《城市信用合作社管理暂行规定》。规定城市集体金融组织统一定名为“城市信用社”；城信社是人民银行领导下的合作金融组织，县和县以下不设城信社；设立城信社由当地人民银行审核、省级分行批准；城信社向所在地人民银行分行交存存款准备金等。这个规范性文件将城信社的集体性质调整为合作性质。同时，澄清了此前工商银行通知中不够准确的地方，比如领导问题、交存存款准备金问题等。但是，在发布《暂行规定》的通知中，人民银行对《暂行规定》发布以前由工商银行组建的城信社的管理问题，还是从实际出发，决定暂时维持原状。1987年6月18日，工商银行根据《暂行规定》的精神，发出了《关于城市信用社有关问题的通知》，对其1985年的文件作了适应性调整。

人民银行在发布《暂行规定》的通知中还部署了城信社整顿工作，通知明确：《暂行规定》发布之前建立的城信社等集体金融组织，由原组建单位负责整顿，由当地人民银行验收，符合条件的呈报省级分行批准发证，不符合条件的撤销。由此展开了城信社第二次整顿。

城信社刚刚开始这一轮整顿，全国就出现了货币投放过猛、争建金融机构成风的势头。国务院于1988年8月11日批转了人民银行《关于控制货币、稳定金融几项措施的报告》。人民银行立即于8月12日发出了《关于暂停审批设立各类金融机构的紧急通知》，又于8月25日发出了《对〈关于暂停审批设立各类金融机构的紧急通知〉的补充通知》。这两个通知对停止新批金融机构作了具体规定，并收回了原由省级分行履行的城信社审批权。由于此事涉及广、难度很大，国务院于9月23日再次发出了《关于进一步控制货币、稳定金融的决定》，重申了暂停审批设立各类金融机构的要求，并强调，未经人民银行总行批准，任何部门不得以任何名义成立或变相成立金融机构或办理金融业务。

人民银行一方面暂停审批各类金融机构，采取措施控制货币、稳定金融，一方面加紧建章立制，于1988年8月发布了《城市信用合作社管理规定》（第二个规范性文件），以取代1986年发布的《暂行规定》。《规定》在进一步完善城信社管理措施的同时，又对此前的《暂行规定》做了两项调整：一是虽然重申城信社限于在大、中城市设立，但在经济发达的县亦可进行少量的试点，各省市区还可选择一至二个城市进行组建城信社联社的试点，有条件地解除了《暂行规定》关于县和县以下不设城信社的限制；二是规定此前由工商银行管理的城信社与今后设立的城信社同样，一律由人民银行领导、管理、协调监督和稽核，终止了《暂行规定》对工商银行的保留。这两项调整有其积极意义，但也重新唤起了各地各部门设立新城信社的欲望，使城信社的数量有了新的增加；改变工商银行组建城信社的隶属关系，也为以后确认城信社的组建部门带来了纠纷。

作为控制货币、稳定金融的后续措施，1989年12月，国务院发出了清理整顿公司及金融性公司的决定。人民银行根据这个决定精神，结合推行新的城信社《管理规定》，在部署清理整顿公司及金融性公司工作的同时，又对城信社开展了再一次的清理整顿。清理整顿的主要内容是：未经人民银行批准的、资本金严重不足且到1989年底补不足的、严重亏损或资不抵债的、专业银行和政府及党政部门出资且到1989年底不能脱钩、设立分支机构的、有违法乱纪行为又拒不纠正的城信社，要限期撤销。这次整顿进行了四个月，于1990年3月底结束。通过这次整顿，撤销了一批不合格的城信社。

从1986年7月到1990年3月，在近四年的时间里，城信社经历了两整顿、两规范、一暂停，起到了清理机构、纠正违规、改善经营的作用，为城信社进一步改革发展创造了条件。

四、擅自设立和越权审批之风骤起，城信社面临新的危机

1992年6月16日，中共中央、国务院作出了《关于加快发展第三产业的决定》，要求充分调动各方面的积极性，国家、集体、个人一起上，加快发展第三产业。此后，地方政府部门、各级人民银行以及各家金融机构相继办起了各种商贸类公司，同时也办起了一些新的城信社，人们已不屑于“暂停新建城信社”的禁令。

针对这种局面，人民银行从1992年下半年起，对组建城信社实行了指标管理，即总行下达指标，由各省级分行审批。这种办法意在实行数量控制，限制各方面组建城信社的热情，但由此下放了1988年上收的审批权。在指标限制的刚性和下放审批权的弹性面前，一些地方出现了擅自设立或越权审批城信社的乱象。在“没说不准许，就是准许”的观点支持下，一些银行、院校、机关等避开城信社的称谓，创造了“实习银行”“实验银行”“科技银行”等名义，以“国家并没有明确审批与否”为理由，擅自设立或擅自审批设立了不称为“城信社”的城信社。这些城信社以及同在混乱中成立的信托公司、典当行等，严重扰乱了金融秩序，造成了明显的金融风险。

1993年6月24日，中共中央、国务院发出了《关于当前经济情况和加强宏观调控的意见》，提出了16条措施。7月5—7日，人民银行召开全国金融工作会议，部署落实中央指示，整顿金融秩序、严格金融纪律、推动金融改革、强化宏观调控工作。其中涉及城信社的内容：

一是解决擅自设立或越权审批城信社（包括实习银行、实验银行、科技银行等）问题，这个问题主要涉及人民银行各省级分行。为此，总行连续下发了两个文件，规定了处理办法和原则界限，经过努力，撤销了一些违规设立的城信社，处理了一些责任人，刹住了私设乱批城信社的歪风。

二是解决城信社与组建单位脱钩的问题。人民银行率先行动，首先于1993年9月4日与财政部联合下发了《关于各级人民银行与所办经济实体脱钩的办法》，随后又连续下发了三个文件，对人民银行以及其他银行与所办经济实体脱钩工作作了具体的规定，要求实现隶属关系、财务关系、人员关系彻底脱钩。这次行动，解决了最难办的人员脱钩问题，一些银行干部离开原单位，到城信社工作，从而将城信社彻底推向了市场，使它们在竞争的汪洋大海中自主沉浮。但是，这次脱钩工作没有规定城信社要清产核资，也没有要求城信社在脱钩时弥补资产损失，并且保留了城信社在原组建单位的党团工会关系，这就为今后防范化解城信社风险带来了麻烦。

五、一方面继续加强城信社监管，另一方面建立行业管理体系

1993年12月25日，国务院作出了《关于金融体制改革的决定》，为包括城信社在内的金融体制改革指明了方向。人民银行在继续加强监管的同时，适时推进行业管理，力争为城信社改革铺平道路，用改革的办法化解城信社风险。

1994年6月，人民银行发布了《城信社资产负债比例管理

办法》，8月又发布了《金融机构管理规定》，对包括城信社在内的金融机构市场准入、日常监管、市场退出等全过程作了明确详尽的规定。1995年3月，第八届全国人大第三次会议通过并颁布了《中华人民共和国中国人民银行法》和《中华人民共和国商业银行法》，从法律上明确了城信社的性质、地位和行为规范。同月，人民银行发出了《关于进一步加强城市信用合作社管理的通知》，逐渐将城信社管理和经营圈进了法规的“笼子”里。此后，人民银行基本上不再批设城信社，将重点放在了加强监管和推进改革上。

城信社与组建单位脱钩后，其规模虽然小得可怜，但其地位却与工商银行等大银行一样，成为了一个个独立的法人金融机构。尽管如此，他们却乐不起来，开始感到“行业管理有必要”“没有婆婆也不行”。一些城市开始尝试按照人民银行1988年8月发布的《城市信用合作社管理规定》组建城信社联社。此举虽然初衷不错，但个别地方又走上了擅自设立或越权审批的老路上。为使城信社的行业管理有序、规范地推进，人民银行于1996年6月20日发布了《城市信用合作社联合社管理规定》，这第三个关于城信社的规范性文件增加了城信社联社的试点，适应了城信社行业管理的需要。1998年3月6日，人民银行又发布了《城市信用合作社联合社管理办法》（按时间顺序是第五个规范性文件），提出设在县及县以下的城信社要划归农村信用社县级联社管理，为城信社进一步改革厘清了范围。鉴于城信社问题涉及面广、利益关系复杂，人民银行向国务院提交了《整顿城信社工作方案》，国务院办公厅于1998年10月25日批准了这个方案，经过这次整顿，城信社不论是体制、机制，还是组织架构都向前迈进了一步。

1979年遍地开花的金融服务所（部），到1985年划归工商银行管理并开展第一次整顿后，已经基本不存在了，但在个别地方，由于种种原因，还有一些残留。为了给城信社改革创造环境，1996年8月5日，人民银行银行管理司发出了《关于对金融服务所等集体合作金融机构进行清理整顿的通知》，通知要求对名为金融服务所（社、部、站）的金融机构进行清理整顿，符合条件的，经人民银行省级分行同意，设在城市的可更名为城市信用社，设在县及县以下的可更名为农村信用社。经过这次清理，名为金融服务所的集体金融机构，在存在了17年后，终于退出了历史舞台。

六、向合作制、商业化转变，用改革推动城信社重生

在整顿规范城信社及其联社的同时，改革的进程也开始启动。新的事物既然产生，旧的东西就该结束。但产生和结束并不是完全由此及彼的，而是在两种体制的城市金融机构并行中，此长彼消。作为前奏，1997年2月27日，财政部和人民银行联合发出了《关于开展城市、农村信用社清产核资工作的通知》。通过清产核资，基本上摸清了城信社的家底。在此基础上，1997年9月4日人民银行发布了《城市信用合作社管理办法》（按时间顺序是第四个规范性文件），这个文件的意义在于，提出了要在1999年6月底前，完成按照合作制原则改造城信社的任务，使之真正成为为社员（入股信用社社员）服务的合作金融组织。

在对城信社进行合作制改造的同时，人民银行根据国务院《关于金融体制改革的决定》精神，选择北京、天津、上海、深圳和石家庄5个城市开展了组建城市合作银行的试点。在试点的基础上，国务院于1995年9月7日发出了《关于组建城市合作银行的通知》，要求进一步在35个大中城市逐步推开，一种新型的金融机构从此诞生。随后，人民银行于1997年6月发布了《城市合作银行管理规定》；紧接着，又和国家工商管理局于1998年

3月12日联合发出《关于城市合作银行变更名称有关问题的通知》，将城市合作银行更名为“城市商业银行股份有限公司”。名称的改变意味着所有制形式的改变，城市银行机构从此由合作制迈向了股份制，这个质的飞跃用了四个年头。

七、最后的清算

时间进入到1998年，一方面城信社翘首期盼改革，以便尽早改造为城市商业银行；另一方面监管者也在审视着城信社，避免城信社“带病”转制。这时人们才发现，有相当一部分城信社存在着违规经营、不良资产占比大、经营亏损严重等问题，以贷谋私、侵占存款、贪污受贿等案件屡有发生，一些城信社甚至出现了资不抵债问题，发生了支付风险，其在管理和经营中积累起来的问题逐渐暴露。城信社存在的问题极有可能发展成区域性金融风险，不可小觑，需要紧急处置。否则，城信社不能进行改制事小，发生风险造成社会不稳定事大。为此，国务院决定立即对城信社开展整顿和处置风险工作（第四次整顿）。这次整顿城信社和处置风险工作有一个突出的特点，就是由地方政府组织领导，并作为处置风险工作的第一责任人。

要处置城信社的风险，必须要搞清每个城信社的投资、资产、负债和损益状况。1997年清产核资后，各个城信社的情况发生了很大的变化，要处置风险，需要再搞一次清产核资，这就使处置风险工作一开始就碰到了一个大难题，从而增加了工作量。

要处置城信社的风险，不可避免地还要搞清这个社是谁组建的，否则债权保全、债务清偿、损失承担和追究责任等等都无从谈起。于是又得“翻老账”。此时的城信社中，有一小部分是地方政府或部门组建的，另有一部分是各银行和保险公司分支机构于1992年前后组建的，这两部分城信社的组建单位清楚，清理整顿不费劲，该撤的撤、该并的并，有关工作很快就完成了。但有很大一部分城信社在认定组建单位上遇到了麻烦：这些城信社最初是由人民银行分支机构组建的金融服务所转变而来，后来又划归工商银行管理，再后来又独立出来由人民银行领导和监管，到底算是谁组建的，人民银行与工商银行相持不下。不能确定组建单位，就不能接着开展脱钩相关工作，从而直接影响到处置城信社风险的进展。

而在此时，根据中共中央、国务院1997年12月6日发出的《关于深化金融改革，整顿金融秩序，防范金融风险的通知》精神，人民银行管理体制改革业已启动，撤销原有的省级分行、成立区域性的分行已成定局。在这种情况下，必须要首先完成人民银行分支机构与所办城信社的脱钩工作[①]，否则，管理体制改革将留下不好处理的尾巴。

人民银行管理体制改革与处置城信社风险工作交织在一起，其交汇点就是脱钩。为此人民银行在1998年一年里连续发出了6件文电部署脱钩工作，要求各分行每天都要报告进度，甚至提出，债权债务多的城信社可以先脱钩，再清理整顿。就这样，时间还是不够用，脱钩工作未在撤销省级分行前完成，处置城信社风险的工作自然也未在撤销省级分行前完成。1998年底，人民银行省级分行如期撤销，区域性分行如期成立。新的分行成立后，立即接手了人民银行分支机构脱钩和城信社清理整顿、防范化解风险工作。2000年10月26日，人民银行发出了《关于对城市信用社整顿工作进行全面检查及进一步推动整顿工作的通知》，要求对城信社的整顿工作要逐社进行检查，主要是查清城信社当年的准入情况和以后的变化过程以便为分类处置、彻底化解风险打下基础。为此各区域性分行集中了大批人员，耗费了大量时间，才基本搞清情况。

这次城信社的清理整顿和化解风险工作，经过五年的努力，

① 后来查实，人民银行除兴办城信社以外，还办有证券公司和其他一些贸易性公司。

尤其是省级政府从维护稳定第一责任人的责任出发，承担了归属不清的城信社的风险处置工作后，才走出了困境。到2003年，全国约有800个高风险城信社或完成了城商行重组，或实现了市场退出；通过改造重组、增资扩股和资产置换，处置了城信社约1700亿元的不良资产，风险得到化解，清理整顿工作得以完成。众多的城信社经过这次清理整顿得到了重生，演变为现在的城市商业银行的分支机构，继续发挥着重要的作用。城信社从此完成了历史使命，退出了历史舞台。

第六辑

金融工作中的些许管见

银行清偿力与信贷资金周转

当前，我国经济建设中面临的一个主要问题，是在相当一个时期内资金短缺。银行作为国家动员和分配资金的一个重要部门，千方百计把分散的资金筹集起来，有效地用在国民经济建设上，这无疑是十分重要的。但是，我们必须看到，近年来，银行信贷资金占用多、周转慢、经济效益差的问题相当严重。信贷资金是社会总资金的一个重要组成部分，信贷资金周转不灵，一经贷放就大部分呆滞起来，使筹集起来的资金没有发挥应有效果，丧失了满足国家建设资金需要的作用，这是十分遗憾的。可见，加速资金周转与组织新的资金来源有同等重要的意义。

一般来说，信贷资金周转快慢取决于两条：一是取决于国民经济比例关系是否正常，国民经济各部门的生产和流通能否顺畅进行，协调发展；二是取决于贷款的发放是否用在了有效的生产和流通上。前者且存而不论，就银行本身来说，如果发放的每一笔贷款，都能用在有效的生产和流通上，这对加速信贷资金周转具有决定性的意义。因此，银行在开拓生财之道、聚财之道的同时，要很好地研究用财之道，从加速资金周转中要资金。

但是，在实际工作中，银行对加速信贷资金周转的关心程度是不充分的，国家连年要求节减流动资金占用，但连年有增无减就是一个例证。尽管其主要原因在于国民经济比例失调，但在发放贷款环节上，也存在很大问题。其症结在于：信贷资金周转的快慢，对银行的切身利益影响不大。加速信贷资金周转，使贷款取得最佳社会效益，固然可以使国家用较少的钱办更多的事，促进国民经济有计划、按比例、高速度发展，但对于银行本身的利益而言，却没有多大的利害关系。因为信贷资金周转的快慢，并不影响银行利润的实现，从盈利的角度看，即使是信贷资金全部呆滞了，银行在一定时期内不但可以照样收息，而且连资金周转间歇期都没有了，反而可以稳得利润。这种情况，对调动银行的积极性是很不利的。

信贷资金周转快慢，对银行本身利益影响不大的情况是怎么造成的呢？我们不妨先看一看西方国家的银行情况。

众所周知，西方国家的银行是以获取剩余价值、追逐最大利润为经营目的的企业，但它们没有为了获取利益而忽视放款的按期回流和周转，恰恰相反，它们十分注重这个问题，因为这是关系到自身兴衰利害的关键之一。它们十分注意资金周转，慎重地选择放款对象，很好地衔接放款与存款的期限，以维持其负债和资产业务之间的相对平衡。这样做，不但可以增强其清偿力，保证生存，还可以缓和维持清偿力与追逐利润之间的矛盾，获取更多的剩余价值。可见，西方国家银行关心资金周转问题，其动力是本身的利益，其压力是清偿能力。

我国银行是社会主义国家银行，其经营目的与西方银行截然不同，银行利益和国家利益从根本上说是完全一致的。但银行作为独立经营的企业，也有其自身的利益。在对待加速信贷资金周转问题上，正是由于我国银行体制存在问题，比如发行银行与职能银行合一，信贷投放与货币发行交织，没有清偿力这种压力，使信贷资金周转快慢与银行本身利益不挂钩。因此，也就削弱了由此压力而带来的动力。

从理论上讲，社会主义银行的信贷资金周转不灵，也会影响银行对自己债务的支付能力，但在实际上却不会发生这种情况。在基层行，存款不足、资金呆滞时，不论是实行统收统支还是实行差额包干的信贷计划管理体制，都可以随时向上级行申请贷款指标或借差额来解决支付存款和发放新贷款的需要，不但没有什么压力，还可照样实现利润。就是全国都发生了这种情况，也没有什么关系，完全可以用发行货币来抵充资金来源。因为我们人民银行是发行银行和职能银行的混合体，作为银行的资金来源，不但包括自有资金和存款，还包括货币发行。这样，客观上就使货币发行成了保证银行支付能力的后备，从而解除了清偿力的压力。尽管这要以损害国家利益为代价，但往往还得这样做。事实上，这几年货币发行过多，其中也不乏这个原因。

要想使各级银行都真正把加速资金周转放在心上，就应考虑在银行体制方面进行改革，将加速信贷资金周转与银行利益挂钩，使银行利益和国家利益真正统一起来。

一、应该分别设立发行银行和职能银行

设置发行银行，即中央银行，切断职能银行与货币发行的联系，使职能银行不再把货币发行充作资金来源。这样可以促进银行关心自己的清偿能力状况，一方面不断扩大业务，千方百计吸收存款，另一方面加强信贷资金管理，努力改善贷款使用效益。当然，财政每年应增拨一部分信贷资金，银行也应从自己的积累中逐年充实自有资金，以保证业务发展的需要。在遇有特别情况而影响银行的清偿力时，应由财政拨款解决。

二、中央银行和职能银行之间主要是经济往来关系

中央银行应主要用经济手段影响职能银行业务，以贯彻国家金融政策。职能银行应把自己的分支机构当成一个个独立的经营单位，实行彻底的资金包干。中央银行对职能银行、职能银行对自己的分支机构，都要核给一个包干差额，这个差额一经核定，应几年不变。当资金不足，支付存款或发放新贷款发生困难，需要超过差额，或者资金有余时①，可以上借或上存，借存款都要从发生之日起互相计息，借用资金应规定期限，过期罚息②；存入的资金要保证提取，用上借或上存利息的多寡来影响职能银行及分支机构的利润，调动工作积极性③。

三、对职能银行及分支机构实行彻底的利润包干

利润包干和利润留成一定几年不变。实现的利润，除按包干任务上缴，并按规定比例充实自有资金和提取各项基金外，其余部分用于开办集体福利事业和分给职工。对国家指定的贷款和银行自身的基本建设应专门拨款，不包括在差额包干和利润包干中。也要考虑每隔一定时期给职能银行及分支机构增拨自有资金，以解决其资金来源与资金运用增长不成比例的问题。

四、关于调动员工积极性

可以考虑将职工工资的一小部分从利润留成中支付，不再从费用中支付，并实行按劳分级分配的办法，使企业的利益和个人的利益更紧密地结合起来，切实调动员工的工作积极性。

当然，上述做法应随着国民经济体制改革的进程有步骤地进行，在目前还没有更多的社会资金供银行吸收使用，而银行信贷资金周转在很大程度上还不能由银行来左右的情况下，可搞些试点，做些准备，逐步实行。

（1982年2月28日，《河北金融研究》第2期）

---

① 以上是指借差行。在存差行，则是当实现不了存差额，或超存差额多吸收存款时。

② 指银行内部下级行向上级行借用资金，逾期要罚息，属于内部经济核算性质。在20世纪80年代中期，人民银行曾实行过这种办法。

③ 由于特殊因素造成的行与行之间的基础差别，应在核定包干差额时平衡。

发展金融市场刍议

市场是商品交换的场所，是商品交换关系的总和。建立社会主义市场经济体制，就是要使市场在国家宏观调控下，发挥调节社会经济生活、合理配置社会资源的基础性作用。为了实现这个目的，不仅要建立买卖物质产品的商品市场，而且要建立买卖生产要素的要素市场，并使这些相互联系、相互促进的市场构成一个有机整体，形成社会主义市场体系，使之为市场经济运转提供必需的场所和依托。

资金是国民经济发展不可缺少的生产要素，是市场经济运行的第一推动力。作为买卖资金等金融商品的金融市场，在社会主义市场体系中居于中枢和核心地位，因此，金融市场应得到重点建设和优先发展。

广义的金融市场是指包括买卖银行存贷款、保险、信托等在内的所有金融商品的场所，而典型的金融市场一般仅指买卖有价证券、外汇和同业拆借资金等典型金融商品的场所。我们发展金融市扬的目标，应该是在不断完善和发展典型金融市场的基础上，积极探索、大胆试验，最终建立广义的金融市场，做到门类齐全、结构合理、功能完备、机制健全、行为规范、运行高效，使金融市场真正成为调节经济生活、合理配置资金的有力杠杆。为此，我们必须在加强金融市场自身建设、创造金融市场发展的良好外部环境、强化对金融市场的宏观管理与调控诸方面狠下工夫。

一、使金融市场体系化

金融市场是社会主义市场体系中的一个重要组成部分，而其自身又可由若干个子市场共同组成，自成相对独立的体系。目前，我国金融市场虽然有了显著的发展，但还存在门类不齐全、结构不合理、发展不均衡、体系未形成等问题。因此，在金融市场建设中，要本着缺什么补什么的原则，重点发展薄弱部位，尽快使金融市场体系化。

一是，同业资金拆借市场，应在已有“金融市场”（是目前经办同业资金拆借业务的机构名称）的基础上，逐步使其转化为专门经营同业资金拆借的短期融资公司。各专业银行也应设置专门职能机构，在办理自身拆借业务的同时，为其他金融机构代理资金拆借业务，使现有的有形和无形市场专门化，并适时组建区域性的拆借市场，以抵御人为的封锁与割据，使同业拆借形成真正的市场。二是，应适当增设证券公司等中介机构，建立不同层次的证券交易所，并增加代理机构，使有价证券流通市场有一个突出的发展，以解决证券市场结构不合理的问题。第三，要强化短期票据市场，使之由潜运行向真正的市场运行发展；要逐步增设中心城市和县级外汇市场，使之形成网络；要适时建立金融期货市场和期权市场，使市场体系日臻完备。第四，要积极探索与国际金融市场对接的问题，尽快使我国的金融市场走向世界，加入到国际金融市场的运行中去。

二、使金融资产商品化

有效的金融市场，应有充足的金融商品在其间交易买卖，有行无市的金融市场不成其为金融市场。目前，我国已有一些典型的金融商品在金融市场上买卖，但还存在金融商品种类少、有的金融商品有名无实、有的金融商品资源贫乏等问题。因此，我们应该在不削弱国家宏观调控能力的前提下，使尽可能多的金融资产转化为商品，这是发展金融市场的关键。

第一，放宽对同业拆借资金的限制。只要拆出的资金来源合理，那么拆入的资金就可以既用于弥补银行头寸不足，也可以用于扩大银行资产业务，调剂社会资金余缺，使之真正成为金融商品。

第二，增强短期融资券发行，采取措施使社会认识和使用银行承兑汇票。在企业存款中扩大可转让大额定期存单的使用比重，并促使这些短期商业票据上市转让，使这些金融商品名实相符。

第三，扩大公开发行股票的试点范围。只要股份公司达到一定的档次，即应该批准其向社会公开发行股票，并在不同层次的证券交易所上市转让。应增加企业债券的发行数量，并选择信誉好的债券上市交易。

第四，探索银行贷款的商品化问题。首先可以缩小信用形式放款的比重，强制扩大抵押放款和票据贴现放款范围，用改变形式的方法促进银行贷款商品化。其次，运用市场机制，使银行贷款发挥优化资金配置的作用。除国家另有规定者外，银行信贷不再承担任何义务，贷与不贷完全取决于企业生产是否符合国家产业政策、经济效益如何以及能否到期归还贷款本息。

三、使金融商品价格市场化

市场中商品交易的价格应该在多边竞争中形成。目前，我国金融市场中已有一些金融商品引入了竞价机制，但允许竞价成交的金融商品少，且有幅度限制，绝大多数金融商品价格（利率）规定过细，控制过严。金融商品价格市场化，是金融市场发展中应突出解决的问题。

比如，应放开同业资金拆借利率，按照价值规律的要求和供求状况来确定利率，并在同业拆借利率形成机制完善后，以同业拆借利率为基准，确定和调整银行贷款利率，使利率形成机制市场化。再如，以市场综合收益率为标准，确定有价证券的发行价格，允许股票溢价或折价发行，允许企业根据自身的效益、负担能力及市场情况自定债券发行利率。有价证券的转让价格应随行就市，灵活调节，更多地由市场来决定。另外，还要进一步完善外汇竞价成交办法，鼓励多边竞价，使外汇流向最急需且效益好的企业。

四、使交易主体关系平等化

金融市场中的资金供求双方同为交易主体，它们在金融市场中的关系应该是自主平等、互惠互利的。目前，由于我国资金普遍短缺，加之金融机构还都不同程度地负有政策性任务，而且供求双方的自主权也还受到某些制约和限制，使得市场两主体之间的关系尚不正常，还有待于进一步解决关系平等化的问题。

第一，应大力提倡和鼓励银企之间互相选择、自愿结合，弱化银行专业分工限制和对企业多头开户的行政性管理，以促进关系平等化。第二，取消对发债企业的所有制规定，不论是何种所有制企业，只要是依法成立的独立企业法人，且经济效益好、有偿债能力，都可以作为市场主体进入市场发债。第三，扩大城乡信用社等其他金融机构的资金运用权，准许其作为投资者或筹资者进入金融市场，加入市场主体行列。

五、使服务机构配套化

金融市场能否正常运转，在很大程度上取决于交易主体是否合格，交易客体是否规范。这些问题的确认要靠市场主管部门制定衡量标准，更要有相应机构提供计算审验、核实出证等服务。从一定意义上说，提供这些服务是发展金融市场的前提条件。因此，尽快建立和健全有关服务机构，使金融市场运作配套化是必不可少的。

第一，建立不同层次的公正、权威的企业评级机构，评定企业信誉等级，为企业进入金融市场筹资，也为保护投资者的利益提供服务。第二，建立合格、负责的资产评估机构和会计师事务所，评估和界定资产产权与数量，验证入股资金的合法性和合理性，审查企业的资产负债、盈余亏损及经营状况等，为建立和改组股份公司及批准股票公开发行与上市转让提供服务。第三，建立市场信息行情的搜集、传播与咨询机构，为投资者选择投资对象，判断投资及交易时机以提供服务等。

六、使市场管理法制化

从一定意义上说，市场经济就是法制经济。制定和完善有关法律、法规，是使金融市场运行及交易主体行为规范化，从而保障金融市场健康发展的根本性措施。目前，我国有关这方面的法律法规尚不完备，在金融市场管理中还普遍存在无法可依或有法不依的问题，这种状况必须迅速扭转，因此，必须相应地加快金融市场管理法制化的进程。

首先，要尽快出台公司法、交易法等基础性法规，同时制定一系列市场运行的规范，做到有法可依。其次，各级政府、市场主管部门和市场交易主体都应增强法制观念，依照法律赋予的权利及义务行事，做到有法必依。第三，要强化执法监督，充实和健全调解、仲裁、审判机关，做到执法必严。第四，对于市场活动中的违法行为要坚决依法予以制裁，做到违法必究。可以说，金融市场法律完备之时，才是金融市场成熟之日。

七、使市场调控间接化

健全发达的金融市场，可以在调节经济、合理配置资金方面发挥巨大的作用。但是，也必须看到，它自身也存在着固有的弱点和消极因素。对此，国家应加强宏观调控。在调控手段的选择上，不应再沿用过去那种以行政手段为主，以直接管理为主的模式，而是要使宏观调控间接化。在这方面，主要是应进一步强化中央银行职能，更多地运用存款准备率、再贷款利率（再贴现率）及公开市场业务等货币政策工具，间接调控市场。比如，中央银行提高存款准备率，势必造成专业银行头寸趋紧，从而增加同业拆借资金量。但是，因此也会带动拆借资金利率提高。当利率水平提高到足以影响银行成本而使利润水平下降时，银行就会自动控制过量的资金拆借。这样反复的调节，其结果是使拆借资金量保持在一个合适的范围内，从而达到调控市场的目的。当然，实现这一步，还有待于专业银行企业化经营改革的进一步深化。

八、使政府行为规范化

市场管理法制化及市场调控间接化，要由政府行为规范化为其提供支持和保证。在发展金融市场工作中，政府一方面要狠抓法制建设，督促有关法律法规的制定与贯彻实施，并运用经济政策和必要的行政管理去指导宏观调控；一方面要切实更新观念，转换管理职能，放弃传统的管理方式，不再管那些可由法律调整和可用经济手段调控的事情。

第一，政府要下决心把企业推向市场，不再包揽企业经营中的具体事项，让它们自己在市场的大风大浪中去闯荡，去接受市场的选择。第二，放手让银行按照国家金融政策和企业的实际情况，自主地发放贷款，政府不要再为某个企业的贷款而动手干预。第三，在试行股份制工作中，政府要督促有关部门和企业，认真贯彻执行国家有关规定和规范意见，切不可自作主张、各行其是，或越权行事，以维护金融市场的正常秩序。

（1993年10月15日，《河北金融》1993年第10期）

人民银行稽核监督概述

1983年9月17日，国务院作出了《关于中国人民银行专门行使中央银行职能的决定》，这个决定的颁布，宣告了我国中央银行制度的建立。而人民银行专门行使中央银行职能的重要标志之一，是于1985年5月组建了稽核监督部门，并开始运用稽核检查手段实施对银行业的监督管理。

一、“稽核”的释义和银行监督的由来

“稽核”的“稽”字，有两个释义，其中之一是“计较、查考”，《易书·系辞》中“于稽其类”，就在这个释义上使用“稽”字了。“核”字也有两个释义，其中一个是“对照、考察”，《汉书·宣帝纪》中“综核名实”已经在这个释义上使用“核”字了。“稽”“核”二字连起来，就是“计算考察，对照核实”的意思。人民银行的稽核工作，其主要内容也正是“计算考察，对照核实”。

人民银行的稽核监督，从其性质、内容和方法上看，就是审计，其他国家的中央银行和我国的其他国家机关都用“审计”来表达与人民银行“稽核”相同的意思。人民银行所以使用“稽核”一词而不用“审计”，可能是出于传统的原因。1890年成立

的中国第一家商业银行——中国通商银行，他们就将“计算考察，对照核实”的业务称为“稽核”，从此，中国的银行业就延续了这个习惯，将审计业务称为“稽核”了。不过，在汉语中，“审计”还有“辨别思考，判断是否”的意思，人民银行所使用的“稽核”也吸收了这个意思，这表明，人民银行所使用的“稽核”既有传承又有发展。

对于一个社会、一个国家、一个团体、一个机构来说，监督都是不可或缺的，银行业也不例外。对银行业的监督，最初产生于银行机构自身的内部监督。自从16世纪在意大利出现了第一家近代银行（威尼斯银行，1580年），银行机构就很重视对自身业务的监督检查。

到了19世纪初期，中央银行制度在世界各国基本确立以后，各国中央银行开始了对银行机构的监督，但当时中央银行的监督还比较单一，比较薄弱。到了20世纪初，尤其是西方国家经历了20世纪30年代的经济危机、银行倒闭、经济大萧条和社会动荡以后，各国政府强烈认识到，银行机构不同于一般的经济实体，银行业的经营活动对社会经济影响极大，必须强化对银行机构的外部监督，于是纷纷授权中央银行对银行机构实施严格的外部监督。也由于此，一些国家在中央银行原有的三大职能之外，又赋予了“监管的银行”这一新职能。在“监管的银行”这个职能中，审计监督居于重要地位。

二、人民银行稽核监督的必要性

人民银行专门行使中央银行职责以来，经过不懈的努力，目前，已经初步形成了稽核监督的理论体系、法规体系、组织体系、工作体系和监督指标体系等，在对银行业的监督管理中发挥着越来越重要的作用，其必要性越来越明显。

一是人民银行作为“政府的银行”，为了贯彻国家的经济、金融方针政策，必须对专业银行实施稽核监督，督促它们正确处理国家利益和自身利益的关系，纠正有损国家利益的行为，保证国家意志的实现。

二是人民银行作为“发行的银行”，为了维护货币的稳定，必须对专业银行实施稽核监督，控制住不合理的信贷发行，遏制通货膨胀，维护经济稳定增长。

三是人民银行作为“银行的银行”，为了保持银行机构安全运行，必须对专业银行实施稽核监督，及时发现可能存在的支付风险，正确有效地履行“最后贷款者”的责任，救助可以救助的银行机构，保护社会的稳定。

四是人民银行作为“监管的银行”，为了防范银行体系金融风险，必须对专业银行实施稽核监督，运用行政执法权力，制止任何不负责任或违法违规行为，同时支持银行机构改革创新，促进我国金融事业发展。

三、人民银行稽核监督的目标

人民银行的稽核监督并不意味着要代替银行管理者作出决定，并不阻止银行机构承担适度的商业风险，也不保证银行机构不破产，更不扼杀银行机构的创新和发展。人民银行稽核监督的目标，就是要监督和维护银行体系合法、稳健、有效地运行：一是监督银行业合法经营，以维护国家的利益，并保护金融消费者的合法权益；二是监督银行业稳健运作，以维护银行机构和银行体系的安全，并促进社会的繁荣和稳定；三是监督银行业有效运行，以实现银行业可持续发展，并创造更多的社会财富。银行业合法、稳健、有效运行，既是银行业自身发展所必须的，也是社会进步所必须的。人民银行稽核监督的目标，就是通过对银行业真实、合法、安全、有效运行的全面监督，促进银行业健康持续地发展。

目前，绝大多数国家的中央银行将监督目标设定为四项，即限制银行业对存款人的风险、维护银行体系的稳定、保持公众对银行业的信心、保护金融基础结构的安全。人民银行稽核监督的目标与之基本吻合，当然，还有需要借鉴和完善的地方。

四、人民银行稽核监督的职能和作用

关于中央银行监督的职能，国际上有“单一职能论”与“多职能论”两种说法。前者认为中央银行监督的职能就是监督；后者认为中央银行监督的职能除监督以外，还包括评价和鉴证。评价，就是根据监督检查的结果，对被监督检查的银行机构作出综合评级和评价。鉴证，就是向社会公布对银行机构的审计检查结果，使公众了解银行机构的经营状态，或是取得更广泛的社会监督，或是提高公众对银行机构的信心。我国人民银行的稽核监督，目前还局限在单纯的监督上，但随着我国银行业的发展，应该向职能多元化转变，以实现稽核监督的目标。

人民银行稽核监督的作用是“揭露、保护、建设”。揭露的作用不言而喻，但揭露不是目的，要通过揭露银行机构的问题，促其纠正改进，使问题银行转化为好银行。保护的作用有三层含义，一是保护国家的利益，二是保护金融消费者的合法权益，三是保护银行业依法经营的合法权益。建设有两层含义：一是促进银行机构不断改进管理、改善经营、提高服务水平，建设成为国家和人民满意的银行；二是发现现行经济金融法律、法规、政策、制度方面不适应形势发展需要的问题，积极反馈，促进完善，建设一个有利于银行改革创新的法制环境。在实践中，大家把人民银行稽核监督的作用，比喻为卫士、医士和谋士，形象地诠释了稽核监督的作用，人民银行稽核干部要积极实践，努力实现。

五、人民银行稽核监督的内容

人民银行稽核监督的主要内容，是银行机构从事经营活动的真实性、合法性、安全性和效益性。从目前的实践看，人民银行稽核监督还主要侧重于银行机构经营的合法性上，即通常所说的“合规性监督”，对银行机构经营真实性和安全性的监督，即风险监督，以及效益性监督还刚刚起步。

在市场经济条件下，银行业安全、稳定地经营，对自身的生存和发展，乃至对国家经济发展和社会稳定都是至关重要的。但事实上，银行业本身是一个内在不稳定的、具有风险的行业，银行业除了具有与其他行业共性的风险——经营风险和管理风险以外，还有着自己独特的风险，即：信用风险，贷款到期不能收回；流动性风险，负债到期不能偿付；收益风险，负债的成本高于资产的收入；市场风险，资本的现价低于设置时的价值；以及利率、汇率变化对资产的风险等。

银行业存在的这些风险，有的还会因社会环境的变化而加剧。比如：国际、国内经济生活的不稳定，直接影响到银行业的安全与稳定；银行业竞争日趋激烈、新金融工具的使用，进一步放大和加剧了银行业的风险。特别需要指出的是，存款人的心理预期对银行业的稳定也起着很大的作用。公众一旦对某一家银行的状况心存疑惑，焦虑和恐慌就会像瘟疫一样迅速传播。此时，哪怕是一句不经意的“听说”，也会给这家银行带来支付风险；如果处置不当，一家银行的风险可能会发展成为银行体系的危机，甚至会引发社会金融风潮。从我国银行业目前的情况看，上述内、外部风险因素都存在，但还没有到剧烈的程度，原因是我国的经济体制还不是市场经济，我国的银行还不是商业银行，银行业固有的风险被“大锅饭”掩盖了。

1993年12月，国务院作出了金融体制改革的决定。随着金融体制改革的不断深入，随着中国金融与世界金融的接轨，随着人民银行真正成为中央银行，随着银行机构变为真正的商业银行，银行体系的固有风险将被还原，银行机构出现风险，甚至出现剧烈风险的几率将会大大增加，这是不以人们意志为转移的。人民银行的稽核监督要有预见性，尽快从目前主要稽核合规性转变到对真实性、安全性和效益性的全面稽核监督，开展对银行机构资本充足性、资产负债比例的适度性、资产质量、负债的清偿能力、盈利的质量、经营管理情况等的稽核检查；并学习国外的先进做法，对被检查银行机构进行综合评价，以提高人民银行稽核的有效性。

六、人民银行稽核监督的发展方向

现阶段的人民银行稽核监督，还主要是运用现场稽核方式，对银行机构经营合规性进行监督检查，对检查发现的问题给予处罚，促进其纠正，这应该说是稽核监督工作的初级阶段。

考察世界各国中央银行的实践，他们已经采取现场与非现场检查相结合的方式，对银行机构业务活动进行全面检查，并进行综合评价，进而从整体上判断该银行机构的经营状态和风险程度，为实施后续监督奠定基础。比如，美国的监管者将银行机构的状态分为五种：即稳健银行、存在缺陷、问题银行、危险银行、名存实亡。这五种状态是运用骆驼评级方法，通过综合评价后确定的。监管者通过“骆驼评级”，判断各个银行机构的不同状态，据此采取诸如支持、指导、警告、援救、接管、清理等监管措施，从而使监管的准确性、有效性大大提高。这是我国中央银行稽核监督必须借鉴的做法，也是我国中央银行稽核监督的发展方向。

（1994年6月8日，有关讲稿节选）

金融风险和金融监管

1948年12月 1 日，中国人民银行在石家庄宣告成立，这标志着新中国开始建立起了自己的金融事业。

在中国金融事业走过50年历程的今天，我们回过头来看一看，可以发现这样一个现象：从建国初期到20世纪80年代末，在我国的经济生活中，没有金融风险的概念。这不是说在这40年间我国没有金融风险，而是在计划经济体制下，我国的工商企业和金融企业被政府化了，金融运行被严重地扭曲了，金融业的损失和固有风险都被国民经济的低效益所掩盖了。从90年代初开始，尤其是近几年，我国的金融业随着改革开放而发展，在建立社会主义市场经济体制中，开始像其他国家一样，处在了现代经济的核心地位。金融业在恢复了本来面目的同时，其固有的风险特质也显现出来，并且成了金融监管当局和全社会关心的重点。邓小平说："金融搞好了，一着棋活，全盘皆活。"这句话深刻地揭示了金融在现代经济生活中的地位和作用，同时也揭示了防范和化解金融风险与经济建设的关系。

一、什么是金融风险、金融风险的来源及形成的原因

我们在和一些同志议论金融形势时，常听到他们说"我这里

还没有金融风险”。这是一种误解。金融业是个特殊的行业，其特殊就在于它本身就存在着固有的风险。可以说，金融风险是金融机构“与生俱来，到死方休”的一种固有的现象。对于金融机构而言，风险是绝对存在的，只是时大时小罢了，这就是前面说的“金融业的本来面目”。

金融风险本来是金融业本身的问题，但由于金融业用信用链条把全社会连到了一起，当金融业解决不了自身的问题（比如支付不灵）并使问题蔓延到社会上之后，就会引发金融风潮甚至社会危机。那么，什么是金融风险呢？一般来说，金融风险是金融机构在其经营过程中，由于种种原因，出现的使资产造成损失的可能性，这种可能性是无时不在的，它将伴随金融机构一生；但金融风险还不是已经实现的损失，金融业可以通过防范措施，使这种可能降到最低的程度。

金融风险的来源及形成原因有以下六个方面：

（一）金融风险可能来源于借款人不履行约定的还款承诺——信用风险。

大家知道，金融业的资产主要是信贷资产。当借款人取得贷款投入经营后，或是因为决策失误，或是因为经营不善，或是因为市场变化，造成贷款到期不能归还银行。对于银行而言，这笔贷款就产生了损失的可能。如果借款人的情况没有好转，损失的可能性就会越来越大，直到实现，形成真实的损失。与信用风险有关的还有以下五种情况：一是贷款过于集中；二是金融机构因承诺的担保或承兑而承担连带责任或垫款；三是借款人的担保不实；四是借款人的恶意行为；五是银行对关系人的贷款；

（二）金融风险可能来自于金融机构支付能力不足——支付风险或称流动性风险。

大家知道，银行吸收的存款到期是要偿付的，这对于银行而言是硬负债。银行由于按期偿付债务的能力不足而引发支付危机时，就产生了资产损失的可能性，甚至招来灭顶之灾，这也是一种直接引发金融风潮的原因。这里有三种情况：一是由信用风险派生出来的；二是银行资金来源和运用在期限上不搭配；三是银行没有留足备付金，欠缴准备金。

（三）金融风险可能来自市场利率（汇率）的变化——市场风险。

金融业来自市场利率、汇率方面的风险，通常发生在国际金融活动中。在国内和国际融资中，借款时利率低，还款时利率高，都会造成资产损失。在与国际经济贸易相关的金融活动中，金融业以外币计价的资产或负债，其价值会因外汇汇率变动而增加或减少，当资产的现值低于设置时的价值或负债的现值高于设置时的价值时，就会造成损失。此外金融业在进行外汇买卖、币种调剂时，由于汇率的变动也可能会造成资产的损失或收益的损失。

（四）金融风险可能来自国家和各级政府经济决策的不适当或失误。

（五）金融风险可能来自银行内部的违规经营。

百年老号英国巴林银行，因职员里森的越权违规交易而顷刻倒闭，就是最典型的例子。国内金融业，由于违规经营造成损失的状况也屡屡发生，农行衡水分行的例子也是典型。值得注意的是，金融业的违规经营往往和政治腐败以及刑事犯罪相联系，这就更加大了银行的风险。

（六）金融风险可能来自于国际交往的扩大和新金融工具、新金融运行方式的使用。

以上六个方面都是讲的金融业本身的风险，另外还有两种情况值得注意：

一是金融机构的债权人（存款人、投资人）对金融机构的信心和信任程度，对于金融风险由可能变为现实并引发金融风潮至关重要。

二是非法设立金融机构和非金融机构非法经营金融业务造成的广义的金融风险，也应引起高度的重视。

二、中央银行的金融监管及其主要内容

金融业的风险是固有的，是随时随地可能发生的，其危害又是巨大的。因此，从世界上有第一家银行起，各国都在不断地研究金融监管的问题，采取法律的、经济的、行政的手段管理金融业。各国政府在不断防范和化解金融风险的过程中，都将监管职责归于中央银行和类似机构。世界上多数国家的中央银行已明确由过去的三大职能（政府的银行、发行的银行、银行的银行）变为四大职能（增加了“监管的银行”），金融业都毫不例外地受到中央银行的严格监管，这是比一般工商业更为严格的监管，这其中的道理是不言而喻的。

中央银行对金融业的监管，一般包括四个方面：一是建立法律基础，二是对金融机构市场的准入管理，三是日常业务的监督管理，四是对有问题的金融机构的处理。

三、加强内部控制是防范和化解金融风险的首要措施

防范和化解金融风险是世界各国中央银行和金融机构的永久课题。各国在金融监管实践中越来越认识到，大部分金融风险是由金融机构内部控制不严而使其发展起来的，如果它们能加强内部管理和控制，本不会酿成大祸。因此，世界各国的中央银行就如何督促金融机构加强内控达成了共识，巴塞尔委员会制订的《有效银行监管的核心原则》有25个，其中有两个原则是关于金融机构内部控制的。人民银行也于1997年 5 月印发了《加强金融机构内部控制的指导原则》，其主要内容是：

（一）内部控制的定义是："内部控制是金融机构的一种自律行为，是金融机构为完成既定的工作目标和防范风险，对内部各职能部门及其工作人员从事的业务活动进行风险控制、制度管理和相互制约的方法、措施和程序的总称。"

（二）内部控制的目的是：确保一家银行的业务能根据董事会制定的政策，以谨慎的方式经营。只有经过适当的授权方可进行交易；资产得到保护而负债受到控制；会计及其他记录能提供全面、准确和及时的信息；管理层能够发现和评估业务的风险。

（三）内部控制的基本要求是：

一是稳健的经营方针和健全的组织结构。稳健的经营方针包括"自主经营、自担风险、自负盈亏、自我约束"的方针和"安全性、流动性、效益性相统一"的原则。健全的组织结构是指一家稳健有效的金融机构，要有健全的决策机构、执行机构和监督机构，并且职责明确，办事程序清晰。

二是恰当的职责分离。在重要事项的处理上要实行"双人原则"，相互制约、相互监督。比如对现金和有价证券的保管与账务处理、重要空白凭证的保管与使用、贷款的审查与发放、业务活动的授权与经办、业务主管与会计主管、会计主管与审计主管、前台交易与后台结算、损失的确认与核销等职责和岗位要严格分离。

三是严格的授权与审批制度。对任何业务活动都要有明确的授权、批准程序及界限，对越权行为必须予以严惩。

四是独立的会计及核算体制。独立的会计体制是指金融机构的会计人员只接受会计主管的指令；会计人员只能以有效的会计凭证作为唯一的记账依据；会计报表由会计人员独立编制，一经生成不得接受任何修改指令；执行独立、完善的对账制度等，以保证会计记录的真实性。

（四）有效的信息反馈系统。包括两个方面：一是有助于经营的各种外部信息，包括国家的方针政策、经济发展趋势、客户的经营状况等；二是有助于管理的各种内部信息，包括会计统计数据、业务运转情况、管理制度执行等。二者结合起来以利于调整业务发展策略和内部管理机制。

（五）有效的内部审计。要建立独立的、只对最高决策层负责的审计机构，要有严密的审计计划，要认真地开展内部审计，要向决策层提供真实的审计结果等，以保证内部监督的有效。

（中共河北省委主办《探索与求是》1999年第3、5期分别以《金融风险及其形成原因》、《如何防范和化解金融风险》为题刊登）

论关联企业的发展对完善法律制度的呼唤

关联企业在西方工业化国家中，早已是十分普遍的经济现象，一个个企业关联交织组成的巨大企业集团，左右着一国甚至世界的经济发展速度和走向。鉴于关联企业的重大影响，世界大多数国家都以法律的形式对其予以规范。

关联企业在中国的再现也有近20年的历史了。随着我国社会主义市场经济体制的日趋完善和现代企业制度的迅速推广，关联企业逐渐盛行，且有迅猛发展之势。关联企业的发展呼唤着我国有关法律制度的完善。

一、关联企业的概念、形式及特征

（一）关联企业的概念。关于关联企业的概念，目前国际上尚无一个公认的统一界定。在我国的行政法规和部门规章中，对关联企业的概念有如下一些界定，虽然还未上升到法律的层面，但表达了我国的意见，也反映了国际上的主流见解：

1. 国务院2002年9月7日第362号国务院令颁布的《中华人民共和国税收征收管理法实施细则》第五十一条，对《税收征收管理法》所称的关联企业作了界定：关联企业“是指有下列关系之一的公司、企业、其他经济组织：（1）在资金、经营、购销等方面，存在直接或者间接的拥有或者控制关系；（2）直接或者间接地同为第三者所拥有或者控制；（3）在利益上具有相关联的其他关系”。

2. 财政部1997年5月22日（财会字[1997]21号）发布的《企业会计准则——关联方关系及其交易的披露》规定：在企业财务和经营决策中，如果一方有能力直接或间接控制、共同控制另一方或对另一方施加重大影响，本准则将其视为关联方；如果两方或多方同受一方控制，本准则也将其视为关联方。

3. 中国银监会办公厅和中国人民银行办公厅2003年7月8日（银监办[2003]69号）发出的《关于进一步加强商业银行信贷管理，防范关系人贷款及关联企业贷款风险的通知》规定：本通知所称关联企业是指直接或间接地控制其他企业或受其他企业控制，以及同受某一企业控制的两个或多个企业；合营企业；联营企业；主要投资者个人、关键管理人员或与其关系密切的家庭成员直接控制的其他企业；其他可能转移资产和利润的企业。

从上述有关规定中可以看出，关联企业是一个双向的、与单一企业或独立企业相对应的概念，关联企业应该是指与其他企业之间存在直接或间接控制关系或重大影响关系的，并根据这种关系可能转移资产和利润并从中获取利益的企业。

（二）关联企业的形式。关联企业已经突破了传统上单一企业的范畴，企业之间为了共同的利益而联合起来，形成了一个企业联合体——企业集团，这种企业集团是典型的关联企业。现代企业集团的组织形式可以分为四个不同层次，它们在关联企业中处于不同的位置。

1. 核心企业，是现代企业集团组织的第一个层次。核心企业主要通过资产纽带（其方式主要是控股和参股）将企业集团中的其他企业联系起来。核心企业是整个企业集团的决策中心、资本经营中心和控制协调中心，它通常被称为母公司，是关联企业中能直接或间接控制其他企业的企业。

2. 紧密层企业，是现代企业集团组织的第二个层次。紧密层企业是受集团核心企业直接控制的从属企业，通常称为子公司。这些企业具有独立的法人地位，是关联企业的主体。

3. 半紧密层企业，是现代企业集团组织的第三个层次。半紧密层企业是集团核心企业的参股企业。这些参股企业不仅具有独立的法人地位，而且通常只受集团核心企业的影响，并不受集团核心企业的控制，是关联企业的组成部分。

4. 松散层企业，是现代企业集团组织结构的第四个层次。松散层企业与企业集团内部的其他组成成员之间不存在资产联系，但在经济上往往会与企业集团共进退，因此也被视为企业集团的组成成员，但不是真正意义上的关联企业。

上述企业集团是典型的关联企业，根据我国的有关法规规定，合营企业、联营企业也是关联企业。

值得注意的是，从关联企业的定义出发，能对企业直接或间接控制以及施加重大影响的不仅仅是法人，一些特定的自然人也能做到，比如企业的主要投资者个人、企业的关键管理人员以及与企业的主要投资者个人关系密切的家庭成员等。我们在研究关联企业的形式时，不可不关注特定自然人在关联企业中的位置和作用。

（三）关联企业的特征。

1. 关联企业是企业集团的组成成员。当我们说某一企业为关联企业时，实际上是相对于另一个关联企业而言的。

2. 各关联企业均具有独立的法律地位。企业的分支机构因不具有独立的法律地位，故不是关联企业。

3. 关联企业之间存在一定的联系纽带。这种联系纽带主要有资本联系纽带、合同维系纽带、人事连锁纽带等。

4. 关联企业之间的联系纽带必然产生直接或间接的控制关系或重大影响关系。直接或间接的控制关系或重大影响关系是关联企业最主要、最本质的特征。

5. 关联企业因纽带联系关系而形成的直接或间接的控制关系或重大影响关系，最终体现着一定的经济利益关系。

二、关联企业对贷款银行的挑战

关联企业的出现，打破了传统的单个企业与银行的关系和借贷秩序，对贷款银行的利益提出了挑战，主要表现在以下几个方面：

（一）从属公司利益不当受损给贷款银行带来的损害。关联企业中被控制的企业（从属公司），在法律上具有法人资格，是独立的民事主体，能够独立地向银行借贷，并且能以自有的全部资产作为其贷款的保证。但是，在受到控制公司不当控制的情况下，从属公司往往会丧失部分或全部的独立性。在这种情况下，从属公司的资产可能会不当减少、经营利润可能会不当降低，从而架空贷款银行的贷款保证。如果控制公司向从属公司恶意转嫁经营风险，贷款银行肯定会意外受损。对于贷款银行来说，关联企业中从属公司方面给自己带来的风险，是信用风险的主要来源。

（二）关联企业相互投资给贷款银行带来的损害。关联企业之间相互投资，会出现资本虚增问题。从而可能使贷款银行误以为公司资本雄厚，从而给贷款带来风险。

（三）控制公司与从属公司抵消债权给贷款银行带来的损害。如果控制公司和从属公司同时享有对方的债权，按照一般民法规定，控制公司可以主张抵消。但是，由于两公司之间存在控制与从属关系，控制公司很容易运用其控制力，制造虚假债权并以此抵消从属公司的真实债权，使从属公司的资产减少，从而给贷款银行带来损害。

（四）不当增加从属公司负债给贷款银行带来的损害。在关联企业中，控制公司有可能利用其控制力，凭空制造从属公司对控制公司的负债，从而尽量压低从属公司的资本。一旦从属公司破产，控制公司参与破产财产的分配，或增加破产财产分配份额，或规避自己应承担的责任，最终会损害贷款银行和其他债权人的利益。

（五）关联企业相互担保给贷款银行带来的损害。关联企业之间相互提供担保，尤其是同一贷款银行的关联企业相互提供担保，将使该担保形同虚设，从而给贷款银行带来损害。

三、贷款银行防范关联企业风险的对策

面对关联企业带来的种种挑战，贷款银行应积极采取应对措施，以便最大程度地降低风险。这些应对措施主要有：

（一）认真研读关联企业的财务报告。财政部发布的《企业会计准则——关联方关系和关联方交易的披露》，具体规定了关联企业应当在会计报告中披露的内容。贷款银行应详细阅读关联企业的会计报告，缜密考察关联企业会计报告的真实性，认真分析关联企业会计报告中有关内容的相关性，从中发现不正常的现象，以采取必要的防范措施。

（二）关注关联企业投资和转投资情况。鉴于关联企业之间的投资有可能使一方获得对另一方的控制权，从而改变企业之间的地位，导致改变有关各方与贷款银行的关系，以及关联企业之间转投资往往会出现虚增资本的现象，给贷款银行带来损害，因此，贷款银行要特别关注关联企业之间投资或转投资的情况，搞清关联企业之间关系地位的变化，以及这种变化给资产和负债带来的变化，以便保护自己的权益。

（三）关注关联企业的表决权结构。在关联企业中，控制公司和从属公司间常有相互投资、交叉持股或循环持股现象，从而出现表决权资本和表决权的交叉，使从属公司表决权的行使受控制公司的指挥。因此，贷款银行要关注关联企业表决权的结构，如发现有交叉表决权的情况，应给予高度注意。

（四）严格审查关联企业的贷款申请和授信。贷款银行在处理关联企业的贷款申请或对关联企业授信时，应要求其提供所有关联企业的详细信息，并严格审查其真实性和合规性。要从整体上把握贷款或授信在关联企业中的分布，确定对关联企业的总体最高贷款或授信额度。要切实掌握关联企业在本行系统内贷款或授信额度的执行情况、在他行的贷款或授信情况及关联企业中的交叉担保情况，防止关联企业多头取得贷款或授信以及互相担保的风险。

（五）贷款银行受到侵害时的请求对象。贷款银行在受到侵害而寻求法律保护时，要注意请求对象的全面性。主要是透彻分析侵害来自的直接对象和间接对象，如果发现侵害也与间接对象有关，应将间接对象一并作为请求对象。

（六）关注银行本身的关联交易。目前，一些城市商业银行在增资扩股时，吸收了大量的企业资本加入，有些还出现了控股的局面，形成了银企之间的关联关系，其中个别地方发生了控股企业操纵银行高级管理层并进行恶意关联交易的事件。这就提醒我们，不但要关心银行客户中的关联企业和关联交易，还要关心银行自身的关联关系和关联交易，以切实防范金融风险。

四、健全我国关联企业法律制度的思考

应对关联企业对贷款银行的挑战，最根本的办法是建立健全有关法律制度。

党的十一届三中全会以来，各种所有制形式和组织形式的企业不断涌现，我国立法机关和行政机关有针对性地制定和颁布了许多相关的法律、法规和规章。如1979年全国人大常委会颁布了《中外合资经营企业法》、1988年国务院颁布了《私营企业暂行规定》、1992年原国家体改委等五部门联合发布了《股份制企业试点办法》等。随着现代企业制度的建立和发展，1993年12月，第八届全国人大常委会第五次会议通过了《中华人民共和国公司法》，在我国确立了公司法律制度。经过几年的实践，第九届全国人大常委会第十三次会议于1999年12月对《公司法》进行了修订，使我国的公司法律制度日臻完善。

应该指出的是，在我国现行的有关企业和公司的法律法规中，尚未对关联企业的有关问题做出全面规定。一些提到关联企业的法规如《企业所得税暂行条例》《税收征收管理法》《税收征收管理法实施细则》《企业会计准则——关联方关系及其交易的披露》等，也只是就关联企业的纳税及信息披露问题作了规范，远远不能适应客观需要，健全有关关联企业的法律法规已显现出必要性和迫切性。健全有关关联企业的法律制度，应从以下几个方面考虑：

（一）完善现行《公司法》，增加规范关联企业的条文。世界各国大多在公司法或类似的法律中对关联企业作出规范。近年来，全国人大代表不断提出修改《公司法》、增加有关关联企业规定的意见和建议，国务院法制办公室已成立了《公司法》修改班子，希望一些相关问题能够得到妥善解决。

（二）重视司法实践，建立良好判例。鉴于制订或修改有关法律需要有一个过程，也鉴于目前银行与关联企业的权益诉讼已有现实性，我国的司法机关应借鉴国外的有关判例，引进适合我国实际情况的有关法理，指导各地的司法实践，建立我们自己的良好判例，一方面解决现实问题，一方面是为今后立法提供实践经验。

（三）解决几个具体问题，维护银行的合法权益。在关联企业中的从属企业与控制企业关系正常且经营正常的情况下，银行的权益一般不会受到损害，但是当控制企业利用其控制力对从属企业实施过度控制或恶意控制时，银行的利益往往会受到损害或侵蚀。以下几个具体问题应予以关注：

1. 关联企业中的某个企业因经营不善而破产、解散或重组时，贷款银行主张债权的直接请求对象应该是这个企业。但如果这个企业的经营不善是因为控制企业的过度或恶意控制造成的，或这个企业的利益损失是为了关联企业中另外的企业受益时，审判机关应引进国外有关“公司法人格否认”的法理，允许贷款银行将控制公司或其他受益公司增加为请求对象，让它们承担直接责任或连带责任。

2. 按常理，控制公司和从属公司互有债权时，可以相互抵消，但是如果控制公司利用控制力制造债权，并以此抵消从属公司的真实债权，压低从属公司的破产资本时，审判机关应限制控制公司的债权债务抵消权。

3. 在控制公司对从属公司有债权的情况下，当从属公司破产清算时，控制公司亦可主张债权。例如发现从属公司的破产是因控制公司的原因造成的或控制公司的债权虚假时，审判机关应引进国外有关“债权居次规则”的法理，判定控制公司对从属公司的债权应次于其他债权受偿。

（《金融时报》理论周刊2004年 3 月 2 日）

关于制定四部金融法律的思考

一、关于制定《农村合作金融法》

19世纪40年代的德国，即已出现了农村合作金融机构的雏形。20世纪上半叶，农村合作金融机构在世界各地有了普遍的发展。中国在1923年成立的河北香河县第一信用合作社，开了我国农村合作金融的先河。新中国成立以后，在1954—1956年的农村合作化运动中，农村信用合作社与农业生产合作社、农村供销合作社一同产生，同步推进。几十年来，农村信用合作社在支持农村经济和农业发展、帮助农民开展生产及改善生活方面发挥了不可磨灭的历史作用，成为了农村金融的主力军。当然，农村信用合作社在几十年的发展历程中也走了不少弯路，但也积累了宝贵的经验教训。1996年 8 月，国务院出台了《关于农村金融体制改革的决定》，明确提出要把农村信用社办成真正的合作金融组织。2003年 6 月，国务院又一次作出了深化农村信用社改革的决定，进一步提出要把农村信用社逐步办成由农民、农村工商户和各类经济组织入股，为农民、农业和农村经济发展服务的社区性地方金融机构，为农村合作金融的发展指出了目标和方向。

我国农村合作金融起步较早，作用重要、资产巨大、前途光明，但遗憾的是，目前尚无一部规范农村合作金融的法律，这不利于农村合作金融规范、健康、迅速地发展，因此应该制定《农村合作金融法》。

（一）该法规范的对象。该法规范的对象主要是农村合作制的商业性金融机构，即农村合作金融机构，鉴于目前的实际情况，原则上也可适用于农村股份合作制的商业性金融机构。但两者在机构名称、法人治理结构、管理体制和市场准入条件上应有所区别。

（二）该法对农村合作金融机构性质的界定。国务院在《关于印发深化农村信用社改革试点方案的通知》中，关于要“把农村信用社逐步办成由农民、农村工商户和各类经济组织入股，为农民、农业和农村经济发展服务的社区性地方金融机构”的规定，应作为界定农村合作金融机构性质的基础。

（三）该法要规定合作的内涵。合作制不同于股份制，它是以人为本而不是以钱为本的。因此农村合作金融机构的合作内涵，要体现在以下规定上：一是加入自愿，退出自由；二是民主管理，一人一票；三是互助互利，先内后外；四是盈利主要用于公共积累，少量用于股金分红，其余按社员与机构的交易量分配。

（四）该法要体现社区性地方金融机构的特点。农村合作金融机构具有“人合”的属性，要为合作的人服务，具有社区性地方金融机构的特点。因此，法律要原则规定自然人、法人或非法人组织加入农村合作金融机构的资格以及该机构服务区域的界限。

（五）该法要规范社员的行为。自然人、法人或非法人组织加入农村合作金融机构，当然是为了以优惠的条件获得机构提供的金融服务并享受应得的合法利益。但是，对此要有限制，以防止道德风险、关联交易和恶意控制。

（六）该法要规范农村合作金融机构的组织形式和法人治理

结构。对此，可比照《公司法》的原则和精神制定具体条款。

（七）该法要规范农村合作金融机构的业务经营规则。对此，可比照《商业银行法》的原则和精神制定具体条款。

（八）该法要规定农村合作金融机构的市场退出制度。永远安全的金融机构是不存在的。法律要规定农村合作金融机构的风险管理和市场退出制度，既要促进健康的机构安全发展，也要保证不可救治的机构安全退出。

（九）该法要规定地方政府支持农村合作金融机构发展的原则。农村合作金融机构作为社区性地方金融机构，地方政府有责任支持其发展。法律要作出地方政府不歧视、不干涉、不放任、不侵害农村合作金融机构的规定和支持与保障其健康发展的原则规定。

（十）该法要对农村合作金融机构承担政策性任务时的补偿问题作出规定。农村合作金融机构作为金融企业，其经营要盈利；但由于其网点遍布于广大农村基层，可利用其代理政策性金融业务，在其代理政策性金融业务时，国家应该给予相应的补偿。

二、关于制定《委托代理法》

在市场经济活动中，委托和代理行为十分普遍，仅就金融领域而言，就有银行业金融机构代理发行国债或其他有价证券、代理保险、代理各种收费，农村信用社代办站代理农村信用社储蓄存款业务等，信托机构受人之托代人理财等，保险机构委托代理业务更是相当广泛。为了调整委托代理法律关系，我国在一些专门法典中，对委托代理行为作了规范，如《民法通则》《合同法》《民事诉讼法》《专利法》《保险法》《信托法》等法律中，对委托代理行为都有规定。尽管如此，在市场活动中的委托代理仍然存在许多问题：主要是委托人或代理人权利义务不明确，委托人或代理人不能很好地履行告知义务，使相对人产生误会，或是代理人借用了委托人的信誉，不当获利，或是代理人超限代理损害了委托人或相对人的利益，有的甚至发展到借机实施诈骗，形成刑事犯罪，极大地危害了市场交易安全，破坏了市场经济秩序。

究其原因：一是委托人、代理人和相对人都没有很好地学习有关法律，有意无意地违法行事；二是已颁布的法规虽然包含了规范委托代理行为的规定，但其主要是为规范某一领域委托代理行为服务的，如《合同法》第四十九条的规定虽然设立了“表见代理”的法律制度，但其指明是订立合同时适用，在适用其他委托代理行为时则多有不便；三是就适用所有的委托代理行为而言，尚有疏漏的地方。因此应该制定专门的、适用所有委托代理行为的《委托代理法》。

（一）界定委托代理的含义，具体描述委托代理的行为，并统一法律主体称谓，如委托人、被代理人、授权人等可统一称委托人。

（二）规定委托人、代理人和相对人的行为准则和权利义务，尤其是详细规定委托人、代理人的告知义务和相对人知情权利。

（三）规定代理人（法人和自然人）的资格和必要的条件。界定有效代理、无权代理和效力未定的无权代理的概念及区别。

（四）规定表见代理的情形和出现表见代理情形时的认定原则（比如，只有在相对人善意和无过失的情况下，“表见代理”方可成立），各方责任的划分原则及其法律后果。

（五）规定委托代理纠纷的裁决机关、裁决原则和裁决标准。尤其要规定裁决者运用自由裁量权的原则。

（六）规定《委托代理法》与其他相关法律及相关法律条款的管辖和适用原则。

三、关于制定《政策性银行法》

从1852年法国颁布法令建立地产信贷公司算起，世界上政策性银行（包括经营政策性融资业务的各类金融机构）已经走过了150多年的发展历程。政策性银行之所以能在自由竞争盛行、市场调节占主导地位的西方国家产生出来，是有着深刻原因的。在当时的西方国家中，存在着各经济部门发展不平衡、市场机制不完善、商业金融体系不健全和政府对经济干预思潮的兴起等情况，由此奠定了政策性银行产生和发展的客观基础。

根据1993年《国务院关于金融体制改革的决定》，我国于1994上半年陆续组建了国家开发银行、中国农业发展银行和中国进出口银行等三家政策性银行。十年来，这三家政策性银行根据国务院的通知精神和各自的章程，认真履行职责，努力拓展业务，在支持国家重点建设、扩大机电产品和高新技术产品出口、服务“三农”和主要农产品收购等方面发挥了不能被商业性金融机构替代的重要作用。与此同时，它们在自身建设、经营管理和经济效益上也有了很大的发展。

我国设立政策性银行只有十年的历史，而且政策性银行赖以产生和发展的客观基础依然存在（国民经济各部门发展的不平衡性、市场机制的不完善性、商业金融体系的不健全性和政府对经济干预的必要性），政策性银行理应不断完善、继续发展，发挥其应有的作用。但是，由于目前我国尚无有关政策性银行的法律，其职责尚无法定的定位，加之目前政策性银行的业务范围相对狭窄，筹资渠道比较单一，风险管理机制尚不完善等，政策性银行的经营运作出现了一些困难。一方面产生了政策性银行如何持续发展的困惑，另一方面又出现了政策性银行自行探索发展的倾向，其经营行为和发展方向是“越位”或是“缺位”很难判断。解决这些困难和问题，应当首先从立法开始，着手制定《政策性银行法》。

（一）关于立法的适用范围。一些国家的政策性银行立法，大多是一行一法。鉴于我国的政策性银行除了业务对象不同外其他大体一致，因此，可以针对办理政策性业务的这一类银行，制定一部《政策性银行法》，适用于所有的政策性银行或其他政策性金融机构。这样做，还可以为今后再组建（或撤消现有的）政策性银行预留空间。

（二）关于政策性银行的定性。政策性银行既有国家机关的属性，又有金融机构的特征。因此，政策性银行的性质应确定为：由国家出资设立并由国家所有，以国家的经济和产业政策为依据，以国家信用为保证，坚持社会效益第一及社会效益与自身效益相统一的原则，在特定的领域从事政策性融资活动的具有法人资格的特殊金融机构。

（三）关于政策性银行的资本金。在三家政策性银行组建时，国家分别规定了注册资本金数额并全额予以拨付，财政部亦规定了注册资本金的来源渠道，这些规定，应该在立法中固定下来。除此之外，立法还应规定政策性银行注册资本金的补充办法和标准，以满足其发展和抵御风险对注册资本金的需要。

（四）关于政策性银行的业务范围。国务院在批准三家政策性银行成立时，分别对它们的基本业务范围作了规定，这些规定符合政策性银行的性质，应作为现阶段和今后一个时期我国政策性银行的基本业务范围，并在立法中固定下来。但是，考虑到政策性银行赖以存在的客观基础的变化与发展，以及国际上政策性银行商业化的趋势，在立法时，要为政策性银行的业务发展留出空间。作为过渡，可允许政策性银行开展资本市场、企业并购与债务重组、风险投资与债务担保等业务；并可原则允许政策性银行在坚持国家经济和产业政策的前提下，进入本应由商业银行融资但商业性银行暂时不愿意提供融资的领域，以支持和促进国家经济和产业政策的实现。

（五）关于政策性银行的债务担保。目前，我国政策性银行的资金来源，除了注册资本金和财政拨付的一些基金与专项资金以外，主要是向金融机构发行金融债券及在国内外债券市场筹资。因此，政策性银行的债务担保问题，即用国家信用为政策性银行债务担保的问题，在立法时应有明确的规定，以维护和坚定市场信心。

（六）关于政策性银行的资产风险管理。鉴于政策性银行的金融机构特征，对其贷款风险的管理，尤其是中长期贷款风险的管理亦应予以高度重视。一是要加强内部控制，建立长效的资产风险管理机制，二是要有风险资产（或资产）与资本金挂钩的设计，应确定两者间的合理比例，资本金要随着风险资产（或资产）的上升而及时补充。这些应在立法中予以规定。

（七）关于政策性银行的收益分配。我国三家政策性银行成立以来，在保本经营的基础上，盈利能力不断提高。政策性银行的盈利应主要用于补充资本金、提取准备金等，这些，也应在立法中明确。

四、关于制定《融资租赁法》

自1952年在美国诞生了世界第一家融资租赁公司——美国租赁公司（现名“美国国际租赁公司”）以来，融资租赁业在世界范围内得到迅猛发展。据有关资料显示，20世纪70年代以来，美国和欧洲电子计算机用户的90%左右、美国和英国建筑机械用户的50%左右、英国拖拉机用户的30%左右都采取了融资租赁方式，而且跨国间的融资租赁也逐渐成为国际上重要的融资手段。近年来，我国的融资租赁机构和业务也有了很大的发展，在支持企业扩大生产经营规模和技术更新、设备改造方面发挥了重要的作用。当然，也存在着不少问题。

鉴于融资租赁是一种新型的融资方式，在性质上与传统的租赁及其他的融资方式有很大的区别，应该用法律形式予以规范。

（一）界定融资租赁的概念。融资租赁虽然在性质上与传统的租赁、分期付款买卖及消费信贷等其他融资方式有很大的区别，但在形式上，却有许多相似之处。因此，在法律中应界定融资租赁的概念及主要特征。

（二）规定融资租赁的种类。在融资租赁种类中，最普通的是金融租赁，即由出租方融通资金为承租方提供所需设备的融资租赁。除此之外，还有借贷租赁、卖主租赁、服务租赁、售后回租和转租赁等种类，在法律中应规定融资租赁所包括的种类，并界定其含义。

（三）规定融资租赁当事人的权利义务。融资租赁一般有出租人、承租人和供应商三方当事人，法律应规定三方当事人的权利和义务，尤其是对可能出现的出租人与供应商有关联关系，或者某一方破产的情形，法律应当有控制关联关系和关联交易、保护承租人利益和保护其他各方利益的规定。

（四）规定融资租赁合同的关系以及成立、生效与解除的条件。融资租赁一般涉及承租人与供应商的买卖合同和承租人与出租人的租赁合同，法律应规定这两个合同的关系和缔结的过程。法律还应规定这两个合同成立、生效与解除的条件，尤其要对中途解约及合意解约的情形做出明确的规定。

（五）规定瑕疵担保责任有效与无效的条件。一般情况下，出租人不承担租赁设备的瑕疵担保责任；但在有些情况下，出租人则应当承担租赁设备的瑕疵担保责任。法律应规定瑕疵担保责任有效与无效的条件。

（2005年 3 月，根据四个相关建议整理）

切实树立“风险为本”的银行业监管新理念

中国银监会成立伊始，就明确提出了新的监管理念，这是我国银行业监管迈向专业化、现代化、国际化的标志。加深对监管新理念的理解，并将它贯彻到监管实践中去，体现到监管成效中来，是我们当前应突出解决的基础性问题。

一、银行业监管理念的概念、内容及树立监管新理念的意义

（一）银行业监管理念的概念。“理念”，是近几年才出现的新词汇，2004年1月新出版的《现代汉语规范词典》收录了这个词汇，其释义，一是“思想”、“观念”，二是“信念”，三是“认定和追求的某种目标、原则、方法等。多具有个性、行业性和学科性”。用第三种释义来理解“银行业监管理念”中的“理念”比较合适。

按照“理念”一词的解释来理解“银行业监管理念”，可以认为：银行业监管理念是指银行业监管者所认定和追求的，贯穿于银行业监管全过程的目标、原则和方法。

（二）银行业监管理念的内容。按照上述概念去理解，银行业监管的理念起码要包括以下几个方面：

1. 要有清晰而明确的监管目标。

美国货币监理署（OCC）的目标是：维护国民银行体系的安

全稳健；保持灵活的法律法规框架，促进国民银行体系提供具有足够竞争力的金融服务；保证金融服务的公平准入及银行客户的公平待遇；建立专家型的积极进取的及多元化的员工队伍，使OCC的资源得到更为有效的利用。

英国《2000年金融服务和金融市场法案》规定的金融服务局（FSA）要实现的法定目标是：保持金融体系的信心，推动公众对金融系统的了解，适度保护金融消费者，避免金融企业成为金融犯罪的工具。

我国《银行业监督管理法》第三条规定的目标是："促进银行业的合法、稳健运行，维护公众对银行业的信心。"这是体现和融会国际共识的银行业监管目标。

2. 要有基本的监管原则。银监会提出了"坚持法人监管、坚持以风险为主的监管、坚持促进银行内控机制的形成和内控效率的提高、坚持增强依法履行职责的透明度"的监管新理念，可以理解为我国银行业监管的基本原则。

3. 要有科学的监管方法。银监会在2004年确立了强化商业银行资本约束的审慎监管新框架和"提高贷款分类准确性——提足拨备——做实利润——资本充足率达标"的持续监管的新思路，启用了大量的国际银行业监管新方法，为我国现代化的银行业监管提供了科学的指导。

4. 要对认定的监管理念不懈追求。银监会反复强调，要坚持用监管理念指导监管实践。在监管工作中，要按照监管理念所阐述的目标、原则和方法去思考问题、部署工作，盯住风险，抓出成效，将监管理念贯穿于银行监管全过程。

（三）银行业监管新理念的内容。银监会在成立之初，就提出了四个监管理念、四个目标和六条良好监管标准。在2005年3月银监会下发的《银行业监管重点、热点问题口径参考》中，将其统称为“银行业监管新理念”。银监会提出的“四四六”银行业监管新理念是一个整体，综合起来看，可以包括以下几个内容。

一是目的：即以促进银行业的合法、稳健运行，维护公众对银行业的信心，保护广大存款人和消费者的利益为目的，同时鼓励公平竞争，促进金融创新，提升我国金融业在国际金融界的竞争力。

二是原则：即实行以法人为对象，以风险为中心的持续、审慎的外部监管，同时监督银行业金融机构完善内控制度，强化自我约束机制，努力减少金融犯罪。

三是方法：即改进监管的方法和手段，有所为、有所不为，同时实行严格的问责制，高效、节约地使用一切监管资源。

四是保障：即努力提高信息披露的质量，加强透明度建设，增强市场信心，同时增进公众对现代金融的了解。

（四）树立银行业监管新理念的意义。1983年，国务院颁布了《关于中国人民银行专门行使中央银行职能的决定》，这标志着我国正式建立了银行业监管制度。此后，我国在银行业监管体系建设以及监管目标、原则和方法等方面，做了大量的探索与实践，为银行业监管工作的不断发展积累了宝贵的经验，奠定了坚实的基础。

为了适应银行业发展对监管工作的需要，2003年3月第十届全国人大第一次会议批准了国务院关于机构改革的议案，建立了中国银监会。中国银监会及其派出机构的成立，使我国的银行业监管工作走上了专业化、现代化和国际化发展的新阶段。作为国家的一项制度安排，建立中国银监会不仅仅是完善了银行业监管的组织形式，更重要的是以新的组织形式为载体，实现银行业监管意识、理念的深层次变革。否则，就会扭曲制度安排的初衷，新机构也会“新瓶装旧酒”，不自觉地走到习惯的老路上去。这就是制定和树立监管新理念的意义所在。

二、了解香港金融管理局的经验，实行以风险为中心的监管制度

香港金融管理局（简称“金管局”）是我国香港特别行政区的银行业监管机构，它在银行业监管实践中，紧跟国际潮流，不断推陈出新，于1999年推出了以风险为本的监管架构，于2001年颁布了《风险为本监管制度》，并在全香港所有持牌的银行机构中全面应用，对防范银行业金融机构风险发挥了巨大的作用。

概括地说，风险为本的监管就是在充分认识到银行风险的普遍性和危害性的基础上，以银行机构的风险为关注中心，通过科学的预测和事先的策划而实施的持续不断的监管。

（一）风险为本的监管是在充分认识到银行风险普遍性和危害性的基础上实施的监管。香港金管局认为，承受风险固然是银行业务常存的一部分，对这个行业来说也是很自然的事，但是，风险的危害是巨大的。尤其是在当代，由于经营环境急速变化，现实和潜在的风险显著增加，对“很自然的事”不能习以为常，必须高度警惕，切实防范。正是基于对银行风险普遍性和危害性的正确认识，它们才不断改进监管，在将银行业风险归纳为8类（即信贷风险、市场风险、利率风险、流动资金风险、业务操作风险、信誉风险、法律风险和策略风险）的基础上，进一步实行了目前的以风险为本的监管，这是银行业监管的进一步优化。

（二）风险为本的监管是以风险为关注中心的监管。香港金管局的监管制度走过了三个阶段：20世纪80年代以前，主要关注银行经营的合规性，所以制度安排是以合规性为主导的监管；20世纪80年代中期，主要是事后考察银行的资本充足程度，所以又转变为以资本为重点的监管；20世纪90年代以后，在充分认识到银行风险普遍性和危害性的基础上，逐渐实行了以风险为本的监管。无须多作解释，一个“本”字，就说明了金管局关注的焦点和工作的中心。应该指出的是，以风险为本的监管，作为国际银行业监管的最新趋势，已写进了巴塞尔委员会的《有效银行监管的核心原则》，正在被各国银行业监管当局普遍使用。

（三）风险为本的监管是以前瞻式的预测评价体系为载体的监管。在以资本为重点的监管制度下，评价资本充足的载体是骆驼评级制度[①]，但评级结果反映的是既成事实。以风险为本的监管制度并不是抛弃传统的骆驼评级制度，而是与其相结合，在骆驼评级的基础上增加新的前瞻性的因素，形成改良的评价体系，并以此为载体，预测可能要发生的事情，给予主动干预，使监管更加有效。新增加的前瞻性因素包括：银行业潜在风险水平（因不利事件或行动而使某项业务或产品出现亏损的几率及幅度）的预测因素；银行业风险管理和内控制度质量的评估因素。后者包括四项内容：银行董事局及高级管理层对内部监督的态度；有效的组织政策、程序及管理权限的规定；适当的风险计算、监察及管理报告系统；全面的内部控制制度及有效的内部审计部门。

增加了前瞻性因素后，以风险为本监管制度的要点可概括为：

一是切实掌握银行业金融机构各种业务的各种风险程度和风险管理系统的有效程度，使监管当局清楚了解该机构的管理素质、业务特点及所面对的风险，这是风险为本监管的基础。

二是预测和评估银行业金融机构潜在的风险及风险管理系统的发展趋势，及早发现在个别机构或整个银行业体系逐渐形成的风险，这是风险为本监管的重要变量。

三是根据以上两项情况来衡量资本充足性，并适时补充资本金或拨备，这是风险为本监管直接的结果。

（四）风险为本的监管是事先策划的监管。风险为本的监管

① 骆驼评级制度：即“CAMEL”评级制度，包括资本充足程度C、资产质量A、管理M、盈利E、流动性L五项，是国际通行的银行评级制度。

制度既然是以预测银行可能要发生的事实为前提，这就为监管人员有效的事前策划和科学的分析评价提供了空间。其步骤：

1. 了解银行机构的情况，编制基本情况概览。根据现场和非现场检查的资料，说明该机构的结构、主要部门设置及职能、业务策略和创新计划及法律依据、财务状况和该机构的关联企业及关联交易情况。

2. 评估银行机构的风险，编制风险评估说明。一是识别银行机构面临的风险类别、风险水平（高、中、低）及未来12个月内的发展方向（上升、稳定、下降）。二是评估银行机构风险管理制度的有效性（健全、可接受、薄弱）。三是将上述评估结果融入骆驼评级中，并实施矩阵分析。

3. 事先策划监管工作的方向和现场检查的内容，编制监管和检查计划。该计划可根据银行机构的复杂程度及风险程度的不同而有所不同。

4. 根据计划实施现场检查，并进行骆驼评级，或对前期骆驼评级结果进行检验，编制现场检查和评级结果报告。

5. 根据现场检查和评级结果，实施持续有效的非现场监管，调整或更新该银行机构的基本情况概览。

（五）风险为本的监管是持续不断的监管。一是风险为本监管制度的操作是循环式的，是根据最新情况持续不断进行的监管。二是在持续不断的监管中，如果金管局认定某个银行机构的内部审计符合标准、可以信赖，就会更多地运用银行机构内部审计的结果，而适当缩小金管局现场检查的范围。

（六）风险为本的监管是互动式的监管。香港金管局十分重视下列三种会议，并将其作为风险为本监管制度的重要组成部分。

1. 审慎监管会议。金管局与银行机构定期举行审慎监管会议，讨论双方关心的问题，认定机构管理层及监管当局的共同目标，澄清某些风险事实，确保银行机构能够认清风险，并制定足够及有效的管控制度。

2. 三方联席会议。金管局、银行机构和该银行机构的外聘审计师三方每年举行一次联席会议，讨论审计期间发现的任何问题，听取外聘审计师的意见，并就应采取的有效措施达成共识。

3. 银行董事局成员年度会议。金管局参与银行董事局成员每年举行一次的银行董事局成员年度会议，重点讨论风险管理制度的缺失以及审慎监管中须特别关注的问题。

三、启示与借鉴

了解香港金融监管的情况可以使我们清楚地看到，银监会成立以后提出的"以风险监管为主"的监管新理念，以及后来又提出的"提高贷款五级分类的准确性——提足拨备——做实利润——资本充足率达标"的监管思路，迎头赶上了国际金融监管的最新潮流，是十分准确和必要的。

（一）要牢固树立"以风险监管为主"的新理念。金融风险的普遍性和危害性，是银行业监管机构必须树立"以风险监管为主"新理念的原因所在。具体说来，就是监管者在面对各项监管业务时、在研究监管任务时、在支配监管力量时、在处理银行业金融机构的各种问题时，都要时刻想到风险问题，都要以风险监管为重点，不要"撒芝麻盐"。

（二）要从整体上把握银行机构的风险。在新的监管理念中，坚持法人监管，就是要重视对每个银行业金融机构总体风险的把握、防范和化解。从总体上把握其风险，就是要找到监管对象和监管区域金融风险的关键点和风险管理的瓶颈在哪里，风险的程度和方向如何，风险的发展趋势如何，风险管理机制和内控机制的健全和有效性如何等。只有这样，才能实施有效的监管，才算落实了"以风险监管为中心"的监管理念。

（三）要把资产质量作为风险监管的核心。由于银行业金融机构风险主要来自于资产损失的不确定性，所以在以风险为中心的监管中，必须以资产质量为核心，对银行业金融机构的全部资产（信贷资产，非信贷资产；表内科目，表外科目）实施监管。在监管实践中，要通过识别风险、计量风险，随时掌握各个银行业金融机构在某一时点上的资产“到底还值多少钱”，进而分析产生这种状况的原因，预测发展趋势，并提出相应的矫正措施，指引银行业金融机构监测风险、控制风险，纠正问题、健康发展。

（四）要充分运用好拨备这个抵制风险的重量级武器。所谓“拨备”，是指银行预先提取的、用于贷款和资产损失的准备金，即用于核销坏账所预留的资金或流动性极强的资产（如国债）。督促银行业金融机构根据趋势预测，事先提足拨备，是保持消化风险的能力，抵充资产损失的基础或前提。当银行业监管机构发现某个银行业金融机构在某一时点上的资产已低于账面价值后，除指引其采取措施消除产生的原因外，最重要的是督促其按照规定使用拨备，使资产恢复原有的价值，或者以拨备为来源，核销出现的资产损失。

（五）要督促银行业金融机构切实负起管理风险的责任。银行的资金主要来自客户（即存款人及其他债权人），股东资金只占小部分，银行是客户资金的受托人，负有替客户看管资金的职责。因此，银行要以保障客户的利益为首要目的，管理好自身的风险，这是十分重要的观念。一个负责任的银行业金融机构，对自身的风险应该是高度重视的。通过强化管理，使风险控制在自己可承受、可消化的程度内，这是银行业金融机构加强内控的意义所在。应该督促银行业金融机构树立管理自身风险的责任意识，抑制对待风险的侥幸心理，限制和惩戒利益取向的恶性膨胀，使他们在盈利和控制风险的调控中审慎经营以实现最佳效果，这也是监管新理念中“管内控”的题中应有之义。

（六）要创新监管方式。新的监管理念的落实，要靠新的监管方式的实行。因此，各级监管机构要认真实践以下监管新方式：

1．互动式监管。可以通过定期对话的方式，使监管人员更多地了解银行业金融机构高级管理层对本机构风险的看法，以及对当前业务状况及未来前景的看法。同时，使银行业金融机构更多地了解监管机构的政策、意图和措施，以便统一认识，达成共识。对双方有不同看法的问题，可以互相谈，在依法合规的前提下，求同存异，继续观察，以共同实现防范金融风险的目的。

2．差别监管。具体地说，某一时期对某一银行机构的监管方法和手段的使用、检查范围和频率的确定，要根据银行机构风险的类别和程度实行差别监管，以提高监管效率、节约监管资源。实行差别监管的前提是对银行业金融机构的了解，这对我们的工作提出了很高的要求，我们应朝着这个方向努力。

3．持续监管。按照风险为本的监管方法，针对某一银行机构特定的监管结束之后，要根据掌握的情况，及时更新综合风险评级，并以此作为随后持续监管的新起点。在随后的非现场监管中，把银行机构比较突出的风险发展变化及有关监管措施的落实情况作为重点，加强监管，观察效果。这样，风险为本的监管就形成了一个由初步风险评估到实施特定监管，再到阶段性风险评级的持续不断、周而复始的循环系统，使监管更具前瞻性和预见性，进而从根本上提高监管的效果。

（2005年7月25日，《河北金融》2005年第7期）

学习尤纳斯的精神，继续办好农村信用社农户小额信用贷款

孟加拉国乡村银行创办人兼行政总裁尤纳斯教授，为了一个看似无法实现的理念而努力，以小额贷款的方式，给穷人提供金融服务，赢得了世人的赞誉，获得了今年的诺贝尔和平奖。他的做法引起了国人的广泛关注，大家在赞赏的同时，都在为中国怎么办而出谋划策。

我注意到，国人更多的是在探讨小额贷款的本身，研究办理小额贷款的机构模式以及运作方式等问题。我倒觉得，我们应该更多地学习尤纳斯的精神，从中国的实际出发，利用农村信用社等现有的银行业金融机构，完善诸如农村信用社农户小额信用贷款等产品，脚踏实地地先干起来，在实践中不断探索，以求达到理想的彼岸。

一、尤纳斯的精神

尤纳斯创办的乡村银行，在向穷人发放小额贷款的同时，也办理存款业务，并持有孟加拉国银行监管当局颁发的牌照[①]。从这些基本特征可知，孟加拉国乡村银行是一间典型的商业银行，它与我国的商业银行，比如设在广大农村的农村信用社并无本质

① 等同于中国银监会向银行业金融机构颁发的《中华人民共和国金融许可证》。

区别[①]，也就是说，我们不是没有孟加拉国乡村银行式的机构。那么，我们怎样才能达到孟加拉国乡村银行的境界呢？恐怕主要的还是应该学一学尤纳斯的精神，以此来改进我们的工作。

——学习尤纳斯的使命感。尤纳斯作为一名有成就的教授，能在课堂里教授经典经济学理论的同时，体察到课堂外面人们正在遭受的饥荒，因而下决心走出去，为他们真正做一些事情，这种使命感不仅让我们感动，也值得我们深思。

——学习尤纳斯对穷人人格的信任感。尤纳斯认为穷人不值得信任是谎言。在创办乡村银行前，曾经挺身而出为向银行借款的穷人担保，这反映了他对穷人人格的信任。在我们这个人民当家作主的社会主义国家里，我们不应该比他做得更好吗？

——学习尤纳斯的执着精神。尤纳斯从帮助42个穷人借贷27美元做起，坚持理念，历尽艰辛，不断探索，终于搭建起了实现理想的平台，取得了举世瞩目的成就。若不是有执着追求的精神，是绝对办不到的。这也正是我们中的一些人缺失了的东西。

——学习尤纳斯的创新精神。尤纳斯在典型的商业银行模式下，本着扶持穷人的理念，针对穷人的实际，同时又坚持帮助穷人摆脱愚昧和落后，设计和创新了许多贷款方式和条件。有报载，尤纳斯的乡村银行只对五人组成的联保小组贷款，贷款人还要满足诸如不喝生水、家里有洁净的厕所等特别的条件，尤纳斯掌握了创新是发展的基础这个真谛。我们在经济建设中也是需要创新精神的。

二、我们的现状

研究尤纳斯创办乡村银行的经验，可以有不同的角度：从扶贫的角度看，应该以政府为主导，以财政为主体，而信贷只是一种辅助手段，不能要求银行“包打天下”；从信贷机构的角度看，吸收存款、持有牌照的商业银行和不吸收存款、只办理工商

① 从组织形式上说，农信社不是规范的商业银行，但《商行法》和《监管法》规定按商业银行监管。

登记的小额贷款公司都可以办理小额贷款，并不一定非得另起炉灶；从小额贷款的角度看，无论是何种机构办，都必须有借有还、收取利息、循环使用、防范风险，绝不能把小额贷款变成无偿的施舍。

且不论扶贫的问题，单就小额贷款和办理小额贷款的机构而论，我们要借鉴尤纳斯的经验，在我国已经有了很好的基础和出发点。

一是在我国广大的农村，遍布着众多的农村信用社。通过深化改革和制度创新，农村信用社完全可以满足发放小额贷款的需要。

二是经过几轮改革，国家已经明确农村信用社是“由农民、农村工商户和各类经济组织入股，为农民、农业和农村经济发展服务的社区性地方金融机构”，具有一般商业银行不愿为的职责和不具有的灵活性。

三是在过去的几年里，农村信用社推行了以培育信用户、建立信用村（镇）为基础的农户小额信用贷款。实践证明，农村信用社开办的农户小额信用贷款为支持“三农”发挥了积极的作用。

当然，农村信用社在经营中也存在一些问题，比如农村信用社存在着与大银行同质化的倾向，还没有完全发挥支持“三农”的作用；农村信用社承担的历史包袱较重，盈利状态还有待进一步改善；农村信用社管理者及从业人员的精神状态、责任感和素质还有待提高；农村信用社的经营管理和风险管理制度还缺乏特色，需要进一步的改革创新等。

三、借鉴的对策

应该看到，农村信用社存在的上述问题不是不可以克服的，尤其是党的十六届五中全会和十届人大四次会议通过的《“十一五”规划纲要》绘制了建设社会主义新农村的宏伟蓝图，给农村信用社的改革发展注入了新的动力。经过艰苦努力，我国的农村信用社是可以达到孟加拉国乡村银行的境界的。

一是农村信用社的管理者和从业人员要学习尤纳斯的精神，真正把农村信用社办成农村金融主力军和与农民联系的金融纽带。

二是农村信用社要继续大力推广以培育信用户、建立信用村（镇）为基础的农户小额贷款和联保贷款等行之有效的贷款品种。

三是开发农村信用社的特质，解决农村信用社与其他商业银行同质化的问题。

四是各级政府要关心农村信用社的发展，帮助农村信用社解决经营中遇到的问题。

学习尤纳斯精神，结合中国国情，改造现有的农村银行业金融机构，就一定能创造出中国式的优秀乡村银行。

（《金融时报》2006年12月25日）

有关银行票据的几个问题

2009年以来，受全球金融危机的影响，国内企业经营困难，国民经济低迷。国家为了保持经济的稳定，投入了大量的银行信贷资金，有效地刺激了经济增长。在银行贷款迅猛增加的同时，银行票据融资也爆发式增长，银行票据融资在缓解了部分企业资金周转困境的同时，也产生了一个严重的问题，即无真实交易关系的票据大量涌现。一些社会食利群体通过借款交纳保证金、以贷取票、自开自贴和循环贴现等方式，将没有真实交易关系的票据倒来倒去，套取了大量银行资金。他们在获取利差的同时，还将这些资金投向了股市和房市，严重地干扰了国家宏观调控。更令人担忧的是，一些急功近利的银行机构、个别利欲熏心的银行员工与食利群体交织在一起，共同倒腾无真实交易关系的票据；而一些经营困难的企业看到倒票比干实业省劲又赚钱，也纷纷放弃主业加入其中，使无真实交易关系的票据业务盛行一时，扰乱了国家正常的金融秩序，动摇了实体经济克服困难的信心。在银行业监管机构明令禁止和严厉追究下，无真实交易关系票据业务盛行的情况虽然很快得到遏制，但考察其发生、发展和消失的过程，也从中发现了关于银行票据的一些需要解决的问题。

一、有关法律方面的问题

（一）对票据的融资功能，既承认，但又没有明确的法律规范。

票据[①]，原本是为了方便商品交易、避免远途运送现金的风险而产生的一种支付工具。比如我国宋代出现的交子，一般认为它是我国纸币的雏形，但准确地说，它就是一种类似于票据的支付工具。随着商品经济的不断发展，到了16世纪初期，当时的意大利商人开始在票据的下端记载提示票据人（即持票人）的姓名，以表明此人有受领票据金额的权利，这种做法开了票据权利（持票人向票据债务人请求支付票据金额的权利）转让的先河。而法国商人则在票据的背面书写了第三人可以代领票据金额的文句，这种方式成为现代票据背书的雏形。

随着票据背书制度的完善与普及，票据的功能发生了质的飞跃，即背书创造了票据权利转让方式，赋予票据以流通属性，使票据由单纯的支付工具发展到了兼为信用工具，成为了可以流通的证券。到了现代，票据的流通属性得到了普遍认同，日内瓦统一票据法、联合国国际票据公约都规定了票据的流通属性，允许票据流通转让。当然，国外流行的商业票据是一种短期的无担保证券，是通常意义上的融资性票据，有的国家将商业票据直接称为“流通票据”或“流通证券”，这种票据无需以真实性交易为背景。

我国第八届全国人大常委会第十三次会议于1995年 5 月10日审议通过了《中华人民共和国票据法》（1996年 1 月 1 日施行）。《票据法》的立法目的，主要是规范作为支付工具的票据，即汇票中的商业承兑汇票和银行承兑汇票。而作为支付工具的票据是由商品交易产生的，是以真实交易为背景的，这就形成了我国票据与国外票据的本质区别。

① 有汇票、本票和支票三大类，但习惯上主要是指汇票。

《票据法》虽然以作为支付工具的票据为规范对象，但也原则认可票据具有流通属性，即具有融资功能，由此推论，就可以认为没有真实交易关系的票据业务并不违法。不过《票据法》对票据融资功能的规定很不具体和明确，就让一些食利群体钻了空子，使得有关部门在处理无真实交易关系的票据业务时处于两难的境地。我国票据的融资功能问题如果不从法律层面上予以完善，无真实交易关系的票据业务今后难免死灰复燃。

（二）无真实交易关系是非票据关系，不妨害票据的成立。

《票据法》第十条第一款规定“票据的签发、取得和转让，应当遵循诚实守信的原则，具有真实的交易关系和债权债务关系”；第二十一条第一款规定“汇票的出票人必须与付款人具有真实的委托付款关系……”中国人民银行制订的《票据管理实施办法》第十条第二款规定，向银行申请办理票据贴现的商业汇票的持票人，必须“与出票人、前手之间具有真实的交易关系和债权债务关系”；《支付结算办法》第七十四条规定“在银行开立存款账户的法人以及其他组织之间，必须具有真实的交易关系或债权债务关系，才能使用商业汇票”，第九十二条规定“商业汇票的持票人向银行办理贴现必须具备下列条件：……与出票人或者直接前手之间具有真实的商品交易关系……”由此可见，我国的票据法律法规对票据具有真实的交易关系是有要求的。票据的真实交易关系是票据产生的原因，对票据真实交易关系的要求，就是要证明票据的成立。

但是，票据是要式证券（在票据上齐全清楚地载明法定的事项，即为有效）、也是无因证券（票据行为只要符合法律规定的形式要件即为有效，并不涉及发生的原因），即票据只要具备法定的要式，即为有效票据。谁持有有效票据，法律就推定其为合法票据权利人，而无需证明其取得票据的原因。这就与上述要求票据成立时要证明原因的规定产生了矛盾。

实际上，票据的真实交易关系是一种非票据关系，或者说是票据的基础关系。票据的基础关系是票据当事人在票据关系以外产生和形成的民事权利义务关系，其与票据关系的产生没有直接联系。持票人只要对票据债务人提示票据，就可以行使票据权利，而对取得票据的原因不负证明责任，即使票据的基础关系无效或有瑕疵，票据债务人仍应对持票人按票据所载文义负责。既然无真实交易关系是非票据关系，其无效或有瑕疵并不影响票据的成立，那么，要对它实施管理，就应该在完善《票据法》的同时，配套完善《民法》、《合同法》等法律法规。

（三）对票据要有真实的交易关系，只有守法的要求，没有违法的惩罚。

法律法规虽然规定了办理票据业务必须要有真实的交易关系，但违反上述规定应承担的法律责任并不明晰。《票据法》第一百零三条、一百零四条规定了7种票据欺诈行为应追究刑事责任或给予行政处罚，但这7种票据欺诈行为并未包括无真实交易关系的行为。《票据法》第一百零五条规定金融机构工作人员“对违反本法规定的票据予以承兑、付款或者保证的”，应承担法律责任，但其指向的是票据关系而非基础关系。

如果要管理无真实交易关系的票据业务，在法律上就应该既要有禁止性条款，又要有惩罚性条款，否则禁止性条款就不能很好地得到落实。

二、有关银行职责方面的问题

（一）银行审查票据是否具有真实交易关系，与自身没有直接利害关系，但会间接提高工作效率。

一些银行在有关票据风险管理的教材中分析，对没有真实交易关系的商业汇票办理承兑业务，可能导致资金流入股市，会扰乱国家正常的金融秩序，所以要求基层行在办理票据业务时要严格审查客户双方是否具有真实的交易关系，并要求其提供有关交易的证明——增值税发票和商品发运单据复印件。这些要求是从社会责任角度提出来的，至于说到对银行的直接利害关系，一些银行则把无真实交易关系的票据业务风险列为政策性风险，并具体解释为“是指违反政策规定办理票据业务而受到监管机构处罚而造成的损失”。由此可见，在通常情况下，票据是否具有真实交易关系与银行的经营风险、利益损失无直接关系。当然，由于“恶意或者有重大过失付款”造成的风险和损失另当别论。

不过，一些银行也能从严管无真实交易关系票据业务中挖掘一些商机。有的银行在办理贴现业务中，开发并在部分分支机构使用了发票采集与票据比对系统，该系统的企业分系统安装在企业使用的增值税防伪税控系统计算机端，采集增值税发票电子数据，在企业办理贴现业务时，提交给银行；银行将其接入银行分系统，与票据相关信息数据比对，根据比对通过与否，迅速判断交易关系的真实性。这个系统客观上实现了控制无真实交易关系票据业务的要求，但其主观的动力是，期望由此大大降低客户在办理贴现时的人力物力成本，并提高银行工作效率，提升服务水平，增强市场竞争力。。

（二）银行为核实交易关系的真实性而审查发票的真伪，没有法律依据。

《票据法》第五十七条规定：“付款人及其代理付款人付款时，应当审查汇票背书的连续性，并审查提示付款人的合法身份证明或者有效证件。付款人及其代理付款人以恶意或者有重大过失付款的应当自行承担责任。”由于票据是要式证券、无因证券，这就决定了银行执行该条规定的审查义务，仅限于票据要式审查：一是审查票据款式的合法性，以确定票据的有效性；二是审查票据诸项背书的连续性，以推定持票人是否为票据权利人；三是审查提示付款人的身份证明或其他有效证件，以证明提示付款人身份的合法性。银行只要尽到了以上义务，即为尽到了责任。对此以外的其他事项，如持票人是否为实质上的权利人、背书签章是否伪造等，不是《票据法》规定的审查义务。在遏制无真实交易关系的票据业务上，监管机构要求银行要延伸审查交易发票的真伪，但《中华人民共和国发票管理实施细则》第四十三条规定“发票的真伪由税务机关鉴定”。因此，银行审查发票真伪，并无法律依据，或者说超出了法律法规规定的义务。

（三）在票据是否具有真实交易关系问题上，银行要尽到“通常注意”责任。

《票据法》和有关法规及部门规章都规定，票据业务的双方必须具有真实的交易关系，那么，具体办理票据业务的银行业金融机构就有审查票据真实交易关系的职责，这是毫无疑义的。但是，要明确尽职的情形。

银行在办理票据业务时，虽然只限于票据要式审查，但也应尽到“通常注意”责任，否则应当自行承担损失。《票据法》第五十一条规定了有关情形：一是恶意付款应当自行承担责任，即明知持票人不是实质上的权利人，或明知签章系伪造而付款的；二是重大失误付款应当自行承担责任，即不作通常的调查，应知而未知的；三是未查明提示付款人身份付款的应当自行承担责任，即不认真审查提示付款人的身份证明或其他有效证件而向非实质权利人付款的。《票据法》规定票据业务的双方必须具有真实的交易关系，并未规定银行要负审查责任，但是监管机构的部门规章有要求，也必须执行。不过在审查票据是否具有真实交易关系的职责上，只应承担未尽到“通常注意”的责任，或者说，银行要尽到社会责任。

三、几点建议

（一）疏堵结合。在现有《票据法》的基础上，析分出融资性票据和支付性票据两大类，并对融资性票据予以规范。这样，一是与国际上的融资票据逐渐接轨；二是直面社会上融资性票据的客观存在，适应市场对融资性票据的需要，疏导并规范发展；三是对支付性票据实行严格监管，强调真实交易关系的审查，减少监管成本，增强监管有效性。

（二）完善法律法规。根据《票据法》中有关票据基础关系的有关规定，增加相应的法律责任和违法处分条款。

（三）建立发票查询系统。建议税务机关向银行业金融机构和银行业监管机构开放增值税防伪税控系统或建立查询平台，降低查询成本，增强查询效率。

（四）票据打假。推出电子票据。

（五）强化发票管理。一是构建发票监控系统，健全发票领用管理，消除日常操作的漏洞。二是提高发票防伪技术水平，宣传真伪发票识别方法，遏制假发票的使用。三是完善《刑法》、《税收征收管理法》和《发票管理办法》等法律法规对使用假发票行为的定性，明确法律责任和处分标准，制裁假发票的制造和使用。

（六）调整商业银行会计、统计制度。将保证金存款和贴现与存款和贷款分离，并修改相应绩效考核办法，明确保证金存款不纳入存款业务考核。完善授信管理办法，将全额保证金承兑业务、贴现业务等纳入总授信规模。

（2010年3月，有关调研报告节选）

深入挖掘和弘扬天津金融业文化精髓，做强持续发展的软实力

天津解放北路一带那些带有异国情调的老银行大楼、散落在各区县的 8 处11家中国近代造币印钞企业遗址或遗迹，以及见诸史料记载的几百家钱庄银号，是天津在20世纪初作为中国北方金融中心的历史见证，它们不仅显示了天津金融业曾经有过的辉煌，也浸满了厚重的金融文化底蕴。

天津地当九河津要，路通七省舟车，其独特的地理位置，使之自明代以来，就是商货集散的码头。随之而来的是漕运船民、八方商贾、外埠农户大量涌入天津，加之原有的外省籍戍卫军人和后来移居租界的富豪寓公，使天津成为了典型的移民城市。几方杂处带来了不同的地域文化和阶层气质，同时又在共同创造物质文明和精神文明的过程中不断磨合、融会，形成了鲜明的津门文化特征。这种文化特征表现在天津金融业文化上，起码有以下几个方面：

一、极强的适应性

在天津这样的移民城市中，人们自然怀有强烈的奋斗意识，从而造就了极强的适应能力，人如此，商贸业如此，金融业更是

如此。

有明以来，天津逐渐成为北方的大码头。到了18世纪初，由于埠际贸易的发展，天津商贸业得到空前发展。1860年第二次鸦片战争后，天津被迫开放成为对外通商口岸，使内外贸易更加兴旺，到20世纪30年代，天津的对外贸易量占到全国的1/4。天津的金融业适应贸易发展的需要，敏锐跟进，行庄数量急剧增加，业务种类不断创新。可以说，贸易发展需要什么业务，金融业就立即开展什么业务，这就是天津金融业极强适应性的表现。

二、宽厚的包容性

各色人等同在天津求生存、谋发展，逐渐培育起了共生开放的心态，形成了宽厚包容的社会氛围。金融业在这方面表现得十分突出。

到20世纪40年代，天津设有 7 家银行总行、33家银行分行、17家外资银行、269家银号[①]，这些银行机构囊括了官办、官商合办、商办和外资等各种资本性质，形成了全国性银行和地方性银行齐举、本国银行及外国银行并存、现代银行业与传统银钱业共兴的银行体系。特别值得一提的是，在现代大银行迅速兴起的同时，天津传统的钱庄银号并未因之而衰败，他们紧跟经济发展之所需，积极开办力所能及的各项业务，在银行业界中占有重要的一席，也得到了空前的发展。到20世纪30年代，天津的银号数量占到当时北平、天津、济南、青岛四大城市的1/2以上，资金总额更占到2/3，这种情况是天津金融业宽厚包容性的突出反映。

三、竞争的有序性

在天津这个市场经济相对发达的地方，人群之间、各行各业之间的竞争是激烈的，但人们也意识到竞争必须是良性的、有序的。正是在有序的竞争中，天津经济才得以快速发展。

首先是以显示实力各自争取客户。天津的这些老银行建筑，

①《天津老银行》：高大鹏、高平编著，天津大学出版社出版，2008年 3 月第 1 版。

无不厚基高阶、巨柱耸立、门窗华丽、铜饰耀眼，这种风格经典、坚实稳重、繁复大气的外在形象，再加上富丽堂皇、安全合理、舒适宜人的内部装饰与布局陈设，向人们传递着实力和财富的信息，不用采取非正常的办法，就能吸引到各自的客户。

其次是以特色业务各领风骚。天津的这些老银行，在办理存款、贷款和汇兑等传统商业银行业务时，十分注重开办特色业务并培养特定的客户群。西方列强国家银行利用强势外交攫取经营特权自不必说；中资的盐业银行主要经收天津地区盐税；浙江兴业银行兼营各种货币买卖和仓库业务；金城银行吸收教会、教育界、医药界及高端客户存款，贷款集中于棉纺、化学、煤炭和面粉行业，并自营保险业务（太平保险公司）；大陆银行兼办保管、信托、仓库业务，尤以仓库业务独具特色；新华信托储蓄银行存款种类繁多、手续简便、独具特色等。各家银行的特色服务，造就了社会公认的“高地”，避免了无知无谓的竞争。

再次是以联合分享利益。中南、盐业、金城、大陆四行联合成立了四行储蓄会和四行准备库，在联合中相得益彰，各得其所。另外，这些老银行大都集中在现今解放北路一带，形成银行一条街，用集中的优势来集中人气和财气，这也是有序竞争的一种策略。

四、融合的广泛性

天津作为兴旺的水旱码头，有吸收外来优势资源、优秀文化的先天条件，学习吸纳、融合共生的氛围浓厚，金融业也不例外。

在业务方面，从搜集到的老银行账簿和业务单证等实物看，无论是中资还是外资的现代大银行，其使用的现金支票等单证都采用了中国传统的竖式并印有人们习惯的中式纹饰，它们以这种方式巧妙地融入中国社会；而中国传统银钱业的账务体系、科目设置、记账方法等也都向现代大银行学习，以此跟上银行业发展的潮流。

在建筑方面，中西交融现象更是比比皆是。如盐业银行天津分行大楼为罗马古典复兴主义建筑风格，而其罗马混合式柱头上的圆形涡卷采用了中国式的方形回纹，楼梯间的窗户镶有极富天津地方特色的绘有盐滩晒盐和帆船运盐图像的彩色玻璃；浙江兴业银行天津分行大楼为欧洲古典主义建筑风格，但其营业厅环形梁下檐雕有中国古钱币图案；朝鲜银行天津分行大楼的14根陶立克式砖柱采用中国磨砖对缝的手法；这些包含了中国元素的西式老银行建筑，从一个侧面反映了融合的广泛性。

历史发展到今天，天津金融业的业态门类、资产规模、机构数量、从业人数和市场融资量等迅速扩张，硬实力有了长足发展，其与北方经济中心的适应度明显提高。与之相比，天津金融业软实力的发展则略为滞后，金融业的创新机制、企业治理结构、金融文化、金融理论研究和金融生态环境等方面的建设还显得薄弱。要看到，金融软实力虽然是无形的，但却有着极强的作用力，软实力短板，将会影响到天津金融业全面持续地发展，影响到天津现代金融服务体系的建设进程，应该采取措施，快步跟进。金融软实力建设是一项综合的、长期的、复杂的系统工程，在建设中，既要全面推进，又要重点突破。天津在20世纪初逐渐形成的具有鲜明特色的天津金融文化，既是旧时天津金融业雄厚实力的重要组成部分，也是现今提升天津金融业软实力最具基础、最易入手的部分。选择金融文化建设作为提升天津金融业软实力的突破口，通过深入挖掘和弘扬天津金融业文化，并在秉承的基础上不断创新发展，打造鲜明的天津金融文化特质和个性，以此带动天津金融软实力提升，当是题中应有之意。因此，应考虑从以下几方面着手：

一是保护和利用好天津金融业的建筑遗存。天津金融业历经百年沧桑，留下了宝贵的财富和独特的资源，是天津作为历史文化名城的重要载体。这些老银行建筑、尚存的近代造币印钞企业遗址等，需要政府和市民精心照看并切实加以保护，使之保持和恢复原有的风貌。另外，还有一些能找到原址的旧钱庄银号，其建筑遗存也应该保护起来，形成天津金融业建筑遗存群，使之成为弘扬天津金融文化的载体，构建天津观光旅游的独特风景线，为天津现代金融业和旅游业的发展继续发挥作用。

二是深入研究提炼天津金融业文化精髓。积极发挥行业协会、专业机构和大专院校的作用，组织天津金融业界和专家学者深入发掘天津金融文化的精髓，归纳提炼出天津金融文化的要义，并结合时代特点加以阐发，造就天津现代金融业的个性和特有气质，通过大力宣传，造成氛围，形成天津现代金融业持续发展的文化基础。

三是充分利用天津金融文化提升软实力。天津的金融业界要充分认识天津金融文化的丰富内涵，以及其对提升自身软实力的巨大价值，增强弘扬天津金融文化的自觉性和主动性，并将其有机地融入到自身的企业文化建设中去。要形成传承和创新天津金融文化的舆论氛围和保障机制，以天津金融文化为核心，打造天津现代金融业的软实力，再造天津金融的辉煌。

（2011年1月，有关建议报告节选）

参考书目

《社会主义货币与银行问题》，刘鸿儒著，中国财政经济出版社出版，1980年9月第1版

《简明社会科学词典》，《简明社会科学词典》编辑委员会编，上海辞书出版社出版，1982年9月第1版

《中国近代史词典》，陈旭麓、方诗铭、魏建猷主编，上海辞书出版社出版，1982年10月第1版

《中国金融简史》，常树华编，云南财贸学院金融系,1983年12月

《中国近代金融史》，《中国近代金融史》编写组编，中国金融出版社出版，1985年5月第1版

《清史稿》，上海古籍出版社、上海书店编，上海古籍出版社、上海书店出版，1986年12月第1版

《经济大辞典·金融卷》，刘鸿儒主编，上海辞书出版社出版，1987年5月第1版

《晋察冀边区银行》，河北省金融研究所编，中国金融出版社出版，1988年2月第1版

《中国历代货币》,中国人民银行《中国历代货币》编辑组编，新华出版社出版，1988年9月第1版

《中央银行学》，盛慕杰主编，中国金融出版社出版，1989年2月第1版

《冀南银行》，中国人民银行河北省分行编，河北人民出版

社出版，1989年12月第1版

《中国金融百科全书》，黄达、刘鸿儒、张肖主编，经济管理出版社出版，1990年11月第1版

《日伪政权银行货币图鉴》，徐枫、赵隆业编著，中国社会科学出版社出版，1991年1月第1版

《中国地方银行史》，姜宏业主编，湖南出版社出版，1991年12月第1版

《人民币的理论与实践》，石雷著，浙江大学出版社出版，1992年3月第1版

《中国各省地方银行纸币图录》，徐枫、赵隆业编著，中国社会科学出版社出版，1992年7月第1版

《金融大辞典》，郭振乾、白文庆、尚明、李裕民、马永伟主编，四川人民出版社出版，1992年9月第1版

《中国银币图鉴》，余继明编著，浙江大学出版社出版，1992年10月第1版

《中国铜元目录》，华光普主编，湖南出版社出版，1992年12月第1版

《中华人民共和国金融大事记》，尚明、陈立、王成铭主编，中国金融出版社出版，1993年6月第1版

《回忆冀南银行九年》，武博山主编，中国金融出版社出版，1993年6月第1版

《中华人民共和国货币图录》，中国人民银行货币发行司编，中国大百科全书出版社出版，1993年10月第1版

《陕甘宁革命根据地银行编年纪事》，陕甘宁革命根据地银行编年纪事编辑委员会、陕甘宁边区银行纪念馆编，魏协武主编，中国金融出版社出版，1993年10月第1版

《天津通志·金融志》，天津市地方志编修委员会编著、郭凤岐总编纂，天津社会科学院出版社出版，1995年1月第1版

《中国银币目录》，华光普主编，湖南出版社出版，1994年8月第1版

《晋察冀边区印制局简史》，傅发永主编，中国金融出版社出版，1995年6月第1版

《〈中华人民共和国票据法〉释论》，梁英武主编，立信会计出版社出版，1995年8月第1版

《最新中央银行实务全书》，魏盛鸿、周升业、许树信主编，中国金融出版社出版，1995年8月第1版

《河北省志·金融志》，河北省地方志编纂委员会编，中国书籍出版社，1997年1月第1版

《说文解字今释》，汤可敬撰，岳麓书社出版，1997年7月第1版

《河北货币图志》，张弛著，河北人民出版社出版，1997年11月第1版

《现钞学》，陈宝山著，西南财经大学出版社出版，2000年4月第1版

《经济法学》，潘静成主编，中国广播电视大学出版社出版，2000年8月第2版

《中国现代金银纪念币大全》，朱纯德、王德友主编，中国大百科全书出版社出版，2000年10月第1版

《商法》，王卫国主编，中国广播电视大学出版社出版，2001年1月第1版

《天津通志·旧志点校卷》（下），天津市地方志编修委员会编著，南开大学出版社出版，2001年6月第1版

《中国钱票》，戴建兵著，中华书局出版，2001年7月第1版

《中国近代纸币史》，江苏省钱币学会主编，中国金融出版社出版，2001年10月第1版

《河东区志》，天津市河东区地方志编修委员会编著，天津

社会科学院出版社出版，2001年12月第1版

《公司法》，徐晓松主编，中国政法大学出版社出版，2002年1月第1版

《钱币学与冶铸史论丛》，周卫荣、戴志强等著，中华书局出版，2002年10月第1版

《天津市地名志·河北区（05）》，河北区地名志编纂委员会编，天津人民出版社出版，2002年11月第1版

《中外货币文化交流研究》，戴建兵、王晓岚、陈晓荣著，中国农业出版社出版，2003年3月第1版

《商业银行资本充足率管理办法释义》，刘明康主编，经济科学出版社出版，2004年9月第1版

《〈有效银行监管核心原则〉学习纲要》，中国银行业监督管理委员会《有效银行监管核心原则》自我评估小组编译，中国金融出版社出版，2005年5月第1版

《中国铜元大集》，戴晓波编著，湖南人民出版社出版，2006年3月第1版

《中国银币大集》，华光普编著，湖南人民出版社出版，2006年10月第1版

《天津老银行》，高大鹏、高平编著，天津大学出版社出版，2008年3月第1版

《清代蓟州皇家胜迹》，蔡习军著，天津人民出版社出版，2008年9月第1版

《造币总厂》，张俊英主编，天津教育出版社出版，2010年12月第1版

《金融规章制度选编》，1949—2003各年度，中国人民银行办公厅（后来增加各银行、保险公司办公室）编，中国财政经济出版社、中国金融出版社出版

后 记

中国钱币不仅历史悠久，而且种类繁多，它是中华民族先人们留下的一份宝贵的文化遗产，在大力繁荣社会主义文化的今天，值得我们好好地挖掘、研究、保护和传承。我作为一名银行监管工作者兼钱币集藏爱好者，这些年来写过并发表过一些小文，现在结集成书，一方面与同好们探讨，另一方面或许能引起更多人的兴趣，也算是我为文化建设尽了一份绵薄之力吧。

在组织编写参事文存这件创新性工作上，参事室领导刘志永同志果断拍板，马竞、阎金明同志认真组织，陈雍同志全面策划和专业指导，秘书处、参事管理处的领导和同志们辛苦操办，这是我十分感激的！

在这本书的编辑上，陈雍同志从书名、结构、版式到具体内容上给我以详尽的指点，才使这本书逐渐像个样子。刘月志同志为提高图片的质量费了不少工夫，使本书得以清晰地展现在大家面前，这都令我十分感动！

古籍出版社的赵娜、王海燕二位老师，以她们的敬业精神和专业水平，提出了许多宝贵的意见和建议，为这本书增色不少。在此，一并表示感谢！

最后，还要感谢耐心阅读这本书的读者们，并盼望得到批评指正。